Stefanie Schröder

Paula Modersohn-Becker

Verena
2020

Stefanie Schröder

Paula Modersohn-Becker

Auf einem ganz eigenen Weg

Romanbiografie

HERDER

FREIBURG · BASEL · WIEN

HERDER spektrum Band 6748

Für Alfons Johannes

MIX
Papier aus verantwortungsvollen Quellen
FSC® C083411

2. Auflage 2017

www.herder.de

Satz: Arnold & Domnick, Leipzig
Herstellung: CPI books GmbH, Leck

Printed in Germany

ISBN 978-3-451-06748-8

Denn das verstandest du: die vollen Früchte,
die legtest du auf Schalen vor dich hin
und wogst mit Farben ihre Schwere auf.
Und so wie Früchte sahst du auch die Frauen
und sahst die Kinder so, von innen her
getrieben in die Formen ihres Daseins.
RAINER MARIA RILKE

(aus: »Requiem für eine Freundin«
In Memoriam Paula Modersohn-Becker)

I

Hätte sie im Februar des Jahres 1906 ihren Entschluss, nach Paris zu gehen, rückgängig gemacht, wären ihr viele innere Kämpfe und demütigende Auseinandersetzungen erspart geblieben. Es wäre aber auch nichts von dem wunderbar Besonderen in ihrem Leben passiert.

Als Paula von einer kleinen Winterreise mit Otto zurück war, begann sie zu packen, ohne dass jemand davon erfuhr. Sie stellte alles Nötige zusammen. Otto Modersohn hatte im vergangenen Herbst etliche Bilder verkauft, er pries sich glücklich, so viel geschafft zu haben. Zu Weihnachten war eine Einladung nach Schreiberhau ins Riesengebirge gekommen. Otto hatte sich vorgenommen, den Jahresanfang mit seiner Frau Paula dort im Schnee zu verbringen bei seinem Freund Carl Hauptmann, der wie sein Bruder Gerhart Hauptmann Schriftsteller war. Sie hatten die Tochter Elsbeth zur Großmutter nach Bremen gebracht. Sie waren in den Zug gestiegen, und Paula nahm sich vor, alle Gedanken an Paris vorläufig zu vergessen.

Otto wusste, wie sehr Paula den Wintersport genoss. Schon allein wie sie den Schlitten hinaufzog, die rote Nasenspitze hochhob und ihren Atem mit kleinen Stößen in die Luft blies. Er schaute ihr zu, wie sie den Berg hinuntersauste. Mit Carl Hauptmann wanderte er oberhalb des Abhangs, von wo aus die Schlittenpartie begann. Es wurde immer kälter, und dann begann es erneut zu schneien. Die vor den Häusern freigeschaufelten Wege waren bald wieder zugeschneit. Carl, der neben ihm herging, schlug den Mantelkragen hoch. Merkwürdig, dachte Modersohn, er geht nicht darauf ein, wenn ich seine Frau Martha erwähne. Sollte das Gerücht wahr sein, dass Carl Maria Rohner heiraten will, die Micki, die sie schon in Worpswede gesehen hatten?

Merkwürdig, dass Carl auch in diesem Punkt seinem Bruder Gerhart nacheiferte, der vor einem Jahr seine zweite Frau Margarete Marschalk geheiratet hatte und seine erste Frau Maria oft in Schreiberhau besuchte.

Obwohl die Paare anfangs so gut miteinander harmonierten, trennten sich immer mehr Ehepartner voneinander. »In Freundschaft zusammenbleiben«, sagte Carl. Es kriselte in den Ehen, auch bei Rainer Maria Rilke, dem Dichter. Der war mit Clara Westhoff, Paulas Freundin, verheiratet. Otto hatte es schon kurz nach deren Hochzeit prophezeit. *Wie schrecklich. Erst zu heiraten, Kind zu haben und dann an den brotbringenden Beruf zu denken. Immer in Not zu sitzen!* Hatte er etwa nicht Recht? Rilkes kamen auf keinen grünen Zweig. Otto warf einen Blick auf die schneebedeckte Landschaft. Die Hänge und Täler lagen ganz gelassen unter dem grauweißen Himmel.[1]

Er konnte mit sich und seiner Ehe zufrieden sein. Sein Leben schien geordnet und, wie man so schön sagt, es war behaglich eingerichtet. Sie stritten sich manchmal. Aber was hatte das schon zu sagen. Sie waren eigentlich ein zufriedenes Ehepaar. Paula selbst hatte keine Kinder, doch sie schien nicht darunter zu leiden. Und ihn störte ihre Kinderlosigkeit nicht. Er hatte seine Tochter Elsbeth und Paula kümmerte sich sehr um das Kind. Wenn etwas seine Fantasie beschäftigte, so war es seine Malerei.

Ja, er konnte zufrieden sein. »Was meinen Sie?«, fragte Carl Hauptmann, er hatte Otto murmeln gehört. »Nichts«, wehrte Modersohn ab und wies auf den Abhang, »schauen Sie da, unsere Schlittensportler.« Er bewunderte seine Frau und sah voll Stolz, wie Carl Hauptmann Paula mit Blicken begleitete. Er dachte an das, was er gestern Abend in sein Tagebuch schrieb: *Was hat Paula*

1 In Kursivschrift gesetzte Äußerungen sind Zitate aus Briefen, Tagebüchern und biografischen Darstellungen, siehe hierzu die Literaturangaben am Ende des Buches.

mir alles gebracht, das Baden, Luftbaden, Touren nach Fischerhude, Eispartien. Ich werde mich jünger halten, ich werde menschlicher. Ich werde künstlerisch nur Vorteile davon haben. Mein Leben wird reicher und aktiver. Ihm kam dabei nicht in den Sinn, dass Paula, die ihm sehr zur Selbstdarstellung und Selbstfindung diente, selbst auch das Bedürfnis hatte, sich zu verwirklichen.

Paula hatte vor der Reise nicht damit gerechnet, dass es an den Abenden so hochinteressante Gespräche geben würde. Genauso hatte sie die Herrenrunden im Elternhaus erlebt, wenn der Vater mit seinen Bekannten politische Debatten führte. In Schreiberhau war der Soziologe Werner Sombart zu Gast. Er lehrte Volkswirtschaft an der Universität zu Breslau und hatte gerade einen Ruf nach Berlin bekommen. Sein bisher wichtigstes Werk *Der moderne Kapitalismus* war 1902 erschienen. Paula hörte gespannt zu. Sombart fesselte sie. Diese studierten Leute hier wirkten so anders als die Maler, mit denen sie sonst verkehrte. Was sie jetzt noch nicht wusste: Sie würde Sombart, den dreiundvierzigjährigen, redegewandten Professor, demnächst in Paris porträtieren.

Von Ende Dezember bis Mitte Januar waren Otto und Paula unterwegs. Sie besuchten die Verwandten in Dresden, spazierten durch die Jahrhundertausstellung in Berlin.

Danach ging alles ganz rasch der heimlichen Abreise entgegen. Paula wusste nicht mehr genau, wie sie nach der Winterreise die letzten Wochen in Worpswede verbracht hatte. Jedenfalls hatte sie am achten Februar ihren dreißigsten Geburtstag gefeiert und sich über das Foto gefreut, das die Mutter ihrem Glückwunsch beigelegt hatte. Es war dies ein Jugendfoto des Vaters, auf dem man seine große Ähnlichkeit mit Paula feststellen konnte. Sie hatte der Mutter sofort geantwortet, dass sie wohl im Äußeren dem Vater ziemlich gleich, sonst aber rücksichtsloser wäre als der bescheidene Woldemar Becker. Sie hatte ein neues Siegel geschnitten, mit dem sie ihren Brief an die Mutter siegelte, und der Satz sollte ein stummer Hinweis sein: *Eile dich, dass du hingelangst.*

In jenen letzten Februartagen ging sie manchmal durchs Haus, als horchte sie auf etwas und manchmal, als trüge sie ein fröhliches Geheimnis mit sich herum. Sie dachte: Ich habe beinahe das Gefühl, ich bekäme ein neues Leben geschenkt. Ich freue mich auf ein Wiedersehen mit Rilke. Ich freue mich auf Rodin und auf hunderttausend andere Dinge.

Würde ihr neues Leben die acht Jahre Worpswede mit der Zeit so zurückdrängen, bis sie irgendwann ganz aus ihrem Gedächtnis schwänden?

Der Aufbruch geschah am Abend nach Otto Modersohns Geburtstag. Sie hatte den Zeitplan genau festgelegt, erst musste Ottos Fest vorüber sein, erst mussten Mutter und Bruder Kurt unterwegs nach Italien sein, um ihnen die Reise nicht zu verderben. Und obschon sie sich zu größter Ruhe zwang, war sie oft so in Gedanken, dass sie den wichtigen Brief nach Paris abzuschicken vergaß, in dem sie Rilke um eine Zimmervermittlung bat.

Sie hatte sich fest entschlossen, ihre Zelte in Worpswede abzubrechen, Otto Modersohn zu verlassen. Sie wollte es in Kauf nehmen, dass die Verwandten sie verurteilten. Es würde ihr nichts mehr ausmachen.

Am Dienstag, den 20. Februar 1906, teilte sie Rilke mit: *Ich reise nun Freitagnacht und komme Sonnabend in Paris an.*

Ihren Brief beendete sie so:

Und nun weiß ich gar nicht, wie ich unterschreiben soll.
Ich bin nicht Modersohn,
und ich bin auch nicht mehr Paula Becker.
Ich bin

Ich
und hoffe, es immer mehr zu werden.
Das ist wohl das Endziel von all unserm Ringen.

Siebzehn Stunden Bahnfahrt lagen vor Paula. Jetzt hatte sie viel Zeit, um sich zu überlegen, warum sie in diesem Zug nach Paris saß. Paula ließ ihren Gedanken freien Lauf. Bilder und Erinnerungen an ihre Jugendzeit tauchten auf.

2

Sie war sechzehn Jahre alt, und schon hatte der Ernst des Lebens begonnen. Ihr Vater, der ihr am Tisch auf der Fähre nach England gegenübersaß, nickte ihr bedeutsam zu. Er benutzte die letzte Stunde der Überfahrt, um Paula noch einmal seine und der Mutter Beweggründe darzulegen, weshalb die Tochter zu Tante Marie Hill geschickt wurde. Er zündete sich eine Zigarre an. Paula wusste, dass sein Vermögen nicht so groß war, dass er sie ohne Arbeit lassen konnte.

Das Schiff hob und senkte sich. Der Wind, der es auf den grauen Wellen steigen und fallen ließ, kam aus Westen. Regenketten verhängten den Blick zurück zum Festland, das die Beckers vor einer Stunde im Nieselwetter dieses frühen Apriltages 1892 verlassen hatten. Und wenn Paula nach vorn durch das Fenster schauen wollte, das von innen feucht beschlug, sah sie nur den Regen dagegen prasseln. Es war ihre erste Seereise, und zum ersten Mal würde sie für lange Zeit von Eltern und Geschwistern getrennt in einem fremden Land leben und lernen müssen.

Paula schaute den Vater an. Sein volles lockiges Haar und sein wallender Vollbart wurden grau. Ihr fiel auf, dass seine Augen, als er lachte, sehr traurig wirkten. Das war ganz ihr Vater, der sich immer des Geldes wegen sorgte. Nun schwiegen sie wieder eine Weile, und jeder dachte sich seinen Teil. Ihr machte Geld nichts aus. Im Grunde dachte sie wie jedes Kind aus gut situiertem Haus. Von einer Welt voller Armut und Not war sie weit entfernt. Zwei Jahre drauf schreibt sie ihm: *Für meine Person wünsche ich ganz und gar keinen Mammon. Ich würde nur oberflächlich.* Was sie jetzt nicht wusste und auch dann noch nicht, dass sie später einmal in vielen Briefen um Geld bitten würde.

Nun sprach der Vater wieder, ermahnte. Aufpassen, genau das tun, was verlangt wird. Auch wäre es ihm vorgekommen, besonders in letzter Zeit, dass sie eine übertriebene Angst entwickelte, etwas Unschickliches zu tun. Nicht so viel über sich und die eigenen Fehler grübeln. Das wäre letztlich egoistisch. An andere denken. Auch tüchtig Sport treiben. In England würde sie Tennis lernen, Tante Marie hatte es geschrieben. Gerne, Vater. Paula war sportbegeistert. Ans Schlittschuhlaufen musste sie denken. Die Landschaft, die sie glücklich machte, der Raureif in den Bäumen und Büschen am Wallgraben, die spiegelblanke Eisfläche. Herrliches Eis hatten sie letzten Winter. Die Schlittschuhe an und drauf und sich nichts draus machen, wenn man stürzte. Man konnte sich ganz ungeniert geben, denn man wusste, auf diesem entlegenen Stück Wallgraben in Bremen liefen nur noch die Schwester und die beiden Freundinnen. Und weil Paula nicht aufgab, konnte sie bald die schönsten Bogen laufen. Später wird ihr Mann sagen: *Anmutig wirkt sie beim Schlittschuhlaufen, wo sie graziös und mit ihrem braunen Kleidchen sich vor mir her wiegt.* Paula lief mit einem Schwung, den nur wenige besaßen. Ihre Bogen machte ihr so schnell keiner nach.

Es war wohl die gleiche Achtung, die sie den Eltern entgegenbrachte, mit der Paula nun den Verwandten in England gegenübertreten wollte. So zwang sie sich und saß ganz brav da, das kupferrote dichte Haar mitten gescheitelt, hinten zu einem Zopf gebunden, die praktische braune Wollpelerine um die Schultern. Entschlossen blickten ihre braunen Augen den Vater an.

Der rauchte, wollte sie noch einmal über den Plan informieren, den er mit seiner Halbschwester Marie für sie entworfen hatte. Gründlich den Haushalt lernen. Alle Arbeiten verrichten, die auf der englischen Farm anfielen, und last but not least englische Sprachkenntnisse erwerben. *Bei dem jähen Wechsel, dem wir bezüglich der Glücksgüter in unserem Zeitalter unterworfen sind, bei der angestrengten Arbeit, den der Kampf ums Dasein mit sich bringt, muss jedes Mädchen danach streben, sich zur Not selbständig zu machen.*

Als Gouvernante zum Beispiel konnte man sich gut sein Brot verdienen. Ja, Vater. Sie schwieg. Es würde bestimmt schon das Besondere kommen, das sie sich insgeheim für ihr Leben wünschte. Sie seufzte, dachte an den Konfirmandenunterricht, an die Worte des Pastors: nur im Leid käme die Erfüllung des Lebens. Nur Leiden führten näher zu Gott. Paula wollte das so nicht wahrhaben. Sie hatte sich einen andern Spruch gewählt: *Heilger Geist zeuch bei mir ein und lass mich deine Wohnung sein zu steter Freud und Wonne.*

Letzte Mahnungen des Vaters, nicht mit offenen Augen dastehen und träumen. Sie hatte auf das beschlagene Fenster Kreise gezeichnet, Gucklöcher hinein gerieben, draußen war das Meer, grünschwarzes Wasser, weiße Gischt. Sie träumte ja schon wieder. So konnte es nicht weitergehen. Sie müsste sich ändern. Paula versprach es. Und tatsächlich änderte sie sich. Aber es geschah auf eine Weise und in eine Richtung, die sich Vater und Tochter nie vorgestellt hätten in diesem Moment auf der Fähre nach England. Die Küste war erreicht, der Regen hatte nachgelassen.

Onkel Charles verstand sich bestens mit Woldemar Becker. Paula war stolz auf ihren Vater, der ebenso gut auf Englisch die

Unterhaltung führen konnte, wie er es auf Französisch oder Russisch gekonnt hätte.

Erster Abend in England. Die Frauen in einer Ecke des Salons auf dem Sofa. Handarbeiten, Deckchen im Stickrahmen, Schlingstich, Schrägstich, Kreuzstich. Paulas Faden musste öfter neu eingefädelt werden. Am Rauchtisch Onkel Charles und Vater Woldemar, politische Gespräche. Namen, Daten, Bismarck! Ein echter Patriot! Wusste, worauf es ankam. Woldemar zog an seiner Zigarre, zitierte den Kanzler: Wer eine Pension hat für sein Alter, der ist viel zufriedener und leichter zu behandeln als wer darauf keine Aussicht hat. Vaterlandsliebe wecken hieß, den Bürger gut versorgen. Das hatte Bismarck den Franzosen abgeguckt. Charles lachte, Oh yes, I know. In Frankreich war der Patriotismus am stärksten ausgeprägt, weil es dort die meisten Rentenempfänger gab. Schade, dass Bismarck entlassen wurde! Kannte Woldemar die Karikatur im *Punch*? Charles hatte sich die Zeitung aufbewahrt. Hier, März 1890! »Der Lotse verlässt das Schiff«! Von oben über die Reling schaut Wilhelm Zwo, unten, das Fallreep hinuntergehend, beugt sich der greise Kanzler.

Paula bewunderte Bismarck. Paula bewunderte die Großen, die eine große Idee in die Tat umsetzten, Napoleon gehörte dazu. Später bewunderte sie den Bildhauer Rodin. Vier Jahre nach diesem Englandaufenthalt wird sie Bismarck begegnen, in Hamburg. Sie hat eine Rose in der Hand, reicht die Blume dem greisen Altkanzler in den Wagen hinein. Paula ist erschüttert, schreibt nach Bremen: *Schicksal und Alter haben seine Kräfte gebrochen.*

Themenwechsel am Rauchtisch. Nichts mehr von Problemen mit der Nationalliberalen Partei, Zukünftiges bereden statt die Vergangenheit zu beschwören. Wie stellten sich die Hills ihren geplanten Wohnungswechsel vor?

Liebe Tochter, nun sei fleißig und ordentlich und dankbar. Der Vater war wieder daheim. Paula auf dem englischen Landgut. Ihre

Briefe nach Hause. Das Melken, das Buttern. Welche Anstrengung das war, per Hand die Zentrifuge zu drehen, um erst einmal Sahne von Magermilch zu trennen. Und wer sich vorstellen kann, wie lange es dauert, wie schwer es ist, die Butter im Fass zu stampfen und dann zu waschen und zu kneten, der weiß, wie viel Ausdauer, Kraft und Freude dazu gehören, zwölf Pfund Butter herzustellen. Und das jeden Freitag.

Paula am Teich im Park, fing Kaulquappen. Gegen die Sonne, die durch die Bäume schien, sah man das Haus nur in Umrissen. Hatte sie die oberen Zimmer in Ordnung gebracht, hatte sie die Wäsche gefaltet? Sie musste sofort zurück. Die Tante wollte mit ihr den Speiseplan aufstellen. Man ist, was man isst, sagte Marie Hill und hielt sich an die neuen Erkenntnisse in der Medizin. Vitaminmangel verursacht Krankheiten. Obst muss täglich auf den Tisch. Das war gut, aber dass sie am nächsten Sonntag wieder den Gänsebraten tranchieren sollte, gefiel Paula gar nicht. Gerade, weil du dich beim letzten Mal so ungeschickt angestellt hast, musst du noch einmal üben, sagte Tante Marie, und Paula dachte an das befleckte Tischtuch, an die entsetzten Gesichter der Gäste.

Paula erlernte das Nähen auf der Nähmaschine. Kleider kürzen, Röcke längen, Abnäher anbringen, Applikationen aufsetzen. Sauberste, gerade Nähte. Tante Marie arbeitete gründlich mit Beckerscher Genauigkeit, exakt wie ihr Bruder Woldemar. Ob die kinderlose Tante sich, ihrem Bruder und der Schwägerin beweisen musste, dass sie zeitgemäß und solide erziehen konnte?

Tante Maries Sorge um die geistige Ausbildung. Die Menschen konnten doch nicht leben, ohne ihren Intellekt zu entwickeln. Mittags von zwölf bis eins englische Literatur, gleichzeitig Sprachtraining.

Paula erinnerte sich nicht mehr daran, wann sie begonnen hatte, andere Romane zu lesen als die, welche ihr die Tante vorschlug. Als die Biografie von William Thackeray an der Reihe war, holte sich Paula die Bücher von Walter Scott und las begierig seine romantischen Erzählungen vom einfachen Leben der schottischen Bauern. Sie konnte Geschichten in sich aufsaugen, wie sie das Meer in sich aufgenommen hatte. Die Bilder lebten in ihr weiter, vibrierten stark in ihr, beeinflussten ihre Stimmung, die schwankte hin und her. Sie sollte Vernünftigeres lesen, etwas, woraus sie lernen konnte, was im Leben wichtig war, so die Belehrungen der Verwandten.

Warum schrieb Paula in ihren Briefen nie, ich will das alles nicht? Sie wusste bald im Voraus, was man ihr von zu Hause wieder schreiben würde. Ich wette, dass du dich gehen lässt, keine Haltung bewahren kannst! Mahnungen, die Folgen hatten. Sie verschloss ihre Gefühle, versuchte nicht mehr, darüber zu schreiben, geschweige denn darüber zu sprechen. Vielleicht war sie unfähig und wirklich unausstehlich. Sie konnte plötzlich still dasitzen, beinahe teilnahmslos. Liebe Paula, du solltest nicht so verstockt sein. Sie schwieg. Paulas Verhalten irritierte die Tante sehr. Die anderen Elevinnen erledigten genau so viel Arbeit und waren fröhlich dabei. Paula versuchte, Klarheit über sich selbst zu gewinnen. Warum bin ich so? Sie wusste nicht, woher diese Unruhe kam, woher diese Ohnmachtsanfälle, sie hatte Angst, dass sie allein die Schuld daran trug.

Sie träumte schwer. Der Traum kam nachts mit Regelmäßigkeit, der Berg, der sich hoch vor ihr aufrichtete. Keine Erlösung gab es, wenn sie nass von Angstschweiß erwachte. In ihrem Tagesablauf sah sie auch nichts anderes als Berge vor sich. Das Schlimmste war, dass sie glaubte, so, und nicht anders müsste ihr Leben weitergehen.

Aber es war nicht die Unmenge an Arbeit, die Paula plötzlich ins Krankenzimmer brachte mit Magenschmerzen, Übelkeit, wogegen kein Kamillentee half. Ohnmachtsanfälle folgten. Und nichts richteten kalte Wadenwickel bei ihr aus, während Onkel Charles ihr den *Dörchläuchting* von Fritz Reuter vorlas extra wegen des heimatlichen Dialekts. Als schließlich die Untersuchung des Hausarztes nichts ergab, schüttelten die Verwandten verzweifelt und ärgerlich den Kopf. Paula war krank ohne jeden Grund. Sie litt und siechte dahin, ohne dass man ihr helfen konnte.

Paulas Zustand wurde Thema in Bremen. Geheimnisvolle Krankheiten, was hatte es damit auf sich? Gymnastik müsste sie treiben, vernünftig essen. Dann würden Ohnmachtsanfälle, Herzrasen verschwinden.

Was war wichtig für Paula: das Klavierspielen jeden Morgen, eine halbe Stunde vorm Frühstück? Nun gut, wenn es niemanden störte. Weit würde sie es allerdings nicht bringen, sie hatte nicht das Talent ihrer Kusine Maidli. Tennisspielen? Nun gut, man konnte sich austoben, hatte einen Grund, sich nicht mit den holländischen Kochelevinnen abgeben zu müssen. Niemand ahnte, wie gerne Paula beim Kichern und Herumalbern der drei mitgetan hätte. Sie konnte das nicht. Sie verkroch sich in ihr Zimmer. Sie kam sich außerhalb dieser Zuflucht unbeholfen vor.

Doch dann wurde Paula so schnell gesund, wie sie krank geworden war. Sie hatte einem kleinen Verwandten bei seinen Zeichenübungen geholfen. Sie zeichnete, sie war auf einmal Feuer und Flamme und wie erleichtert. Jetzt zeichnete sie in Willey, wann immer sie Zeit dazu fand. Sie machte Skizzen draußen und drinnen, zeichnete Gänse und die Kuh, die morgens, kurz bevor sie mit dem Melken fertig war, dem vollen Eimer einen Tritt versetzte. Der Onkel sah die Nichte mit aufgelösten Zöpfen, geröteten Wangen, vorgeschobener Unterlippe über den Skizzen. So kannte er sie gar nicht, sie war wie verwandelt.

Dann lassen wir sie doch malen. Wie wär's, wenn Paula Zeichenunterricht bekäme? Ihre Augen strahlten. Sie benahm sich wieder so, als wäre nichts Krankes in diesen Wochen gewesen. Plötzlich waren ganz andere Töne in ihrem Brief.

Lieb Herz, antwortete die Mutter, *wie glücklich macht es mich, dass Du so gründlichen Zeichenunterricht bekommst! Es ist mein großer Wunsch, dass Du alle Energie auf dies Feld konzentrierst, und ich bin Onkel Charles überaus dankbar, dass er Dir dies Glück zuteil werden lässt. Und nun, dass Seel und Leib gleichmäßig gut bedacht werden, noch Reitstunden obendrein. Paule, Paule, ein braunes Kleid mit ,ner Norfolkjacke! Das muss ja entzückend aussehen, und ich würde meine kleine Deern am Ende kaum erkennen!*

Wunderbar, dass sich der Umzug nach Castle Malwood verzögerte. Wunderbar das beengte Wohnen bei den Verwandten in London, wo die Hills jetzt Station machen mussten. Geringer waren die Möglichkeiten, Haushalt zu erlernen. Nun durfte Paula täglich von morgens zehn Uhr bis mittags zwei Uhr in der Londoner School of Art bei Mr. Ward zeichnen und malen. Sie arbeitete an ihren Zeichnungen, als brauchte sie keinen Schlaf, kein Essen und Trinken. Sie malte. Sie zeichnete, war glücklich, wenn ihr etwas gelang, wurde zornig, wenn es danebenging. Sie grübelte nicht mehr. Sie konzentrierte sich mit allen Sinnen auf die Übungen.

Damals kam in ihr der Wunsch auf, ihr Leben anders zu gestalten als das von den Eltern geplante: Sie wollte Malerin werden.

Ihre Eltern interessierten sich für Malerei. Aber sie hatten davon sehr traditionelle Vorstellungen.

Sie war sich beinahe sicher, ihr Vater würde ihr, wenn er noch lebte, heute, vierzehn Jahre nach ihren ersten Zeichenstunden in England, immer noch diese Mahnung schreiben: *Meiner Ansicht nach ist es ganz gut, das Auge nach der Natur zu üben, aber es muss daneben das Zeichnen selbst nicht vernachlässigt werden. Studiere Gemälde nicht dem Inhalte, sondern der Form nach; letztere ist für die Kunst die Hauptsache.*

Ganz besorgt hatte ihr die Mutter damals zu der Skizze von den drei Königen geschrieben: *Sehen sie viel anders aus als die urwüchsigen Schornsteinfeger, die ich euch auf die Tafel malte? Es wäre mir die größte Freude, wenn du wirklich etwas erreichtest, etwas mehr als das bisschen Pfuscherei, das alle Mädchen betreiben.*

Über Jahre quälte sich Paula damit, dass es ihrer Malweise wegen immer Auseinandersetzungen gegeben hatte. Aber sie war trotzdem auf ihrem Weg geblieben. Sie glaubte nach wie vor, im Recht zu sein.

3

Eigentlich war es ja ihre Schuld, dass es in England nicht klappte. Sie hatte es sogar schwarz auf weiß, in Vaters Brief bei Bedarf nachzulesen. *Meine Kleine nimmt sich wirklich nicht sehr zusammen und ist so husch, husch.* Und weil bei den Beckers und Bültzingslöwen die Briefe Allgemeingut waren, las auch Tante Marie den Brief. Sie hatte ihn wohl als persönliche Aufforderung verstanden, denn nichts mehr ließ sie seitdem durchgehen. Sie hatte Paula das Husch-Husch-Wesen schon austreiben wollen. Aber Druck erzeugte Gegendruck.

Das Unglaubliche passierte während der Weihnachtstage, die Paula in Bremen bei den Eltern verbrachte. An einem Nachmittag im Rauchzimmer des Vaters erklärte sie den Eltern, sie wollte nach den Weihnachtsferien nicht nach England zurück. Es war draußen kalt, Paula war vom Eislaufen auf den Wallgräben heimgekommen, die Norfolkjacke, die ihr Tante Marie schenkte, hielt sie über dem Arm, rückte immer näher an den Eisenofen heran, obschon ihre Wangen glühten.

Wie kam es, dass eine Beckertochter vorzeitig ihre Ausbildung abbrechen wollte? Das war unerhört! War sie denn anders als ihre Geschwister? Die Eltern beschuldigten sie heftig, ihnen gegenüber ungehorsam, den Verwandten gegenüber undankbar zu sein. Sie war auf einmal dasjenige der Kinder, um das man sich die meisten Sorgen machen musste. Hatte jemals eins ihrer Geschwister ein solch großartiges Angebot von der Verwandtschaft bekommen? War Paula nicht Tante Maries Liebling gewesen? Na also! Du wirst uns Rede und Antwort stehen müssen! In unserer Familie kennen wir es nicht anders, als uns alles zu erzählen. Der Vater stand auf, ging im Zimmer herum, ging zu seinem Rauchtischchen. Aus einem Holzkasten holte er eine Zigarre und hatte Mühe, sie anzuzünden. Man merkte ihm seine Aufgeregtheit sehr an. Und Paula hatte wieder diesen Druck hinter den Schläfen. Sie konnte nichts erklären. Wusste selbst nicht, was mit ihr los war.

Flüchtete sie wieder in Krankheiten? Als Paula begann schlechter zu schlafen, als ihr schwindlig wurde bei leichten Hausarbeiten, wies der Vater das zurück. Du bist nicht krank, so etwas gibt es nicht! Und schickte sie hinaus an die frische Luft.

Sie war erschrocken über sich selbst. Sie mochte Tante Marie seit Kindertagen, sie war ihr die vertrauteste, liebste der Tanten. Natürlich war sie ohne Widerrede mit dem Haushaltsjahr einverstanden gewesen, weil man in Ausbildungsfragen den Ratschlägen der Älteren gehorchte. Das gehörte sich so. Achtung vor der Meinung der Älteren. Und schließlich hatte sie selbst bislang keine Wünsche geäußert, noch eine spezielle Begabung erkennen lassen. Sie war aufgeregt und erwartungsvoll nach England gegangen.

Schmerzhaft erfuhr sie dort ihre Unzulänglichkeit. Sie taugte nicht zum Haushalt. Aber das zugeben, die Flinte ins Korn werfen, hieß zugleich, Schuldgefühle in der Tante zu wecken. Auf keinen Fall hatte Paula das gewollt. Schuldig war Paula ganz allein, und damit musste sie auch ganz allein fertig werden. Das hatte sie wohl begriffen aus dem verärgerten Benehmen von Eltern und Verwandten. Sie schämte sich wegen ihres Versagens. Tante Marie und Onkel Charles taten ihr Leid. Aber während Paula sich noch damit quälte, wie sie das gute Verhältnis zu den Verwandten wieder herstellen konnte, hatten die ihre Missstimmung längst vergessen. Es dauerte länger bei Paula. Später erst, als Onkel Charles schon verstorben und Tante Marie nach Stuttgart gezogen war, konnte Paula unbefangener sein, konnte tun, als wäre die Zeit in England vergessen.

Sie arbeitete jetzt besonders eifrig im Bremer Haushalt. Ihre Mutter durfte beruhigt verreisen. Wie hast du dich mit Tante Marie verstanden? Die Geschwister schauten sie neugierig an. Paula verließ das Zimmer, suchte nach Knöpfen für den Rock der kleinen Herma, schwang in den nächsten Tagen so angestrengt den Pinsel, als sie die Gartenmöbel strich, dass jeder zurückwich. Nein, sie antwortete nicht.

Was hatte ihr der Englandaufenthalt gebracht außer etwas mehr Geschick im Haushalt? Sie wusste endlich, was sie wollte, welches Ziel sie anstrebte. Es war kein leichter Weg. Zwölf Jahre später schreibt sie noch: *Ganz abgesehen davon, dass man Talent hat oder nicht, finde ich doch Kunst sehr schwer.* Sie hatte sich in England verändert. Sie hatte nur die eine Bitte an die Eltern, weitermalen zu dürfen.

Malen? Vater Becker blickte seine Frau skeptisch an. Es wird alles gut, du wirst sehen, das wird, versprach sie und sah die Leute schon bewundernd stehen vor den Gemälden ihrer Tochter. Also wird Paula in einen Zeichenkurs geschickt. Er wüsste selbst nicht, warum er das erlaubte. Vater Becker zündete sich seine Zigarre an, sagte, dass er ein viel zu nachgiebiger Mensch sei, obwohl sie ihn alle für einen Starrkopf hielten. Aber er möchte mit der Mutter nicht länger im Streit liegen.

Jetzt hatte Paula etwas, womit sie in der Familie auffiel. Unauffällig war ihre Schulzeit verlaufen. Problemlos wurde sie von Klasse zu Klasse versetzt, anders als der jüngere Bruder Günther, der, um den Sprung ins Bremer Realgymnasium zu schaffen, vorher einen Intensivkurs im Internat durchmachen musste. Für Jungen war eine gute Schulausbildung so wichtig! Die Eltern predigten es immer wieder. Kurt ging zielstrebig seinen Weg, bereitete aber Sorgen wegen seiner rheumatischen Erkrankungen. Von Paula hatte sich der Vater schon vor dem einschneidenden Ereignis der Englandreise seine Meinung gebildet: *Du bist nun, wie es scheint, mehr nach dem Vater geraten, schade, ich wünschte gern, du wärest deiner Mutter ähnlich!*

Nun, mit ihrem Wunsch, malen zu lernen, rückte sie in den Mittelpunkt des Interesses, von der Mutter bewundert, vom Vater zweifelnd beobachtet.

Nächste Woche fängt dein Unterricht bei Bernhard Wiegand an. Paula durfte zeichnen, aber so, wie sich die Eltern das vorstellten, konventionell, und dazu in einer Art und Weise, die besser sein musste als der Durchschnitt. *Vielleicht hast du ja ein niedliches Talent zum Zeichnen, das dir für die Zukunft nützlich sein kann, und du musst es zu entwickeln suchen!* Vollgesogen von Glück wie ein Schwamm, ließ Paula jedes Zugeständnis aus sich herauspressen.

Paula reckte sich, dann drückte sie den Vater, gab ihm einen Kuss, drückte die Mutter. Sie rannte aus Vaters Allerheiligstem hinaus die Treppe hoch ins Mädchenschlafzimmer, wo die kleine Schwester Herma schon auf sie wartete. Sie riss sie vom Stuhl hoch und wirbelte sie im Zimmer umher. Nun durfte Paula keinen Augenblick mehr versäumen. Sie musste endlich mit aller Kraft an ihre eigentliche Arbeit gehen!

Selbstverständlich war sie damit einverstanden, neben dem Zeichenunterricht das Lehrerinnenseminar zu besuchen, selbstverständlich versprach sie, die zwei Jahre Ausbildung durchzuhalten, um später einen Brotberuf zu haben. »Nimm dir ein Beispiel an deiner Schwester Milly und leg ein gutes Examen ab«, hieß es. Sie versprach es, konnte es halten. Am 15. November 1895 bestand sie das Examen am Lehrerinnenseminar in Bremen.

4

Februar 1906, Paula im Zug nach Paris. Eisnebel verdeckte die Landschaft, und die Fahrt schien ins Ungewisse zu gehen. Paula legte sich den Wollschal über die Schultern. Ihr fröstelte. Sie schloss die Augen, wünschte sich Sommersonne, flimmernde Luft, Blumen, Hummelgesumm. Nichts erinnerte Paula so sehr an die Kindheit wie Hummeln. Hinten im Dresdener Garten, hinter der Teppichstange, dem Turnreck der Kinder bei den Blumenbeeten, waren die Start- und Landeplätze. Hummeln über Reseden, duftenden Levkojen, Hitze, Rausch des Sommers. Die neunjährige Paula mittendrin, berstend voll mit Gefühl. Nichts konnte man dagegen tun, es war stärker. Sie wusste noch, sie wollte zum Duft werden, der aus den Blüten stieg, zum Wind, der die Blätter streichelte. Ein Schluchzen schüttelte sie. Kurt verstand das nicht, war erschrocken, der zwölfjährige Bruder, weitaus vernünftiger. Grundloses Weinen, was soll das? Paula schluckte, wusste nichts weiter zu sagen. War Glück zu beschreiben? Wenn sie an diese Zeit dachte, waren die Sommer heiß und lang, unwahrscheinlich lang, und die vielen Spaziergänge führten ins »Gehege«. Wenn Paula wollte, konnte sie losrennen, die Zöpfe lösten sich auf, das Kleid flatterte. Wenn sie es darauf anlegte, konnte nur Günther, der achtjährige, mithalten. Kurt wollte nicht, und Milly, die elfjährige Schwester, blieb bei den

Eltern. Warum musste die eine Tochter immer rennen? Wollte sie als Erste bei den Enten sein? Die Enten füttern wie üblich, sich ans Wasser hocken und Brotstücke den heranrudernden entgegenstrecken. Habt ihr Butterbemmen dabei? So hießen Butterbrote in Dresden. Paula erinnerte diese Spaziergänge zum Gehege. Und im Gedächtnis noch immer, was der Vater ihnen einst erklärte, Gehege, das bedeutet Tiergehege, war ein Jagdrevier gewesen, von Fürsten im 17. Jahrhundert planmäßig angelegt. Und wenn sie jetzt die Augen geschlossen hielt, konnte sie hinter den Lidern das Bild sehen, das Auengelände im Bogen der Elbe, den tiefen weit hinuntergezogenen Himmel, die Wolkenformationen über der Laubbaumreihe, Flirren, Mücken über den Wasserflächen und diese Lastkähne mit den eckigen Segeln, die gegen die Luft standen. Nie waren die Wolken weißer und gewaltiger.

Und dann Sommer 1885 der Ausflug nach Hosterwitz. Sie waren sieben Kinder. Paula, die neunjährige, hielt sich an der Seite ihrer Kusine Cora. Cora, mit ihren elf Jahren schon eine Persönlichkeit, war Paulas Vorbild. Sie bewunderte Coras ausgeglichenen Bewegungen, ihre selbstsichere Art zu sprechen, sie liebte ihre Schönheit. Kusine Cora Parizot war seit ein paar Jahren mit ihren Eltern und Geschwistern aus Java zurück. *Mit ihr kam der erste Schimmer von Bewusstsein in mein Leben*, sagte Paula später. Sie war entzückt, wenn Cora Beethoven spielte, wenn Cora tanzte, wenn sie Gedichte vortrug. An jenem Tag waren sie in fröhlichster Stimmung von Dresden nach Hosterwitz hinausgefahren. Als Cora ihnen am Morgen auf dem Klavier *Pour Elise* vorspielte, hatte sie nur noch einen halben Tag zu leben. Die Kinder spielten an jenem Tag in den Sandbergen von Hosterwitz, während die Erwachsenen einen Spaziergang machten am Sommerhaus von Carl Maria von Weber vorbei zur Kleppmühle. Paula konnte sich heute noch an ihre Anstrengungen erinnern, den rutschenden Abhang des Sandberges hinaufzukommen, bis die Sandmassen über ihr zusammenstürzten. Sechs Kinder wurden gerettet. Die verschüttete Cora lebte nicht mehr. Und später sich einreden wollen, dass es vielleicht nur ein Traum war, der rollende Sandberg, die schreckliche Stille, die Angst, die den Kopf leersaugte, den Atem drosselte, den Schmerz nicht empfinden ließ. Doch waren die Augen nun für immer geöffnet, die Erfahrung blieb, dass es den Tod gab, dass jemand weg sein konnte für immer, dass es das Unwiederbringliche gab. Und dass es ein großes Unglück war. Und nicht glauben wollte sie da, dass die Sonne weiterhin leuchtete, dass die Wolken weiß und unschuldig dahinzogen, und dass man je wieder lachen könnte.

Worte dafür finden, Ausdrücke, das Bild aus sich herausdrücken. Niemand war da, der Paula half. Die Mutter war zu beschäftigt. Wie hatte sie bloß die Strapazen überstanden, beinahe Jahr um Jahr ein Kind! Erst nachdem Günther geboren war, gab es eine Pause von drei Jahren, dann kam Hans, der lebte nur zwei Jahre. Die Zwillinge Herma und Henner wurden im Jahr dieses Unglücks geboren, im September 1885. Paula, die tief erschüttert war, musste allein damit fertig werden. Um den Schock zu überwinden – wenn dies überhaupt möglich war – kümmerte sich Paula um Maidli, Coras jüngere Schwester. *Cora war das erste Ereignis in meinem Leben*, schrieb sie später an Rainer Maria Rilke nach Berlin, *als in ihrer Todesstunde Maidli und ich unsere Köpfe tief in den Sand steckten, um das Furchtbare nicht zu sehen, was wir ahnten, da sagte ich zu Maidli: Du bist mein Vermächtnis. Und sie ist es geblieben. Und weil sie mein Vermächtnis ist, bitte ich Sie, ihr ein wenig Schönheit zu bringen.*

In jenem Unglücksjahr wurde Paula sprunghaft, war mal lebhaft, dann wieder mürrisch. Antworten kamen linkisch, verlegen, aber sie hatte keine Ahnung, warum das so war. Aufschreiben vielleicht, Tagebuch führen. Formulierungen finden, die richtigen. *Du bist nun wie es scheint, mehr nach dem Vater geraten und hast auch nicht die literarische Ader deiner Mutter, schade.* Vaters Worte. Erst viel später wird ihre Unruhe gebannt, als sie sechzehnjährig in England Zeichenunterricht bekam.

Der Zug nach Paris ruckte an, kam wieder in Fahrt. Sie passierten die belgische Grenze. Hatte Paula Fotos von daheim eingesteckt? Sie kramte in ihrer Reisetasche, zog aus einem Kasten ein Familienfoto der Beckers heraus: Eine Kaffeetafel, Sommer 1893 in Bremen, im Garten in der Schwachhauser Chaussee 29. Zehn Personen am Tisch, Tassen und Teller auf weißer Fransendecke. Mutter Mathilde schenkt Kaffee ein, steht in der Mitte. So war das nun eben, Mutter Mathilde im Mittelpunkt und aktiv. Was wusste man von seinen Eltern? Mit welchen Eigenschaften stattete man sie aus? Belesen, vielseitig interessiert, reiselustig, so war Mathilde. Hatte sie nicht eine wunderschöne ausgebildete Stimme? Welch sympathische, gebildete Frau, man konnte sich wunderbar mit ihr unterhalten. Christiane Rassow, Frau des Senators Rassow, eine wichtige Persönlichkeit im Bremer Kulturleben, war von Mathilde begeistert. Frau Rassow, die sich für ein Mädchengymnasium in Bremen einsetzte, hatte eine neue Freundin gefunden. Mathilde war aufgeschlossen für alles, was mit Kultur zusammenhing, war gesellig. Als zweitjüngste von sechs Geschwistern war Mathilde Gemeinschaft gewohnt. Ihr Elternhaus stand in der Hansestadt Lübeck. Adolf Ludwig Heinrich Friedrich von Bültzingslöwen hieß der Vater. Seine Vorfahren kamen aus dem Raum Sachsen, Thüringen, und er war Kommandant des Lübischen Truppenregiments von zweihundertunddreißig Mann, eine Oldenburgisch-Hanseatische Brigade, die 1867 aufgelöst wurde. Zeitweise war er in Lübeck, zeitweise in Bremen stationiert, pflegte Kontakte zu Bremer Kaufleuten, die Geschäftsverbindungen nach Übersee hatten. Dass Vater Ludwigs Einkommen nicht hoch war, erwähnte man nur, um die Kinder zur Sparsamkeit zu erziehen.

Wenn Mathilde anfing, ihre Geschwister aufzuzählen, begann sie meistens bei Wulf, ihrem zweitältesten Bruder. Wulf von Bültzingslöwen hatte Plantagen auf Java und Sumatra besessen und sich später in Berlin in einer Villa am Schlachtensee niedergelassen. Cora Hill hatte er geheiratet, Tochter aus erster Ehe von Charles Hill aus England. Der war in zweiter Ehe mit Marie verheiratet, und die war eine Halbschwester von Woldemar Becker. Verwickelte Verwandtschaftsverhältnisse? Es gab verzwicktere. Mathilde erzählte dann von Günther, ihrem ältesten Bruder, auch ein Kaufmann, auch ein Plantagenbesitzer auf Java. Sie erzählte von Herma, der jüngsten Schwester, die mit ihrem Mann Gustav Parizot den dritten Kaufmann und Plantagenbesitzer in die Familie brachte und 1884 von Java nach Berlin zurückkehrte. Elf Jahre älter als Mathilde war ihre Schwester Paula. Sie hatte in Berlin in zweiter Ehe den Major Wilhelm Rabe geheiratet. Die zweitälteste Schwester Emma heiratete Dr. Theodor Schäfer, Oberlehrer am Alten Gymnasium zu Bremen. Zwei Schwestern in Bremen, zwei Schwestern in Berlin.

Mathilde bereiste gern Italien, verlebte oft Frühlingstage in Florenz und Rom. Das Mitbringsel für Paula war der gewünschte Zitronenzweig. Unternehmungslustig und welterfahren waren die Geschwister Bültzingslöwen, und man konnte sich auf sie verlassen. Wichtige Stützpunkte waren die Geschwister der Mutter für Paula. Abwechselnd wohnte sie während ihrer Ausbildungszeit mal bei der einen, mal bei der andern Familie. Dass man etwas tun musste, brauchte man auch Mathilde nicht zweimal zu sagen. Wenn es ums Helfen ging, war sie spontan. Sofort war sie bereit, sich um einen Studenten zu kümmern, der an einer Augenkrankheit litt. Es wurde ihm vorgelesen, der tägliche Spaziergang mit ihm gemacht.

Paula blickte wieder auf das Foto von der Kaffeegesellschaft. Es zeigte ein typisches Bild. Mutter Mathilde versammelte gern

Gäste um sich herum, auch an diesem Nachmittag im Garten vorm Magnolienstrauch. Man war nie allein im Becker'schen Haus. »Wie oft unterbrach jemand unsere Leseabende«, dachte Paula. »Mutter klappte das Buch zu, und wir mussten die Handarbeit weglegen. Disziplin, Beachten von Regeln war Mathilde ein Bedürfnis. Ich habe mich oft recht klein vor ihr gefühlt«, dachte Paula. »Ich wusste manchmal nicht, wie ich mit ihr reden sollte, um sie nicht wieder zu verärgern.« Mutter Mathilde wurde ungeduldig, wenn es nicht so lief, wie sie das wollte.

Wie ungeduldig war Mathilde zum Beispiel geworden, als sich das Projekt, ein Mädchengymnasium in Bremen einzurichten, zerschlug. Paula erinnerte sich an die Sommersemesterferien daheim, als sie nach der Ausbildung zur Lehrerin an der Malerinnenakademie in Berlin studierte. Frau Rassow war zu Besuch, begleitet von Frau Ricarda Huch. Sie diskutierten ausführlich das Projekt, um dessentwillen Frau Huch seit einem Jahr in der Weserstadt weilte. Für Paula war es ein aufschlussreiches Gespräch von Frauen, die entschieden für die Weiterbildung der Mädchen eintraten, sich engagierten. Man hatte in Bremen inzwischen erreicht, dass Mädchen nach dem Abschluss der Töchterbürgerschule sich in privaten Kursen auf das Abitur vorbereiten konnten, die Abiturprüfung musste jedoch an einem Gymnasium für Jungen abgelegt werden.

Paulas kleine Schwester Herma kam vom Nachmittagsunterricht zurück. Sie legte den Kopf in den Nacken und blickte mit großen Augen sehnsüchtig hoch, sagte: »Ich möchte später gern auf ein Gymnasium.« Frau Rassow winkte sie zu sich heran, fasste die Kleine um die Schultern, da sähe man, wie das Bedürfnis nach Fortbildung wüchse.

»Wir haben gerade den Elternbrief wiedergefunden, den wir einmal von der Töchterbürgerschule Janson zugeschickt bekamen«, sagte Mathilde Becker und zitierte daraus:

Die Schule vermittelt dem Mädchen eine Allgemeinbildung, Geist und Gemüt sollen entwickelt werden, damit sie eine geistig ebenbürtige Lebensgefährtin eines Mannes würde. »Und«, fragte Ricarda Huch, »was machen diejenigen, die ledig bleiben wollen?« Es klang ein bisschen ironisch.

Für die gäbe es doch die Möglichkeit, eins der Fortbildungsseminare zu besuchen, um Lehrerin oder Erzieherin der weiblichen Jugend zu werden. »Ja«, pflichtete Paula der Mutter bei und hatte denselben Ton in der Stimme wie Frau Huch.

Frau Rassow sah Paula aufmerksam an.

Wollte Paula mit ihrem Lehrerinnenexamen sich nicht weiter aufs Abitur vorbereiten, um studieren zu können? Paula antwortete nicht, Frau Rassow wusste doch, dass sie Malerin werden wollte. Für einen Moment sah Mutter Mathilde verlegen zu Boden, hob dann leicht den Kopf und sagte mehr zu sich selbst als zu den anderen, ohne das nötige Geld können sich Eltern keine kostspielige Ausbildung der Töchter leisten. Eine der billigsten der sieben privaten Töchterbürgerschulen Bremens war die von Ida Janson. Sie nahm für die Elementarklasse, in die man mit sechs Jahren aufgenommen wurde, achtzig Mark und hundertundvierzig Mark jährlich für die Klassen vom zehnten bis zum sechzehnten Lebensjahr, bis zur Konfirmation, mit der man die Schule abschloss. Mathilde lachte kurz auf. Vielleicht würde sie es noch erleben, dass es auch für Mädchen weiterführende staatliche Schulen gäbe. Nicht, dass der Unterricht bei Janson schlecht war, aber die Höhe des Schulgeldes grenzte Bürgerschichten voneinander ab.

Ricarda Huch schaute in die Runde und fragte, jede einzelne fest anblickend, wie viele junge Frauen es denn bislang in Bremen gäbe, die sich einer Abiturprüfung an einem Jungengymnasium gestellt hätten. »Das wird demnächst mit Anna Stemmermann die Erste sein«, antwortete Paula. Vor kurzem hatte sie in Berlin die Tochter des Bremer Arztes getroffen, die sich bei Helene Lange in Gymnasialkursen auf das Abitur vorbereitete.

Ein Anfang immerhin.

Hoffentlich übernehmen Sie sich nicht, hatte man Frau Rassow gemahnt, als sie mit ihrem Mann und einem befreundeten Ehepaar ein Komitee bildete und beim Senat die Erlaubnis zur Errichtung eines Mädchengymnasiums erlangte. »Wir mussten es eben versuchen«, sagte sie jetzt. »Einen ersten Schritt machen.« Man hatte Frau Dr. Ricarda Huch aus Zürich geholt, damit das Zürcher Modell auch in Bremen verwirklicht werden sollte, aber die fehlenden Schülerinnen und der Geldmangel vereitelten den Plan. Das Gymnasium wurde nicht eröffnet. Schade. Frau Huch wollte sich wieder von Bremen verabschieden.

Herma knickste, sie müsste noch Schulaufgaben machen. Paula freute sich, bei dieser Gelegenheit auch verschwinden zu können, indem sie der Mutter bedeutete, der Schwester helfen zu wollen.

Herma packte in ihrem Zimmer die Schultasche aus, während Paula am kleinen Tisch daneben saß, den Rücken zur Sonnenblumentapete. Zeig mal deinen Stundenplan. Biblische Geschichte, Weltgeschichte, Erdkunde, Naturkunde, Deutsch, Französisch, Englisch, Rechnen, Schreiben, Zeichnen, Singen, Handarbeiten, Turnen. Paula nickte, sich erinnernd, dieselben Fächer, dieselben Unterrichtszeiten: Montag bis Samstag von acht bis zwölf, nachmittags von fünfzehn bis siebzehn Uhr, außer Mittwoch und Samstag. Vor drei Jahren waren beide Schwestern des Öfteren morgens zusammen losgegangen, als Paula das Lehrerinnenseminar besuchte, das der Töchterschule angeschlossen war. »Du bist doch gern dort gewesen?« fragte Herma.

Paula überlegte, ob sie der Kleinen widersprechen und die heimlich nagende Furcht zugeben sollte, dass sie ihrer Meinung nach dadurch zwei Jahre mit der Ausbildung zur Malerin im

Rückstand war. Oder sollte sie die Frage überhören und französische Vokabeln abfragen. Sie entschloss sich für Letzteres. Als sie in Hermas Alter war und Französisch lernte, hatte sie immer ein Lob von der Mutter bekommen. Ja, das war lange vor dem Englandaufenthalt gewesen und bevor sie die Eltern mit ihrem Berufswunsch schockte. Aber, obwohl die Mutter selbst verunsichert war, half sie der Tochter – wie immer, wenn irgendwer Hilfe brauchte.

Damals 1893, als Paula bei Wiegand zeichnen lernen durfte, war ihr das zum ersten Mal richtig bewusst geworden. Aber Probleme vertraute sie lieber Milly an, ihrer älteren Schwester. Wann hatte sie das letzte Mal mit Milly Kindheitserlebnisse ausgetauscht?

Wir bildeten eine verschworene Gemeinschaft in unserer Kindheit, dachte Paula. Ob Milly noch immer mit dem rechten Fuß zuerst aufstand? Wir litten, wenn wir das falsche Bein nahmen. Sofort stand Paula die kleine Mädchenkammer wieder vor Augen. Das dreieckige Zimmer in der Schwachhauser Chaussee in Bremen. Die Glyzinien-Tapete. Die Tür, die bei jedem Öffnen und Schließen in Schwingungen geriet. Zwei Schwestern am Abend auf den Bettkanten. Grübeleien. Ob man als Erwachsener mit einem Schlag alle seine Fehler abgelegt hätte? Paula wollte gründlich darüber nachdenken. Später fragte sie sich, ob es an den vielen Abwechslungen lag, dass sie keine Zeit zum endlosen Grübeln hatte. Ohne zu übertreiben, es war jeden Tag etwas los bei ihnen zu Haus. Ganz abgesehen von den Geburtstagsfeiern. Diesmal wird Milly das Gedicht vortragen. Mutter Mathilde schrieb wieder die Verse zu Vater Woldemars Fest. Dann die Vorbereitungen zu Weihnachten. Eine spezielle Laube musste gebaut werden, aus einem Holzgestell mit Tannengrün und Efeu darüber, die hinterm Sofa im Wohnzimmer aufgestellt wurde als besonders geschmückter Platz für die Eltern.

Paula erinnerte sich an die Donnerstagabende im Künstlerverein! Weißt du noch, Milly, du hattest doch diese Rolle in der Komödie soundso, hast du nicht auch in dem Ballett von Rubinstein mitgetanzt? Und sie erinnerte sich an die Duette von Mutter und Schwester, und wie ihr jedes Mal die Hände vor Aufregung schwitzten, wenn beide zum Schluss gemeinsam vorm applaudierenden Publikum standen. Vortragsabende gab es. Liederabende. Wie liebten wir Brahms und Schubert! Ja, Milly erinnerte sich genau, auch an die großen Dramen, Othello zum Beispiel. Schrecklich, Paula hörte nicht auf zu weinen. Der Tod der Desdemona ging ihr zu Herzen. Was alles haben wir gesehen und gelernt! Worauf wir achten mussten! Gesellschaftliche Umgangsformen, Etikette. Paulas erster Besuch bei Frau Rassow. Denke daran, junge Mädchen dürfen sich nie aufs Sofa setzen, selbst wenn es ihnen angeboten wird! Die vielen Anstandsregeln! Vergiss nicht, die Handschuhe anzuziehen beim Ball. Machen wir auch alles richtig? Paulas Freundinnen zitterten. »Das wird schon gut gehen«, sagte Paula forsch, um sich selbst zu beruhigen. Den Ball genoss sie sehr. Paula tanzte für ihr Leben gern. Bei solchen Gelegenheiten konnte man auf den Vater stolz sein. Wenn Woldemar Becker an der Reihe war, einen Tanzabend oder Maskenball zu organisieren, dann klappte alles vorzüglich.

Davon abgesehen, war der Vater eher zurückhaltend. Auch das Foto von der Kaffeegesellschaft täuschte. Draufgängerisch wie die Künstlerhaartolle weismachen könnte, war Woldemar nicht, war eher ein ängstlicher Typ, immer voller Zweifel an seinem Können, an dem der Kinder. Wie soll es weitergehen? Wohin soll das führen? Fragen, die Paula eng mit ihm verbunden sah. Er war intelligent, belesen. Er tat nichts lieber, als in Briefen zu belehren, Ratschläge zu erteilen. Ironie war in seinen Erzählungen, Wissen und Witz. Er pflegte Freundschaften. Professoren an den Kunstakademien in Dresden, Berlin und Königsberg gehörten zu seinem Kreis, zu seiner Geschichte, die in Russland begann, in Odessa. Sein Vater Paul Adam, Direktor am Lycée Richelieu, trug den Titel Kaiserlich Russischer Kollegialrat, wurde mit dem persönlichen Adel »von Becker« ausgezeichnet. Paul Adam von Becker heiratete dreimal, und Carl Woldemar stammte aus der ersten Ehe wie sein Bruder Oskar. Nein, bedauerte Woldemar, meine Mutter, Elise Dörstling, habe ich nie richtig kennen gelernt, sie starb, als ich drei Jahre alt war. Zu seinen Halbgeschwistern Marie, die den Plantagenbesitzer Charles Hill heiratete, und zu Arthur, Landgerichtsdirektor in Dresden, hatte er ein besonders gutes Verhältnis.

Die Vorfahren der Beckers kamen aus Sachsen. Fabrikbesitzer waren dabei. Eine Familie Becker besaß eine Weberei in Chemnitz, und Paul Adams Kinder durften gern in die alte Heimat nach Sachsen zurück, als Schüler in den Ferien, später zum Studium.

Woldemar gehörte zu diesen jungen Leuten, die von Haus aus humanistisch erzogen sind, die Klassiker kennen, Philosophie und fortschrittlich wählen, eine liberale Partei, einen modernen Beruf. Woldemar wurde Ingenieur. 1888 hatte er die Preußische Eisenbahnverwaltung im Bremer Staatsgebiet übernommen und war von Dresden weggezogen. 1890 wurde er Preußischer Baurat. Weiterstreben, auf dem Laufenden bleiben, bedeutete fortschrittlich sein. Noch im Alter von zweiundfünfzig Jahren absolvierte Woldemar ein Praktikum in der Elektrotechnik. Er war fortschrittlich, modern. Deswegen auch die Freundschaft zu Ludwig Dettmann, Maler und Professor an der Berliner Kunstakademie, einem Mitbegründer der Künstlergemeinschaft »Elfer«, die sich gegen die konservative Ausstellungspraxis der Kunstmärkte richtete. Max Liebermann gehörte der Vereinigung an, Karl von Leistikow.

Über Kunst konnte man sich mit Woldemar gut unterhalten, er war Kenner. Aber für die Art, wie sie jetzt von Frankreich herüberkam, diese *Mache*, wie er das nannte, brachte er kein Verständnis auf. Über politische Themen sprach er gern. Allerdings gab es Bereiche, die man nicht berühren durfte. Nie hätte er in seinen Briefen ein Wort über seinen Lieblingsbruder Oskar verloren, der 1868 starb. Weitgereist war Carl Woldemar und gebildet. Es war kein Wunder, dass Mathilde von Bültzingslöwen sich in den gutaussehenden jungen Mann, ihren Woldi, verliebte. Am 11. Juni 1872 heirateten sie. Ihr Silberhochzeitstag wurde ein wichtiges Datum in Paulas Leben. Wenn der Vater nur ein wenig hoffnungsfroher gewesen wäre.

Seine sechs Kinder kamen schließlich zurecht. Günther als Kaufmann in Übersee, Henner als angehender Schiffsoffizier. Kurt war Arzt geworden. Weiterstreben! feuerte Paula ihn an, den großen Bruder. Liest du auch wieder, liest du auch moderne Literatur? Paula spornte an, sich selbst und die anderen. Dass die Geschwister sich untereinander schrieben, Paula erinnerte, mahnte. Was ihr wichtig war, sollte auch den anderen wichtig sein. Günther und Henner brachte sie das Tennisspielen bei. Und dass Milly nur nicht das Musizieren aufgab nach der Heirat. Milly war wohl das ruhigste Kind in der Familie. Trösten konnte sie und helfen. Energisch war Paulas jüngere Schwester Herma, war Paula ähnlicher, war leicht zum Spotten aufgelegt. Muss Paula schon wieder in Paris *rumhuppen*? Sind Künstler nicht alles *schwierige Menschen*? Solche Fragen konnte Herma stellen. Alle Geschwister kamen zurecht. Vater Becker hätte zufrieden sein können. Schade, dass er es nicht mehr erlebte.

Wir gehörten nicht zu den hanseatischen Großkaufleuten in der Stadt, sagten die Becker Kinder. Vater konnte sich mit seinem Ingenieursgehalt nicht mit denen vergleichen. Aber wir kamen gut aus, leisteten uns sogar eine Hausgehilfin. Viel Zeit und Geld wurde für Kultur verwandt, für Theater, Musik, Literatur. Bücher gehörten auf den Gabentisch zu Weihnachten, waren regelmäßig

Geburtstagsgeschenke. Moderne Lektüre, auch für die Töchter. Gerade war Theodor Fontanes *Effi Briest* erschienen, Marie von Ebner-Eschenbachs *Bozena*. Paula dachte mit Wehmut an die Sparsamkeit, mit der ihr Vater leben musste und zu der er die Kinder anhielt: *Ehe Du Dir eins von den Büchern kaufst, leihe es Dir aus einer Bibliothek und siehe zu, ob es Dich anspricht.* Paula verschlang Werke von Ibsen, Hamsun, Maeterlinck, Zola, Bismarck. Bücher konnte Paula genießen. Sie machte sich Gedanken, sie machte Notizen. Bücher, in denen sie ihr Schicksal gespiegelt glaubte, las sie immer wieder, las kritisch, ließ sich nicht von wichtigen Namen blenden.

Anregungen, Anweisungen gaben die Eltern. Elterliche Vorstellung von Erziehung hieß fortschrittlich, vielseitig. Und dabei die Kinder zurückdrängen in althergebrachte Ordnungen und Rollen. Vielleicht, weil man sich selbst nichts zutraute, vielleicht, weil man fürchtete, dass die Kinder zu maßlos, zu extrem fortschrittlich werden könnten?

Paula fühlte sich oft in der Defensive. Vielleicht auch Kurt? Als er zum Studium außer Haus war, musste man seine Briefe immer anmahnen. Und wie war es mit Günther und Henner? Beide entzogen sich schnell dem Elternhaus, Günther wurde erst in Australien selbstständiger, Henner während seiner Ausbildung beim Norddeutschen Lloyd. Als Herma, die Kleine, aufs Gymnasium wollte, setzte sich Paula für sie ein.

Später machten sie alle ihren Weg. An jenem Sonntagmorgen 1892 jedoch wurden sie noch gegängelt. Aufstehen, Toilette machen und dann an den Frühstückstisch, Vater, Milly, Herma und Henner. Die Gesichter der Kinder waren gespannt, Tee, Kaffee, Kakao, aber das allerwichtigste waren die Briefe – alle drei, Kurt, Paula und Günther, hatten tatsächlich geschrieben. Vater Becker konnte es nicht leiden, wenn die Kinder, die in der Ferne weilten, nicht prompt zum Sonntag ihre Mitteilungen machten.

Ordnung und Pünktlichkeit waren Grundlagen der Zivilisation. Und nun der Auftritt der Mutter. Erst eine Tasse Tee trinken, dann die Umschläge öffnen. Die Mutter las die Briefe vor. Berichte, die sich nur in Beschreibungen von lustigen Abenden ergingen, von Besuchen bei Freunden und Verwandten erzählten, ärgerten Vater Woldemar. Was sollte das, Tagesabläufe zur Schau stellen, Äußerlichkeiten, die nichts aussagten! Kurts Brief gehörte diesmal dazu. Auf keine Anfrage des Vaters war er eingegangen. Das war keine Achtung vor den Älteren. Nein, zufrieden war Woldemar nicht. Und nun das Schreiben von Paula. Ein Brief war das, dessen äußere Form schon abstieß, eine Schrift, die keiner lesen konnte, *Kritzelkrakel.* Diese Schludrigkeit. Hundertmal wurde die Tochter schon zur Ordnung aufgerufen, keine Besserung. Und schlimmer noch, es war ein oberflächlicher Bericht. Woldemar schaute in die Runde. Er verurteile so hart, um die Kinder zu ordentlichen und nachdenklicheren Menschen zu erziehen. Er war vernünftig genug, einzusehen, dass es ein Fehler war, vor allen anderen und vorwiegend zu tadeln. Natürlich hätte er auch anders erziehen können. Er tat es jedoch nicht. Vermutlich litt er sogar darunter, dass er nicht aus seiner Haut herauskonnte. In Paulas empfindsamem Gemüt blieben die Tadel haften. Zeitweise hatte sie das Gefühl, dass sie wie ein Magnet die Schelte unmittelbar anzog. *Ich habe solch einen Heißhunger, dass er mich mal aus vollem Herzen loben möchte!* An diesem Sonntag beim Frühstück fand nur Günthers Brief Gnade vor den strengen Augen und Ohren des Vaters.

Eine Zeit lang während ihrer Bahnfahrt nach Paris hatte Paula in dem Kasten gekramt, wo sie Familienfotos aufbewahrte, das Foto von der Kaffeegesellschaft legte sie zur Seite, das wollte sie Milly schicken.

Was sagen Fotos aus? Werden sie den Menschen gerecht? War Mutter Becker dieselbe, die auf dem Foto ziemlich verschlossen dreinschaut, deren Briefe überströmen konnten von Herzlichkeit: *Ich teile dein Glück, Herzenskind! Hurra, das freut mich höchlichst!* War dieses scheu lächelnde Mädchen im weißen Kleid dasselbe, von dem Vater Becker behauptete, *selbst im Hause ist Paula nur ein muffiges Wesen*?

Was sagen Porträts über den Menschen aus? Ist es nicht so, dass der Betrachter darin nur das entdeckt, was er entdecken will, was er aus eigener Erfahrung in diesen Zügen erkennen kann? Kann man je einen wirklichen Zugang über Fotos, Porträts zur Person finden? Paula warf einen Blick durchs Abteilfenster: schemenhaft im Nebel die Bäume und Häuser, an denen der Zug vorbeifuhr. Was muss man zu einem Foto, zu einem Porträt hinzunehmen, um dem Menschen gerecht zu werden? Kennt man eine Person, wenn man ihre Gedanken in Briefen und Tagebüchern gelesen hat?

Wer war sie, Paula Modersohn-Becker? Ihre Gesichtszüge kannte sie in- und auswendig wie jeder Maler, der Selbstporträts malt. Sie hatte sich nie weich, lieblich, ebenmäßig schön gemalt. Ihre Selbstporträts waren herb, meistens mit einem sehr wachen Blick, der gespannt auf etwas wartet.

5

Alles hatte sich 1896 geändert, als die Eltern ihre Tochter nach bestandenem Lehrerinnenexamen nach Berlin fahren und sich dort an der Mal- und Zeichenschule des Vereins Berliner Künstlerinnen einschreiben ließen, denn sie meinten, eine solide Mal- und Zeichengrundlage könnte einer Lehrerin nicht schaden. *Wenn du auch nicht Vorzügliches darin leistest, so kannst du es durch Ausdauer über die grobe Mittelmäßigkeit bringen und nicht im*

Dilettantentum untergehen. Ja, Vater! Auf zwei Monate war der Kurs befristet, währenddessen Paula bei der Tante Paula Rabe, der ältesten Schwester der Mutter, in der Perleberger Straße 23 wohnen würde.

In den ersten Wochen war Aufregung in Paulas Stimme, wenn sie der Verwandtschaft Bericht erstattete, wenn sie geduckt hinter ihrer Staffelei den andern Malschülerinnen antwortete. Schüchternheit, wenn es um ihre Arbeit ging, passte nicht zu ihr. Oder hatte sie wieder Angst, etwas falsch zu machen? Sie schrieb nach Haus: *Das kleine bunte Mädchen ist mein erster Pastellversuch, überwältigend schön ist er noch nicht. Das lachende Mädel habe ich ganz schnell am zweiten Tag gemacht, deshalb ist es auch ein bisschen zu sehr verschmiert. Und wieder Bleistift. Ich fürchte, Ihr bekommt von mir nichts Besseres zu sehen.*

Der Vater schrieb zurück: *Für Deine uns übersandten Skizzen besten Dank. Ein definitives Urteil maße ich mir nicht an. Du musst selbst wissen, ob Du mit dem Erfolg zufrieden sein kannst. Ich bin, wie Du weißt, der Ansicht, dass alle Kunst ein Können ist, und dass die Technik, das Zeichnen nicht als Beiwerk angesehen werden darf, welches auch wegbleiben kann. Du magst über manches Dein Näslein rümpfen, aber das kann mich nicht abhalten, meine Kritik zu üben, wie verfehlt sie auch sein mag. Ich spreche so wie ich es verstehe. Trotz aller kleinen Schwächen muss ich Dir aber das Zeugnis geben, dass Du recht fleißig gewesen bist.* Vater Becker fühlte sich immer verpflichtet zu erziehen.

Paula gab ihren Standpunkt nicht auf, wenn sie auch zitterte vor der väterlichen Autorität, schrieb: *Ich bemühe mich beim Zeichnen, mit Genauigkeit die Konturen zu verfolgen und gebe sie durch Linien an. Linien widerstreben eigentlich meiner Natur, da sie in Wirklichkeit nicht vorhanden sind. Wenn Du Deine Hand betrachtest, so wirst Du auch finden, dass sie nicht mit einer Linie begrenzt ist.* Die Berliner Verwandten nahmen Anteil an den Diskussionen zwischen Vater und Tochter, und manches Mal nahmen sie Paula in Schutz.

Paula kannte Berlin von früheren Besuchen her. Sie war Weltstädte gewohnt, war dem dichten Londoner Verkehr ausgesetzt gewesen. In Berlin herrschte jetzt Aufbruchstimmung. Überall wurde gebuddelt. Überall gab es Baustellen. Pflasterwürfel auf den Bürgersteigen, Erdhaufen, Rohre. In den Straßen wurden Schächte aufgerissen, in denen tagsüber die Arbeiter verschwanden, abends in weniger belebten Vierteln die Kinder, wenn sie Räuber und Gendarm spielten. Paula geriet in eine Zeit des Umbruchs, Berlin wollte mit gewaltigem Sprung ins neue Jahrhundert.

Sie war am Bahnhof Friedrichstraße angekommen. Der Zug, in den sie in Hannover umstieg, fuhr sie mitten hinein in diesen gläsernen Tunnel, wo sich Eisen und Glas über dem riesigen Hallenbau aus Backstein und Terrakotta wölbten, mitten zwischen den größten Hotels von Berlin. Von da aus war es nicht allzu weit zur Perleberger Straße. Und wollte Paula nicht zu Fuß zur Zeichenschule in der Potsdamer Straße, dann konnte sie die Stadtbahn benutzen vom Tiergarten bis zum Landwehrkanal.

»Guten Tag«, rief die energische Paula Ritter aus Bremen, sie musste schreien, denn der Lärm auf dem Potsdamer Platz war unbeschreiblich. Erdstöße, Pfeifen, Schrillen, Stampfen, eine Qual für Paulas sensibles Gehör. Paula hatte sich der zehn Jahre älteren Malerin angeschlossen, und Vater Becker sah es gern, denn sie hatte seiner Meinung nach vernünftige Ansichten.

Hauptverkehrszeit. Die beiden Bremerinnen mittendrin. Eine Straßenbahn fuhr an ihnen vorbei, als sie die Kreuzung Unter den Linden / Friedrichstraße überqueren wollten. Sie eilten zur nächsten Haltestelle. Fahrgäste drängten bis hinten auf die Plattform, stützten sich am Geländer der Treppe, die nach oben führte. »Kommen Sie, steigen wir hoch!« Die Ritter winkte Paula heran,

»ich hab gar nicht gewusst, dass das jetzt für uns möglich ist!« Noch immer staunten die Passanten: Erstmals saßen Frauen oben auf dem Deck!

1896, Paula war gerade in Berlin angekommen, wurde das Polizeiverbot der Decksitze für Frauen aufgehoben. Die Frauen hatten sich darüber hinweggesetzt. Die Sittenwächterin am Moltkeplatz war machtlos, sie konnte ihr Notizbuch für immer einpacken.

Könnte ich mir ein Fahrrad ausleihen? Im Tiergarten sah man jetzt morgens früh die Radfahrer, wie sie übten. Vor allem Frauen. Eine nach der anderen stieg mehr oder weniger mutig auf das Gefährt, die Nebenstehenden wichen zurück, die Radlerinnen schwankten los. Uns gelingt der Durchbruch, sagte sich Paula und lachte, wenn sie sah, wie sich die Frauen ebenso wenig aus dem Gleichgewicht bringen ließen wie die Männer. Paula fuhr Fahrrad, auch wenn es in dem Verkehr sehr anstrengend war. Sie übte Selbstständigkeit. Hatten Vaters Lehren angeschlagen, *dass man immer das Rechte tut, wenn man seinen Überzeugungen nachgeht, nicht jedes Mal fragt, was werden die Leute wohl dazu sagen?*

Erstmals öffnete die Berliner Universität den Frauen die Tore, allerdings nicht sehr weit: Nur als Gasthörerinnen durften sie eintreten und nur nach vielen komplizierten Behördengängen und mit größtem Vorbehalt. Im Semester 1897/98 wurden die ersten zweihundert aufgenommen. *Frauen*, hieß es, *die an den Universitätsvorlesungen teilnehmen wollen, haben zunächst schriftlich um die Genehmigung des Königlichen Universitätskuratoriums nachzusuchen.* Man brauchte einen Erlaubnisschein, den das Rektorat ausstellen musste. Man brauchte von den Herren Professoren und Dozenten, deren Vorlesung man zu hören wünschte, die schriftliche Einwilligung. Man bekam diese aber erst ausgehändigt, wenn bei der Universitätsquästur die Vorlesungen belegt und bezahlt waren. Und dieser wichtige Rektoratserlaubnisschein musste für jedes Semester neu beantragt werden. Der Kreislauf begann von vorne.

Die Ansprüche der Frauen muss man von höherem Standpunkt aus als berechtigt ansehen, hatte Vater Becker von Bremen nach Berlin geschrieben, *und trotzdem wehren wir Männer uns dagegen, solange es möglich ist. Bisher hat noch niemand freiwillig auf seine Rechte verzichtet.*

Das wäre ein Schreiben ganz nach dem Herzen dieser Studentinnen, sagte sich Paula, als sie die ersten zur Friedrich Wilhelms Universität pilgern sah. Sie trugen vorwiegend schwarze Kleidung, ein dunkles Jackett. Die meisten hatten sich Wachstuchtaschen unter den Arm geklemmt.

Paula ging mit offenen Augen, mit offenem Ohr durch die Straßen. In Gedanken setzte sie sofort den Zeichenstift an, wenn ihr bestimmte Typen auffielen: der Polizist zu Pferd, der Arbeiter mit der Fahne, der Burschenschaftler. Sie hörte Rufe wie »Boykott« und »Solidarität«. Sie hörte auch, dass man sich gegen einen neuen Gesetzesentwurf empörte, der Paragraphen enthielt gegen die Verbindung von politischen Vereinen. Plötzlich zeigte sie Interesse, irgendetwas leuchtete in ihren Augen auf wie ein Funke, der sich in eine dunkle Ecke verirrte. Sie protestierte mit den Arbeitern, mit vielen Stadtverordneten Berlins. Morgen wollte auch sie zum Rathaus gehen und die Petition gegen das neue Gesetz unterschreiben.

Es war ein kühler Maiabend, als sie mit ihrem Bruder Kurt aneinander geriet, der in Berlin Medizin studierte und sie so nett bei ihrer Ankunft abgeholt hatte, sie in die Perleberger Straße brachte. »Meinst du das wirklich, was du gerade gesagt hast?« Er schloss ganz schnell das Fenster von Paulas kleinem Zimmer. Er wollte eigentlich einen Stadtbummel mit seiner Schwester machen und nun dieser Ärger. Er sah die Kleine schon auf den Barrikaden. Uneinsichtig wie sie nun mal sein konnte. Ratlos sah sie ihn an, stand klein vor dem großen Bruder. Was war falsch? Sollte sie nicht allmählich selbstständig entscheiden können?

»Du wirst also morgen die Petition unterschreiben?« Das machte Kurt rasend, er hätte einiges von seiner Schwester erwartet, doch nicht dies.

Paula sah das Hin-und-Her-Gerenne des Bruders, sie hörte ihn schimpfen »Hitzkopf, Dummkopf«, hörte sie ihn das alte Familiendrama beschwören. Sie kannte es. Der Fall Becker. Oskar Beckers Geschichte. Oskar, Vater Woldemars einziger Vollbruder. Oskar war der ältere, und beide waren die einzigen Kinder aus erster Ehe des Großvaters. Aneinander hingen sie wie die Minings, diese zwei aneinander gewachsenen Äpfel. Alles machten sie gemeinsam, die Schulzeit in Odessa, die Ferien in Dresden, das gemeinsame Studium. Sie teilten gemeinsam liberale Ideen. Nur, dass Oskar, dieser Unbesonnene, durchdrehte, überdrehte, dieser Hitzkopf, der die Ansicht vertrat, der preußische König müsse verschwinden, weil er einer Einigung Deutschlands im Wege stünde. 1861 versuchte Oskar in Baden-Baden ein Attentat auf Wilhelm I. Oskar, nun ein politischer Häftling, ein Zuchthäusler in der Familie Becker! Paula kannte die Geschichte, kannte das Ende. Oskar wurde 1866 begnadigt und vorzeitig entlassen. Zwei Jahre später starb er.

Kurt war mit wilden erregten Schritten durchs Zimmer geeilt, Paulas Gedanken waren ganz woanders. Eine Unterrichtsstunde in der Malakademie stand ihr vor Augen, eine Szene, die ihr Furcht einflößte. Zeichenstunde bei Herrn Alberts, allgemein als sehr strenger Lehrer bekannt. Wenn Alberts eine Skizze nicht gefiel, baute er sich vor der Schülerin auf, durchbohrte sie mit Blicken, fragte, ob sie ihre Arbeit ebenfalls so schlecht beurteilte, wie er das tun müsste. Nun musste auf sein fragendes *Nicht?* sofort mit *Ja!* geantwortet werden, sonst verweigerte er für die nächsten drei Tage jede weitere Hilfe. *So bringt man also Selbst-*

erkenntnis bei! hatte Paula dem Vater geschrieben, *Ich habe eine Angst, dass mir bei gleicher Gelegenheit das Ja in der Kehle stecken bleibt, das würde er mir dann für Eigensinn auslegen und fortrennen.* Genau diese Angst, dem Bruder nicht antworten zu können, blockierte Paulas Stimme. Zum Teufel, nein! Der Bruder gestikulierte, war Paula denn so kurzsichtig, dass sie nicht einsah, in der Politik hatte sie nichts zu suchen, Frauen überhaupt nicht. Kurt rüttelte sie an der Schulter: »Sag etwas!« Ihr begannen die Hände zu zittern. »Ich weiß nicht. Vielleicht. Doch.« Paula war sich auf einmal nicht mehr sicher. Sie wollte doch nichts Unrechtes tun. Von ihrem Onkel hatte sie das Hitzige geerbt, von ihrem Vater das Zaudern. Paula unterschrieb nicht. *Ich muss aber doch über mich und die Welt lachen*, schrieb sie nach Hause. Es interessierte sie schon und auch wieder nicht, was um sie herum geschah. Töricht war sie nicht. Schlagartig war ihr Auftritt auf der politischen Bühne beendet.

Durch das offene Fenster in der Malakademie wehte frische Luft herein, vereinzelt hörte man ein Aufstöhnen über klägliches Versagen. Einige der jungen Damen in Malkitteln oder Schürzen fuhren sich mit dem Ellenbogen über die Stirn. Die neue Lehrerin schüttelte den Kopf. Eigentlich sollten Maler und Malerinnen bei ihrem Tun ein physisches Wohlbehagen empfinden. Paula räkelte sich, nur sie fühlte sich gut. Sie konnte endlich das tun, was sie gern wollte und konzentrierte sich. Wenn sie jetzt nach Hause schrieb, gab es keine Kritik mehr wegen ihrer Krakelei. Paulas Schriftzüge hatten einen freien großen Schwung bekommen.

Zwanglos, frei, das war auch Jeanne Bauck, die neue Zeichenlehrerin. Dick, unförmig mit losgelösten Haarsträhnen beugte sie sich über die Arbeiten der Schülerinnen. *Von allem, was man zeichnet, muss man eine Vorstellung in sich fühlen!* Die eigenen Vorstellungen aufs Blatt bringen! Paula seufzte, und die Malschülerinnen warfen sich Blicke zu, sie erinnerten die Episode von gestern in der Zeichenstunde bei Dettmann. Zweimal hatte der schöne Zeichenlehrer mit der tollen Haarlocke über der Stirn Paulas Zeichnungen angesehen. Er nahm den Rötelstift, wanderte vor der Staffelei her, plauderte, machte hier eine Korrektur, da eine, bis er Paulas Arbeit fertiggemalt hatte. Wütend hatte sie sich plötzlich dagegen gewehrt. *Das dritte Bild male ich aber selbst!* Noch in der Pause, als sie ihre Butterbrote auspackten, imitierten die Studentinnen den halb empörten, halb anerkennenden Blick des Lehrers.

»Wann werden Sie sich goldene Sporen verdient haben, meine Damen?« Jeanne Bauck faltete ihr Butterbrotpapier zusammen. Darüber hatte Paula noch nicht nachgedacht. Es war ja nicht so, dass man nach einem Zweimonatskurs ausgebildete Malerin war. Du liebe Zeit, was sollte werden, wenn sie keine finanzielle Hilfe mehr bekäme. Paula erschrak. »Nun, vielleicht brauchen Sie überhaupt nicht für ihren Lebensunterhalt zu sorgen?« Jeanne Bauck lachte, ihre korsettlosen Hüften wabbelten. Sie seufzte und sagte dann lebhaft: »Also, ich hoffe, dass Sie schon einmal an eine Stelle als Au-pairmädchen gedacht haben, in Frankreich zum Beispiel!« Als au pair in Paris, ja doch, Paula hatte darüber mit ihrer Mutter gesprochen. Man verdient sich den Unterhalt durch Mithilfe im Haushalt und lebt nebenbei am Puls der Kunst.

Kaum war die Rede auf Paris gekommen, da leuchteten die Augen der Malstudentinnen. Paris! Das war das Zauberwort. Sie sangen und pfiffen die Habanera der Carmen, »Ja die Liebe hat bunte Flügel!« Bizet hätte seinen Spaß gehabt.

Jeanne Bauck winkte ab, ließ weiter nachdenken. Malen als Brotberuf war nicht der leichteste. Wer wollte schon gezwungen sein, nach Schülerinnen zu suchen! Nun, dann sollte man eben an einer Malschule unterrichten wie Jeanne Bauck. »Beckerchen, Sie sind wirklich naiv! Dazu braucht man erstens einen Namen, der in Fachkreisen bekannt ist, zweitens ein Gesicht, das dem Direktorium gefällt und drittens ein großes Dankbarkeitsgefühl.« Jeanne Bauck war fünfzig und hatte schon wieder Ärger mit der Direktorin. Jeanne Bauck konnte einem leidtun.

Einmal war Paula zu Besuch in ihrem privaten Atelier. Die Einschätzung der Marktlage möchte Jeanne ihr heute ersparen, aber die Lehrerin war unerbittlich. Ob Paula schon darüber nachgedacht hätte, welche Art von Bildern im Allgemeinen am besten zu verkaufen wäre? Ganz gleich, ob sie Porträts, ob sie Landschaften oder Stillleben malte, etwas müsste sie auf jeden Fall vermeiden, am Geschmack der Allgemeinheit vorbei zu malen. Salonmalerei war gefragt. Jeanne feixte. Vielleicht könnte ihr Paula erklären, warum sie meistens Köpfe zeichnete oder Skizzen machte von Bahnwärtern, von Bauarbeitern. Wusste Paula es wirklich nicht? »Ich denke manchmal, ich werde dazu getrieben«, sagte Paula. Jeanne Bauck strich ihr leicht übers Haar.

»Am kommenden Sonntagvormittag treffen wir uns mit Arons und Gottheiners im Kunstsalon Schulte.« Tante Paula nickte der Nichte aus Bremen zu, was so viel bedeutete, dass sie selbstverständlich mitgehen musste. Paula interessierte sich im Augenblick zwar mehr für die Sammlung bei Fritz Gurlitt, und sie wäre an diesem Sonntag lieber noch einmal in die Leipziger Straße 131 gegangen. Auch, wenn dort im ersten Stockwerk die Räume schlecht beleuchtet waren, die Bilder des Ungarn Rippli-Ronai hatten es ihr angetan, sie sollten ähnlich gemalt sein wie die eines gewissen Gauguin aus Frankreich. Doch diese Einladung konnte sie nicht ablehnen, die vom Bankier Bartholomäus Aron ausging, bei dem Paula vor einer Woche eingeführt war. Familie Baurat Gottheiner, befreundet mit Vater Woldemar aus Dresdener Tagen, bot ihr manchmal an, mit ihnen zu Mittag zu essen.

Sie trafen sich um elf Uhr beim Palais Reder am Pariser Platz. In den großen Räumen im Erdgeschoß hatte Eduard Schulte seinen Kunstsalon. Natürlich bestaunten die Damen der Berliner Gesellschaft mehr die eigenen kunstvollen Hüte und Garderoben als die Kunst an den Wänden, und natürlich wurde der neueste Klatsch in der Kunstszene kolportiert. Paula betrachtete gerade ein Bild von Manet, als sie die Episode hörte, die kürzlich im Salon von Félicie Bernstein passierte. Adolph Menzel, der alte Mann der Berliner Kunstszene, der Maler von Themen aus der preußisch-friderizianischen Zeit, weltberühmt durch seine Bilder *Die Tafelrunde*, *Das Flötenkonzert*, hatte sich Bernsteins neue Sammlung angesehen. »Haben Sie wirklich Geld für den Dreck ausgegeben?« hatte er ausgerufen, als man ihm Manets *Weißer Flieder*, Degas *Champ de coquelicots* zeigte.

Bei einer Gruppe um Max Liebermann hörte Paula von dem Skandal wegen einer Ausstellung im Architektenhaus. Ein Mitglied der Kunstkommission, ein Norweger, hatte angeregt, Bilder von Edvard Munch in der Rotunde des Ehrensaals auszustellen. »Das soll Kunst sein«, fragte man empört. Das wäre ja ganz anders, als sie es machten, schrien die alten Maler. Das wäre abstoßend, hässlich, gemein. Eine Generalversammlung wurde improvisiert. Die Ausstellung musste geschlossen werden. Eine Kluft war plötzlich entstanden zwischen den Malern der alten und jungen Generation, und Edvard Munch war über Nacht in Deutschland bekannt geworden. Dass Paulas Kunst mit ähnlichen Worten abgeurteilt werden sollte, ahnte sie an diesem Sonntag nicht, als sie heimlich lachend zu den Bildern von Pissaro weiterging. Edvard Munchs Bilder hatten ihr sehr gefallen.

In jenen Tagen wurde Woldemar Becker vorzeitig mit vierundfünfzig Jahren in Pension geschickt. Es geschah, was früher oder später geschehen musste, was die Familie Becker schon seit Langem befürchtete, der Vater wurde depressiv. Wie erstarrt saß er stundenlang hinter seinem Schreibtisch. Grübelte, brütete vor sich hin, strahlte eine düstere Stimmung aus, die sich lähmend auf das sonst so lebendige Haus legte. Für den Lebensunterhalt stand weniger Geld zur Verfügung, und die Zwillinge Herma und Henner waren noch schulpflichtige Kinder.

Sonst pflegte der Vater die Frühstücksrunde am Sonntagmorgen so lang und ausgiebig zu genießen, bis die Briefe der abwesenden Kinder gelesen, besprochen und die Antworten dazu ausgedacht waren. Abends am Kupfertisch wurden die Bücher vorgestellt, die man gelesen hatte, Probleme erörtert, die gerade beschäftigten.

Nach dem Schwarzen Tag schien er plötzlich das Bedürfnis zu haben, das Gegenteil zu tun. Er sprach niemanden mehr an. Man merkte, dass er den Leuten auf der Straße nicht mehr begegnen wollte. Er wich ihnen aus.

Sicher, der Staat musste einsparen. Unrentable Betriebe wie der Eisenbahnbetrieb Bremen wurden stillgelegt. Überflüssig war fortan die preußische Eisenbahnverwaltung im Bremer Staatsgebiet. Beamte mussten vorzeitig in Pension gehen. Woldemar Becker hatte das als persönliche Schmach empfunden.

Wie sollte er mit seiner Beamtenpension die achtköpfige Familie standesgemäß ernähren! Er, Woldemar Becker, war ein Versager. Er wollte von Bremen fort. Paula entsann sich der Kämpfe, welche die Mutter ausfocht, um ihren großen Freundeskreis nicht verlassen zu müssen.

Eines Tages war der Vater abgereist. Seine ersten Briefe kamen aus Leipzig. Es musste doch neue Verdienstmöglichkeiten geben bei den Eisenbahnbaustellen in Sachsen für einen Ingenieur wie ihn. Ja, er wohnte bei seinem Bruder Paul, obschon er ein zurückhaltendes Verhältnis zu dem dreiundzwanzig Jahre jüngeren hatte.

Am liebsten wollte der Vater nach Dresden zurück. Wenigstens in die ländliche Umgebung dort. In Dresden hatte Paula ihre Kinderzeit verbracht. Onkel Arthur, Vaters Bruder, und seine

Frau Grete wohnten immer noch dort. Überall, wo die Beckers ihre Zelte aufschlugen, saßen auch Verwandte. Weit verstreut waren die familiären Stützpunkte. Man konnte nicht aus dem Kreis ausbrechen, ohne dass ein ganzer Clan stillschweigend oder lauthals Rechenschaft darüber verlangte.

Was soll aus Paula werden? schrieb er aus Leipzig. *Sie ist und bleibt unselbständig und hat nicht die Energie, aus sich selbst etwas zu schaffen und sich selbständig zu machen. Wird sie mit ihrer Malerei etwas Tüchtiges leisten, dass sie ihren Unterhalt davon verdienen könnte. Ich bezweifle es. Paula ist nicht aus demselben Holz geschnitzt wie Milly. Sie leistet wenig, wenig! Sie kann vielleicht ganz hübsch die Blumen verteilen und Zimmer schmücken, aber damit kann man keine Existenz gründen.*

Bis dahin hatte Frau Becker ihren Mann die finanziellen Angelegenheiten der Familie regeln lassen. Diese Ratlosigkeit scheuchte sie auf. Ohne ihn zu fragen, handelte sie. Vermutlich hatte sie die Hilflosigkeit ihrer Tochter gerührt. Da konnten die Kinder etwas von ihrer Mutter lernen. Kein berufsmäßiger Organisator hätte besser vorgehen können als Mutter Mathilde. Wie sie ihrem Bruder Wulf klarmachte, dass er jetzt an der Reihe wäre, Zimmer und Beköstigung für die Nichte bereitzustellen in seiner Villa am Schlachtensee, wie es ihr gelang, Schulgeldermäßigung zu erwirken, schließlich kannte man Professor Dettmann. Wie sie sich selbst Beschränkungen auferlegte. Nachdem sie die Wohnung vermessen und festgestellt hatte, dass man zusammenrücken konnte, wurden zwei Zimmer vermietet. Und es war gekonnt, wie sie die Kleiderfrage löste. Tante Coras Kleiderschrank wurde auf Brauchbares durchgesehen. Tante Cora, die immer nur Tuche bester Qualität kaufte, deren braunes Cheviot-Kleid von drei Nichten nachgetragen wurde, hatte wieder Passendes dabei. Ach ja, sagte Mutter Mathilde, einen Rock könnte sich die Tochter selbst nähen, aber kauf dir einen strapazierfähigen Stoff.

Der einzige, der von diesen Aktionen nichts erfuhr, war der Vater, der sich in Leipzig vergeblich um eine neue Arbeit bemühte. Erst als die Mutter alle Zusagen hatte, wurde er benachrichtigt. Er wies sie streng zurecht, viel zu eigenmächtig gehandelt zu haben, denn er glaubte, es sei verlorenes Geld, verlorene Zeit. Von Paulas Malen hielt er nicht viel. Die Mutter aber glaubte fest an den Erfolg ihrer Tochter. Paula durfte den Malkurs fortsetzen.

Was soll aus Paula werden? Sie wollte es dem Vater zeigen. Sie wusste, dass sie ihm ähnelte, sich schnell einschüchtern ließ. Sie wollte sich durchsetzen wie ihre Mutter. *Ich hoffe, dass du von dem Geschenk rechten Nutzen haben wirst. Wenn du recht fleißig bist und dir nach Kräften Mühe gibst, wird hoffentlich deine Begabung ausreichen, über dem Durchschnitt etwas zu leisten*, wünschte der Vater.

Leistung erbringen wurde bei Paula Zwangsvorstellung. *Ich lebe ganz mit den Augen, auch, wenn ich nicht im Unterricht bin, denke ich, wie ich dieses oder jenes Gesicht zeichnen würde. – Ich zeichne täglich, so viel wie möglich. Wenn ich kein Modell habe, gehe ich in den Garten. – Meine ganze Woche besteht eigentlich nur aus Arbeit und Gefühl. Ich arbeite mit einer Leidenschaft, die alles andere ausschließt. Ich komme mir oft vor wie ein Hohlzylinder, in welchem der Dampfkolben mit rasender Schnelligkeit auf und ab geht. – Wenn man schafft, dass die Funken stieben, so kann man so viel mehr auf sich selbst halten!* Sätze wie diese schrieb sie damals in ihr Tagebuch. Hundertdreißig große Studienblätter füllten ihre Mappen. Skizzen, Aquarellzeichnungen zuhauf. Sie wollte die Mühen ihrer Eltern durch unermüdliche Arbeit rechtfertigen.

Kusine Ella hatte eine andere Lebensauffassung. Ihrer Meinung nach war ein Tag verloren, an dem sie kein Rendezvous hatte. Ella Rabe vorm Spiegel, geübte Handgriffe, Wimpern bürsten, Augenbrauen zupfen, lächeln. Kusine Ella hüpfte aus dem Haus, warf eine Kusshand zu Paula hinauf, die oben hinter dem Fenster stand, und hakte sich rechts und links bei ihren jungen Herren ein. Leichthin Worte wechseln, plaudern, unbeschwert sein, Paula konnte es nicht. Schon damals in England hatte sie die Kochelevinnen deswegen beneidet.

Paula besuchte die Parizots, Mutters Schwester Herma. In der Wohnung in der Eisenacherstraße eine Atmosphäre der Ruhe. Kusine Mathilde, das Maidli, spielte Klavier, wunderschön, sah Paula freundlich an, Maidli mit den sanften Bewegungen, mit der gleichmäßig warmen Stimme. Paula wurde unruhiger, knetete ihre Hände, als sie mit der Bahn in die Perleberger Straße zurückfuhr. Vor einem Jahr hätte sie diesen Satz nicht ins Tagebuch geschrieben: *Ich komme mir vor wie ein biederer Tölpel.*

An diesem Abend lief sie ein zweites Mal auf die Straße hinunter. Sie wollte die Bemerkungen aus ihrem Kopf schütteln, die schwarz auf weiß in ihres Vaters Briefen standen. Das war nicht leicht. Prüderie sollte Paula ablegen, ihre zimperliche Schüchternheit. *Und wenn wir Dich scherzweise auch als Tante Friedchen verhöhnen, so weißt Du doch, dass Du niemanden hast, der mit Dir so fühlt wie wir.* Niemals würde diese Tochter sich verheiraten, klagte der Vater, *weil sie für andre kritischer ist als für sich selbst und von ihnen mehr verlangt, als sie zu verlangen berechtigt ist.* Paula lief in der Stadt herum, fühlte sich ausgegrenzt wie Tante Friedchen, die Verschrobene, Belächelte, zur Einzelgängerin war sie verurteilt, weil sie keinen Mann bekam. Zu dieser Zeit sagten die Tanten in Berlin, Paula sei viel umgänglicher geworden, Woldemar täte ihr unrecht, wenn er sie immer so scharf kritisierte.

Wir müssen Paula wieder einmal einladen, meinte Tante Herma. Die Parizots hatten Theaterkarten besorgt. Das Drama *Die versunkene Glocke* des jungen Dichters Gerhart Hauptmann wurde gegeben. Paula war fasziniert vom Glockengießer Heinrich und vom Rautendelein, der Nixe, die den Glockengießer liebt, die ihm in seiner Kunst beistehen will. Immer wieder wiederholte Paula die Worte, die der Glockengießer sagte: »Ich bin Ich«. Sie malte sich aus, wie sie es dem Glockengießer gleich tut, von zu Hause weggehen, um ganz der Kunst zu leben. Paula vergaß dieses Theaterstück nie.

Mittagstisch abwechselnd bei verschiedenen Verwandten und Bekannten. Theateraufführungen bei Freunden der Familie, bei denen Paula unbedingt eine Rolle übernehmen musste, auch das gehörte zu Paulas Berliner Akademiezeit. Ich muss pünktlich sein. Ich muss höflich sein, sagte sie sich. Ich muss lächeln, auch wenn mir der Assessor widerlich ist, den ich im zweiten Akt küssen soll. Die Zeit verrinnt mir zwischen den Fingern. Ich müsste mich mehr um meine Arbeit kümmern. Paulas Wünsche.

»Jetzt fährst du als Abordnung der Bremer Beckers zu Onkel Pauls Hochzeit nach Leipzig«, schrieben die Eltern, »das ist von Berlin aus günstig, kürzere Fahrtstrecke, niedriger Fahrpreis.« Paula nickte. Unterbrechungen müssen sein, vor allem, wenn man dabei Kunst kennen lernt. Den berühmten Bildhauer Max Klinger in Leipzig zum Beispiel und seine Werke.

»Lili Stamman hat dich zu ihrer Hochzeit nach Wien eingeladen. Mit dieser Verwandten hattest du doch in Dresden große Freundschaft geschlossen. Nettes Mädchen, das Fahrgeld schickte sie gleich mit.« Paula im barocken Wien! Die großartigen Museen dort. Rubens, Dürer, Lukas Cranach im Original! Gut ging es der Tochter, immer auf Reisen, sagten die Eltern. Dabei reiste die Mutter selbst. Nur der Vater nicht mehr, die vorzeitige Pensionierung hatte ihn gedemütigt, und nun wollte er sich keine Freude mehr gönnen. Marie Hill bekümmerte das Schicksal ihres Halbbruders. Sie, die nach dem Tod ihres Mannes aus England zurückkehrte und in Stuttgart eine Pension für ausländische Gäste betrieb, lud ihn zu einer Reise nach München und Hindelang ein unter dem Vorwand, seine Tochter Paula begleiten zu müssen. Wieder Kunstgenüsse für Paula in der Pinakothek in München.

Das war ein Sommer! »Was hältst du von einer Lachsfangreise nach Norwegen«? hatte Onkel Wulf Paula gefragt. Natürlich sagte sie ja. Und es war wunderschön mit ihm während der vier Wochen Einsamkeit in dem norwegischen Bauerngehöft. Der grasbewachsene Hof, die Stallungen in Holz, rot gestrichen, die Vorratshäuser auf Pfählen, Wulf von Bültzingslöwen im Fluss mit der Angel. Die vielen Geschichten über den Lachs, der seine eigenen Wege ging und nicht an die Angel wollte. »Vielleicht sollten wir ihn in Ruhe lassen«, hatte Paula zaghaft gemeint. Der Onkel blickte sie misstrauisch an. Das machte doch keinen Sinn. Tags darauf, als er einen guten Fang tat, vergaß er Paulas Bemerkung. »Du wirst es nicht glauben, aber früher habe ich hier das Doppelte geangelt.« Abends saßen sie beisammen, und jeder las. Paula störte den Onkel nicht. Dafür durfte sie allein zu ihrer Klippe gehen und sich vorstellen, so leicht wie der Wind zu sein, der über das Wasser wehte. Sie atmete wohltuenden Harzgeruch von Fichtenstämmen, spürte unter ihren Händen die rauen Moose und Flechten und sah der Bachstelze zu, die wippte vor ihr auf einem Stein.

Ihren Augen entging nichts. Ihre Augen leuchteten, als sie die alte Frau im Liegestuhl sah auf der Schiffsüberfahrt nach Christiania. Sie musste sie immerfort anschauen, etwas wurde in Paula wach, rief sie an. Eine Lust, diese Frau zu malen, stieg in ihr hoch, ohne dass sie etwas dazu tat, ohne dass sie dagegen ankonnte. Und als sie den Stift nahm und den Block, war die Freude, das Bild malen zu können, tiefer und größer als alle Erlebnisse in der Natur. Mit diesen Geschichten und mit der Erkenntnis: *Wenn ich überhaupt Begabung zur Malerei habe, wird im Porträt doch immer mein Schwerpunkt liegen*, kam sie aus Norwegen zurück. Tusen takk, Onkel Wulf, vielen Dank!

Reisen, Theaterbesuche, alles gut und schön, bis es Paula überfiel, eigentlich solltest du die Zeit nutzen und malen, und sie machte ihr unglücklichstes Gesicht. Die Verwandten verstanden die plötzliche Lustlosigkeit nicht. Warum erklärte Paula nichts? Was hätte sie darum gegeben, wenn sie es allen recht machen könnte. Den Beckers. Den Bültzingslöwen. Dankbar musste man den vielen Verwandten sein!

Arthur Becker aus Dresden wollte seinem Bruder Woldemar ein bisschen unter die Arme greifen. Die Beckers und Bültzingslöwen waren nun mal eine Großfamilie. Einer half dem anderen. Arthur verpflichtete sich, zwei Jahre lang Ausbildungshilfe für Paula zu geben, monatlich fünfzig Mark. Onkel Arthur, Tante Grete hatten für Paulas Malereien nicht viel Verständnis aufgebracht, obwohl der Eifer, mit dem die Nichte daranging, die beiden rührte. Besuchte Paula sie in Dresden in der Tieckstraße, war es immer, als wäre sie daheim, als wäre sie Kind im Haus der Verwandten, die selbst keine Kinder hatten. »Komm«, sagten sie, froh, dass Jugend da war, »wir machen uns ein paar vergnügte Tage.«

Paula war ein Glücksmädel, noch ein wichtiges Ereignis in diesem Jahr, beinah wie ein Lotteriegewinn! Großtante Pauline Falcke, Schwester von Vaters Mutter, vermachte ihrem Patenkind Paula testamentarisch sechshundert Mark! *So kannst Du, wenn Du willst, noch ein Jahr Deinen Studien widmen.* Und der Vater, gut gelaunt, neckte mit einem Anflug von Ironie: *Über Nacht bist Du zur guten Partie geworden. Schade, dass ich nicht noch mehr ähnliche Tanten habe.*

Paula hatte es eilig, in die Akademie zu kommen. Natürlich wollte sie mit dem Geld weiter studieren. Sie hatte es immer eilig jetzt. Das Wetter war schön in diesem Februar. Sie atmete einmal tief durch, aber Zeit zum Schlendern kannte sie nicht, keine Zeit, um sich auf eine Bank im Tiergarten zu setzen, dem Treiben dort zuzuschauen. Jeanne Bauck wollte heute Korrektur machen, und Paula hatte Geburtstag.

Die Art, wie Jeanne malte, – darüber berichtete eine englische Kunstzeitschrift ausführlich – hatte sie von ihren Studien aus Paris mitgebracht. Kannten die Schülerinnen Millet, Rousseau, Corot, kannten sie die »Schule von Barbizon«, wo diese Maler eine Künstlerkolonie aufgemacht hatten? Jeanne biss in ihr Butterbrot. Es war große Mittagspause. »Beckerchen, Sie kennen doch bestimmt Worpswede, die Künstlerkolonie im Norden Deutschlands?« Was, so nahe bei Bremen, ein Sonntagnachmittagsausflug bis dahin, und Paula Becker war noch nie in dem Atelier von Mackensen gewesen, nicht in dem von Modersohn?

»Ach, unser Beckerchen reist lieber in die große Welt. London, Berlin, München, Wien. Dort ist sie in sämtlichen Museen zu Hause«, neckten die Mitschülerinnen. Paula musste plötzlich so verblüfft und versonnen da gestanden haben, dass alle in herzhaftes Lachen ausbrachen und begannen um sie herum zu tanzen. Eine Schülerin trug das Tablett mit dem Geburtstagskuchen herein, den sie auf schnell zusammengerückte Staffeleien stellte. Einundzwanzig Kerzen wurden angezündet. Geburtstagsfeier. Fantastisch. »Wann lädst du uns zu deinem Hochzeitsfest ein?« Treulich geführt! Sie hakten sich unter und zogen an den Staffeleien vorbei. »Ihr seid mir ein Völkchen!« meinte Jeanne Bauck. Dann ging der Unterricht weiter. Merkwürdig, Ursprung dieser Heiterkeit war die Frage gewesen, Beckerchen, kennen Sie Worpswede? Ich bin tatsächlich noch nicht dagewesen, sagte sich Paula, aber die Ausstellung in der Bremer Kunsthalle 1895 habe ich gesehen.

Sie war mit ihrem Vater hingegangen. Als sie den Ausstellungssaal betrat, fielen ihr sofort drei Bilder auf, Heidelandschaften und Moorkanäle. Gemälde von Otto Modersohn. Und während ihr Vater schon zu der Wand mit Mackensens Bildern ging, blieb sie vor diesen drei stehen. Der Maler hatte genau die Stimmung getroffen, die Paula ansprach. *Riesig, eigenartig, wunderschön.* Der

Maler interessierte sie. Sie war zum ersten Mal Otto Modersohn begegnet.

Mit der *Heidepredigt* von Fritz Mackensen kam sie nicht klar. Die Gemeinde draußen in der Heide, der Pastor davor auf dem Kastenwagen. Diese Perspektive! Komisch. Und dafür hatte der Maler in München eine Goldmedaille erhalten. Oho, der Vater kannte seine kritische Tochter. Paula war noch einmal zu den Modersohnschen Bildern gegangen.

»Ich glaube, wir haben unser Beckerchen zum Träumen angeregt«, sagte Jeanne Bauck. »Wie sie dasitzt. Und dabei ist sie sonst so wild aufs Schaffen.« »Worpswede«, sagte sie zu Paula, als sie später hinausgingen. »Sie müssen das unbedingt nachholen!«

»Wir haben heute Nachmittag Kaffeebesuch«, sagte Mutter Becker, als Paula ihre Ferien in Bremen verbrachte. Paula war nicht sehr begeistert. Seit sie von der Akademie zurückgekommen war, musste sie ihre Bilder herzeigen, und dieses Vorführen war ihr äußerst unangenehm. Sie wartete darauf, sich zurückziehen zu können. »Unseren Gast wirst du gern zeichnen wollen, nicht wahr?« Warum antwortete Paula nicht. Porträtieren ging ihr doch über alles. Dann zeichnete Paula. Was Jeanne Bauck wohl dazu sagen würde! Sie reichte das Blatt der Mutter. Was sollte denn das sein? Als Ergebnis lag ein Porträt vor, das den Eltern nicht gefiel und demjenigen nicht, für den es gemalt wurde. Wozu hatte man die Tochter ausbilden lassen! Das verstörte Gesicht der Mutter. Wofür hatte sie Opfer gebracht, ihre Anstrengungen wollte sie belohnt sehen. Paula schwieg.

Paula hatte den Tisch abgeräumt. Sie hatte wieder diesen leichten ziehenden Schmerz in den Schläfen. Sie wollte sich mit der Mutter nicht streiten, wollte die Sache mit Ironie nehmen, wie sie es vom Vater kannte. Sie erzählte, wie in Berlin einmal ein Bahnwärter neben ihr stehen blieb, als sie Birken zeichnete, und ausrief: *Kinners, Kinners, dat is Kunst!* aber erst, nachdem er sich vorsichtig erkundigt hatte, ob das, was sie malte, auch Birken seien.

Komisch, was?

Es war nicht komisch. *Dass du eine gottbegnadete Künstlerin ersten Ranges werden wirst, glaube ich nicht.* Paula tat es weh, wenn der Vater so etwas sagte.

Einmal schrieb sie ihm: *Fühlst Du nicht, mit welcher Riesenliebe wir Kinder alle an Dir hängen? Weiter tun wir fürs erste zwar noch nichts. Aber ist das nicht eine ganz kleine Entschädigung für all die Sorge, die wir Dir machen?* Diese Nachmittage machten Paula bewusst, wie abhängig sie war.

6

Fünfundzwanzig Kilometer lag das Moordorf Worpswede von Bremen entfernt, war nicht nur Ausflugsziel der Bremer, sondern auch eine bekannte Künstlerkolonie, und es war unbegreiflich, weshalb Paula dort noch nie gewesen war. Sie versuchte sich vorzustellen, wie ihr Leben verlaufen wäre, wenn die Eltern den Ausklang ihrer Silberhochzeit nicht in Worpswede gefeiert hätten.

Das Dorf, die Umgebung sprachen sie sofort an. Der Vater in froher Festtagslaune stimmte zu, als Paula den Wunsch äußerte, eine Zeit lang hier malen zu dürfen. An solch einem Tag verweigerte er kein harmloses Ferienvergnügen.

Es war im Juni 1897, ein sonniger Tag. Die Gäste aus Bremen lächelten sich zu. Schön warm war es, der Wind trug den Geruch von blühendem Gras vor Welzels Hotel. Die Gäste gingen paarweise an den Gärten entlang, die Erbsen blühten weiß, hier und da stand eine Vogelscheuche in den Beeten. Sie kamen an einem ehemaligen Backhaus vorbei, der Weg stieg sanft an, führte unter

Buchen her zum Weyerberg. Paula schien es eilig zu haben. Sie hob den Kopf, hielt die Nase gegen den Wind, lief allen voraus. Hier bleiben dürfen. Sie verstand die Künstler. Worpswede war Liebe auf den ersten Blick.

Die Gesellschaft reiste im Dämmerlicht nach Bremen zurück. Abendgeräusche. Aufgackern aus den Gänseställen, dann der kurze Schrei eines Pfaues, der aus dem Schlaf schreckte. Nahe bei einem Gehöft der Ruf des Käuzchens. Schatten waren in der Luft, Fledermäuse, die an den Kutschen vorbeihuschten.

Paula saß ganz still, in die Ecke der Kutsche gedrückt. Ob das jemand begriff, was sie hier arbeiten würde? Der Vater, der ihr Michelangelos Kupferstiche als Vorbilder hinstellte, die Mutter, die für Liebermann schwärmte, sie würden die Tochter nicht begreifen. Aber noch hatte sie ihre Worpsweder Menschen nicht gemalt. Noch genossen alle in Einmütigkeit die schöne stille Heimfahrt.

Von Zeit zu Zeit zogen auf der Hamme ernste schwarze Segel mit ihrem unbeweglichen Steuermann vorüber, schrieb sie in ihr Tagebuch.

Im Dorf, in Welzels Hotel »Stadt Bremen« hatte sie ab übermorgen ein preisgünstiges Quartier und ihren Mittagstisch.

Natürlich war Paula auf die Maler neugierig, war froh, dass sie bald Heinrich Vogeler traf, den Bremer, einen Altersgenossen ihres Bruders Kurt. Unbekümmert, wie er war, lud er sie sofort ein in sein Atelier. Kinderaugen strahlten in seinem bartlosen Gesicht.

»Kennen Sie den?« Vogeler zeigte auf den hochgewachsenen Mann, der ins Moor hinausging. Paula schaute durchs Fenster. Eben schlenderte Fritz Mackensen vorbei. »Schneidig, was? Wissen Sie übrigens, wo er sein berühmtes Bild malte, die Predigt in der Heide? Die Ausmaße des Bildes waren so groß, dass er die Leinwand draußen an der Rückseite der Worpsweder Kirchenwand verankerte.« Vogeler rümpfte die Brauen. Was regte ihn an Mackensen auf? Ach, dessen Flirterei mit allen jungen Frauen, einheimischen oder zugereisten, immer suchte er nach einer guten Partie.

Mackensen war dauernd in Geldsorgen. Wenn Paula von Geldnot hörte, dachte sie sofort an ihren Vater. *Mangel an Geld schmiedet uns fest an die Erde, man bekommt die Flügel beschnitten, man merkt es nicht. Das Große, Unbefangene, die Urkraft, die geht verloren.* Machte man deswegen Zugeständnisse an den Geschmack der Allgemeinheit, wie Mackensen das jetzt häufiger tat? Keine Experimente mehr, kein Bemühen, etwas Neues zu lernen, Paula konnte hart urteilen. Was sagte sie zu Mackensens »Heidepredigt«? Vogeler wartete ihre Antwort nicht ab.

Mit Fritz Overbeck kam man schlecht ins Gespräch. Vogeler stellte Paula den gedrungenen, breitschultrigen Maler vor. Sein borstiger Haarschopf fiel auf, ansonsten war er sehr schweigsam, der Maler der berühmten *Overbeckschen Wolken*, die mit Goldmedaillen prämiert wurden.

Am besten gefiele ihm Modersohn, sagte Vogeler, er mochte ihn als Mensch und als Künstler. Seine Bilder sprachen ihn an. In der Kunstszene glaubte man, Modersohn wäre gut, aber er, Vogeler, wusste es besser, Modersohn war genial. *Wie er die Landschaft hier erfasst, vor allem die Lüfte, das sommerliche Ziehen der weißen Wolken über das Land, den grauen Sturm, der die Bäume peitscht und die eigentümliche Kraft der Farbe, wenn sich die Luft in dem dunklen Schwarz der Torfgräben und Moorsümpfe spiegelt.* Paula hätte Modersohns Bilder genauso beschrieben. In ihr Tagebuch trug sie ein: *Ich möchte ihn kennen lernen, diesen Modersohn.*

Mit allen Malern hier war sie nun bekannt geworden. Nur, wo war Otto Modersohn, wie sah der aus? Sie war neugierig. Die Maler und Malerinnen beim Mittagstisch konnte sie doch nicht fragen. Beim Malen im Moor war ihr kein Unbekannter begegnet.

Einmal tauchte er dann auf in der Nähe der Apotheke an der Findorffstraße. »Guten Tag, Herr Modersohn!« grüßte die alte Frau Segelken. Paula drehte sich um, spontan. Das also war Otto Modersohn! Er war mindestens fünfzehn Zentimeter größer als sie und hatte rotblondes Haar. Paula Becker und der große Meister gingen aneinander vorbei. *Ich habe ihn nur dieses eine Mal gesehen*, schrieb sie ins Tagebuch, *etwas Langes in braunem Anzug mit rötlichem Bart. Er hatte so etwas Weiches, Sympathisches in den Augen.* Otto Modersohn war auf dem Weg zu seiner Braut Helene.

Göttertage nannte Paula diese Sommerwochen in Worpswede. Tag für Tag neue Erlebnisse. Paula begann, das Moor zu durchstreifen, Bauerngehöfte aufzusuchen, entschlossen, die Leute kennen zu lernen. Und plötzlich dieser innere Drang, unwiderstehlich, diesen Bauern, dieses kleine Mädchen zu zeichnen.

Aus diesem ersten achtwöchigen Aufenthalt in Worpswede 1897 brachte sie Bilder mit, die schon in ihrer ganz eigenen Art gemalt waren. Eine Art, die sich nicht anpasst, nichts Herkömmliches hat. Ihre Bilder trugen Merkmale einer Weltsicht, die radikal abgelehnt wird oder neue Sehweisen eröffnet. Warum zeigte sie nach diesen Sommerferien ihren Professoren in Berlin nur jenes vor, das die kleine Rieke Gefken darstellte, nett und wirkungsvoll mit roten Lilien? Ahnte sie, dass ihre Bilder nicht verstanden werden würden?

Knapp zwei Monate hatte der Aufenthalt gedauert. Entschlossen, wenigstens solange hier arbeiten zu können, bis sie größere Fertigkeit erlangt hätte, bat sie den Vater im Sommer drauf, statt in Berlin in Worpswede weiterarbeiten zu dürfen.

»Geh nur«, sagte der Vater. »Du bist majorenn, du hast etwas eigenes Geld.« Der Vater wusste: Paula würde ihren Willen sowieso durchsetzen.

Damals hatte die Mutter noch viel von Paula erwartet, irgendwann müsste die Malweise doch gefälliger werden. Jedenfalls wollte sie jetzt kein Risiko eingehen und die Tochter ohne Anleitung lassen. Was sie sich vorgenommen hatte, erreichte sie. Mathilde hatte ihre Freundin Aline von Kapff eingespannt. Die war eine großherzige Gönnerin der Worpsweder Künstler, und Mackensen konnte sich selbstverständlich den Bitten einer Mäzenin nicht verschließen. Er würde hin und wieder bei Paula Korrektur machen. »Wunderbar«, sagte Mutter Becker, »welch ein Glück für dich, mein Kind, bei diesem Maler zeichnen zu dürfen.« Arbeiten bei Mackensen, das war Absage an Paulas unverständliche Malweise. Eigentlich musste nun alles gut gehen. So viele Möglichkeiten, die der Tochter geboten wurden! Sie musste sie nur wahrnehmen. Auch Kosten würden nicht entstehen. Mackensen betrachtete seine Aufgabe als Freundschaftsdienst.

War es verkehrt, dass sie 1898 wieder nach Worpswede ging? Dieser Aufenthalt 1898/99 endete mit einem Fiasko.

7

Gott sei Dank, dachte Paula, dass ihr niemand begegnete, als sie, die Jacke überm Arm, den grünen Handarbeitsbeutel auf dem Rücken über Gräben sprang, Abhänge hinuntertollte und die *Allmacht* von Schubert schmetterte.

Sie war dann gleich ins Armenhaus marschiert. Sie mochte die Leute. Die Armenhäusler besuchte sie nicht nur, wenn sie ein Modell brauchte, sondern manchmal auch, um einfach dazusitzen und zuzuhören. Sie kam immer vor dem vereinbarten Termin, um mit ihnen, vor allem mit der Dreebeen, einen Schwatz zu halten. Die Tische im großen grauen Saal des Armenhauses waren meistens schon abgedeckt, und die Alten drum herum gaben sich keine Mühe, ihre behagliche Müdigkeit nach dem Essen zu verstecken. Lauthals gähnten sie, rülpsten. Was gab's denn heute? Bratkartoffeln mit Spiegelei und hinterher dicke Milch.

Jeder hatte hier seinen bestimmten Platz, und nie durfte diese Sitzordnung geändert werden. Anna Dreebeen saß neben der Adelheid, die Olheit gerufen wurde, eine abgearbeitete Frau in den Siebzigern, früher mal Dienstmädchen in Bremen. *Dann harr se sick verheirot. Irgendwo mutt se jo doch bliven. Nur dat hei nu dot is.* Ja, irgendwo mussten sie doch alle bleiben. Der alte von Bredow, Kuhhirt im Armenhaus, erzählte, er hätte einmal studiert. Dann wäre er Totengräber gewesen 1892 bei der Choleraepidemie in Hamburg, jahrelang dann als Matrose um die Welt gefahren. Ja, ja, die anderen nickten, die Blinde in der Ecke räusperte sich. Millionär wäre der. Die alten Leute waren ganz von dieser Idee durchdrungen, wollten Paula unbedingt einweihen: *Oh, de is reich!! De hett hu-u-unnert Mark!* Am unteren Tischende saßen die beiden Schwestern, eine zehn, die andere neun, zwei Kinder, die schon acht Jahre hier lebten. Dann kam die kleine Meta Viol hereinspaziert, die von ihrer Mutter fast totgeprügelt worden war und nun hier in Obhut lebte. Sie schwenkte wie meistens in der Hand die Gerte, mit der sie die Gänse aus den Gemüsebeeten trieb und sang mit Inbrunst »Freut euch des Lebens!«

Verlassen und doch solche Lieder, wahrscheinlich verstand die Kleine gar nicht, was sie da sang. Paula folgte den Bewegungen des Kindes, mit denen es ernst und gewissenhaft die Gerte in eine bestimmte Ecke legte und sich auf den Stuhl hinaufhangelte. Sie betrachtete das Gesicht, den kleinen Bogen an der Nasenöffnung, dachte, wie zierlich, zog ihn in Gedanken mit dem Stift nach. Das Kind wusste nichts von seiner natürlichen Schönheit, die Paula zum Malen inspirierte. Sie war bestürzt, so war es immer, aber sie konnte nicht allzu lange über die Probleme des Lebens nachdenken, hinter ihrer Stirn begann es zu vibrieren, sie musste zeichnen!

Sie wandte den Kopf, sah in die Gesichter. Ich beobachte und sehe und zeichne, dachte sie. *Worpsweder Hängebäuche! Calibanen!* Schimpfworte, mit denen die Eltern ihre Zeichnungen bedachten. Sie sah, wie die alte Olheit sich trotz der Hitze im Saal die neue Mütze aufsetzte, rote Flecke jetzt im runzligen Gesicht. Die kannte nichts von den Shakespeareschen grobschlächtigen Calibanen, wusste nicht, dass es daneben auch die schöne Miranda gab. Was schrieb Fontane dazu kürzlich in der *Vossischen Zeitung*? *Wer mutig nach neuen Inseln sucht, muss auf beides gefasst sein, ebenso gut Caliban wie Miranda zu finden. Bloß Miranda zu finden, ist ihm nicht versprochen; er muss es nehmen, wie's fällt.* Paula dachte oft viel zu kompliziert. Beim Malen im Armenhaus erfuhr sie, dass es auch einfacher ging. Diese Leute lasen keine Zeitung, lasen keine Bücher, sie gingen nicht ins Theater, in kein Konzert, sie verreisten nicht, sie lebten jahraus, jahrein in derselben Umgebung. Ihre Unterhaltung bestand darin, ausschließlich von kreatürlichsten Dingen zu erzählen, von Geburt, Heirat und Tod. Ihre Vergnügungen waren das Schützenfest, das Erntefest, wenn sie der Musik der Blaskapelle lauschten. »Hest du mi Tobak mitbrocht?« Jan Köster fragte wie immer. Wen sie denn heute malen wollte? Die Olheit war schon aufgestanden, hätte sich doch extra fein gemacht. Die Leute waren gern Modell. Es gab zwar nur eine kleine Vergütung, aber eigenes Geld zu besitzen, bedeutete ihnen viel. Paula bekam nie eine Absage, wenn sie nach einem Bereitwilligen fragte. Sie sprach mit den Leuten Dialekt.

»Das tut sie doch nur, um sich anzubiedern«, sagte Ottilie Reyländer, die kleine Malerin, als sie Paula so mit den Leuten reden hörte. Konnte Ottilie sich nicht vorstellen, dass Paula gern Dialekt sprach? Wenn sie wüsste, wie oft sie im Zug aufpasste, genau hinhörte, um die Mitreisenden an ihrem Dialekt zu erkennen.

Paula liebte die verschiedenen Mundarten, und wenn sie verstand, was gesprochen wurde, fühlte sie sich den Menschen und der Landschaft verbunden. Welchen Spaß hatte sie im Armenhaus, als Jan Köster ihr drastisch an den Kopf warf, was er von seiner Tätigkeit als Modell hielt. »*So, dat Sitten is ,ne Lust. Min Arsch is ganz blind! No mutt ick erst pessen gan.*« *Man bekommt hier draußen eine lutherische Sprache, die eine Sache klipp und klar beim Namen nennt*, hatte Paula den Eltern geschrieben.

Heute wollte sie die kleine Meta Viol bitten, zu ihr ins Atelier zu kommen. Die fasste gleich nach ihrer Hand, hüpfte neben ihr her, sang wie immer, freut euch des Lebens.

Aber was nun? Alle Überredungskünste nutzten nichts. Meta Viol stand in Paulas Atelier, presste die Arme um den kleinen mageren Körper, hob den Kopf, stampfte mit dem Fuß auf: »*Nee, dat do ick nich!*« Sie war nicht dazu zu bewegen, sich auszuziehen. Nun mussten beide ihre Scham überwinden. Das Kind und Paula auch, weil sie es überzeugen musste, dass Maler den Körper abtasten wie es die Luft tut oder die Sonne. Noch unter dem Eindruck eines nicht ganz sauberen Handels – erst mit einer Mark Bestechungsgeld gelang es, die Kleine umzustimmen – malte Paula sie als Akt. Sie schämte sich. Es war nicht einfach für Malerin und Modell. *Weet ick wohl, weet ick wohl!* Paula sprach selbstverständlich Dialekt.

»Sie haben eine einfühlsame Seele«, sagte Vogeler, als Paula ihm von den Schwierigkeiten berichtete. »Sie sprechen von Mensch zu Mensch. Wenigen Malern trauen die Leute. Wäre Carl Stolte nicht gewesen, die Künstlerkolonie gäbe es wahrscheinlich nicht.« »Wieso?« Paula war neugierig geworden. »Morgen, wenn Sie mich begleiten wollen, können Sie die Geschichte erfahren, und zwar aus erster Hand.«

Geschnitzte Deckenbalken, Truhen, Porzellan und Zinngeschirr im offenen Eichenschrank, kleines feingelegtes Steinmuster auf dem Fußboden um den Kamin herum, Paula saß im Flett, der Diele des Hauses von Gemeindevorsteher Carl Ferdinand Stolte. Vogeler im Nebenzimmer in Geschäften mit dem angesehenen Kaufmann. Paula ganz Ohr, was Mimi erzählte, Carl Ferdinands Tochter. Älteres Mädchen, auf die Vierzig zugehend, voll von Geschichten und Dorfklatsch. Der Anfang der Künstlerkolonie war Teil ihres eigenen Lebens. Erste Liebe. Tod des Verlobten. Der Kummer. Die Ablenkung bei der Tante in Düsseldorf. Mithilfe beim Mittagstisch für die Kunststudenten. Einer gefiel ihr, der Fritz, und sie ihm. Vater Stolte lud ein für den Sommer ins prächtige Haus. Fritz Mackensen kam, Bäckerssohn aus Greene bei Kreiensen, achtzehnjährig. Kam im nächsten Jahr wieder, ein drittes Mal 1889, da mit den Freunden Otto Modersohn, Hans am Ende. Sie hausten bei Segelkens. Drei Betten in kleinster Bude, Eingang durchs Fenster, die Malskizzen unter die Balkendecke geheftet, die Kleider im Birnbaum draußen, geteertes Segeltuch darüber. Modersohn sprach das Wort, *wie wäre es, wenn wir überhaupt hier bleiben.* Ohne Rückhalt von Vater Stolte wäre das Experiment gescheitert. Diese Maler! Verrückt! Starrten ins Moorwasser, waren entzückt von nutzlosen Baumstümpfen, rannten den Weyerberg rauf und runter. Skepsis der Bauern, Abwehrhaltung. Dann gutmütige Duldung. Geld kam ins Dorf. Leer stehende Kammern und Häuser konnten vermietet werden. Abwechslung kam ins verschlafene Nest, Aufregung. Mimi grinste, längst war es nicht mehr langweilig hier. Und wie ging's weiter mit Mimi und Mackensen? Ach, der Fritz! Mimi lachte. Geschichten. Eine Künstlerkolonie war gegründet.

Unterwegs beim alten Backhaus traf Paula auf die beiden verwaisten Schwestern aus dem Armenhaus. Sie führten die blinde Alte an der Hand, sie zogen und zerrten sie. »Lauft nur!« Paula würde die Frau schon heimbringen. Sie reichte der Blinden den Arm. »Was ich noch sagen wollte«, Vogeler hatte sie eingeholt,

»unmöglich benehmen sich manchmal die Zugereisten. Kamen vor einiger Zeit doch Maler aus München. Rein in die Moorkaten, Staffeleien in den Lehmboden gebohrt, begannen zu malen, ohne zu fragen, ohne zu bitten. Dachten wohl, hätten es mit einer niederen Art von Menschen zu tun.« Paula durchzuckte es. Heiß lief es ihr den Nacken hinunter, genauso hatte sie gedacht, anfangs, als sie die Leute im Armenhaus reden hörte. Unrecht war das von ihr, sie hatte es eingesehen, schämte sich lange deswegen.

Die Moorbauern wären nicht dumm, fuhr Vogeler fort, sie wussten schon, sich zu wehren. Da rannte manch einer der Maler fluchend aus der Kate hinaus, Tränen wischend und hustend. Den ungebetenen Gästen passierte es eben, dass die Hausfrau ein Stück Weißtorf nach dem anderen ins offene Feuer warf, bis die Hütte voll war von Rauch. Weißtorf schwelt nämlich.

Beeindruckend diese Moorbewohner, fand Paula, nahmen ihr Los hin, unerschütterlich, hatten nur die Gewissheit, zum Dorf zu gehören, und dass auf gemeinsamem Friedhof kein Unterschied war zwischen ihnen und den reichen Großbauern.

Wenn sie die Malerinnen und Maler geringschätzig von diesen Leuten sprechen hörte, die ihre Ziegen melkten, die sonntags in der Sonne vor ihren Katen saßen, die Frauen mit Strickstrumpf und Kindern, die Männer mit Pfeife und manchmal mit Schnitzarbeiten, dann war vielleicht ein bisschen Neid dabei, angeblich brauchten sie ja nichts von dem, dem andere nachjagten. Aber bald erlebte Paula, auch diese Moorbewohner und Armenhäusler ruhten nicht gelassen und zufrieden in sich. Warum zankte die Olheit, wenn die Dreebeen öfter als sie Modellgeld bekam? Ja, ja der Neid!

Meine Religion nenne ich Mutterschaft und Tod, sagte sich Paula, weil sie beides nicht fassen konnte. Dachte, auch ich werde sterben, aber vorher möchte ich noch etwas erreichen in meiner Kunst. Sollte es mir nicht gelingen, dann möchte ich wenigstens erfahren, was andere Künstler aus ihren Fähigkeiten gemacht haben.

In diesen Tagen probierte sie ein neues Farbmaterial aus, Öltempera. Mit den gut deckenden, leuchtenden Farben konnte man Schattierungen erreichen, die einen plastischen Eindruck hervorriefen. Mit diesem Material wurde die Malerei von vorneherein gröber, griffiger. Entsprachen die Farben ihrem Temperament? Bei Kohle und Rötelzeichnungen hatte Paula bereits hart schraffierte, schroffe Stellen ins Bild gesetzt. Beim Bild in Öltempera konnte sie scharfe Linien mit dem Pinselstiel einkratzen, als ob er das Werkzeug wäre, mit dem man Zeichen oder Runen in Felsblöcke ritzte. Oft sprach sie von ihrer Runenschrift.

So wie Paula malte in Worpswede keiner. Und wenn sie mit Spachtel und Pinselstiel durch die feuchten Farbschichten hindurch fuhr, war es, als renne sie aller Malweise davon, die um die Zeit in Deutschland üblich war.

Ohne Pose die Person darstellen, so wie sie ist, das wollte sie erreichen. Sie malte Armut und Kranksein, versteckte das Elend nicht hinter schönen Gesten. *Wie gut habe ich es dagegen*, schrieb sie nach Haus und brachte den Leuten in den Moorkaten Kleidungsstücke, bat auch die Mutter um welche. Man sagt, Hilfsbereitschaft fängt da an, wenn man tief betroffen ist.

8

Sie saßen auf den rot gestrichenen Binsenstühlen, zwischen ihnen der Tisch mit der blau und weiß bestickten Leinendecke. Paula hob mit den Händen ihre Teetasse hoch, lächelte und sagte: »Ich beneide Sie, es muss wunderbar sein, in Paris zu arbeiten.« »Finden Sie?« Clara lehnte sich zurück. Sie war eine kräftige junge

Frau, und nur, wenn sie saß, war sie nicht größer als Paula. Sie machte den Eindruck eines strebsamen, forschen Menschen, der schon einiges durchgemacht hatte, sich aber seine muntere Art bewahrte. »Ich denke auch«, fuhr sie fort, »dass ich bei Rodin eine Menge lernen werde. Der Unterricht hier in Worpswede hat mir allerdings nicht schlecht gefallen, als Lehrer war Mackensen in Ordnung.« Das behaupteten viele seiner Schülerinnen, Clara Westhoff war nicht die einzige. Paula drohte ihrem Gegenüber lachend mit dem Finger. »Mackensen!« rief Clara und warf ihre schwarzen Kringellocken mit einem Ruck zurück, »der ist nicht anders als die meisten Männer, ein Schürzenjäger halt.« »Finden Sie das gut?« Paula fragte und sah die Freundin zweifelnd an.

Es knisterte und prasselte hinter der Feuerklappe des eisernen Ofens in der niedrigen Bauernstube. »Mir passt vieles nicht«, sagte Clara, »mir gefällt zum Beispiel nicht, unter welchen Bedingungen wir Frauen arbeiten müssen. Im Grunde geht es uns schlechter.« Paula schenkte wieder Tee ein, und nachdem sie die Kanne auf die Ofenplatte zurückgestellt hatte, erfuhr sie die Geschichte der Clara Westhoff, Kaufmannstochter aus Bremen.

Claras Vater, künstlerisch interessierter als man es gemeinhin von einem Bremer Kaufmann erwartete, ließ die siebzehnjährige Tochter nach München gehen auf die Malakademie. Die Ungerechtigkeit, die Clara empörte, war, dass die Männer an öffentlichen Akademien studieren konnten, die Frauen dagegen nur auf privaten. Die Betreiber solcher Akademien legten natürlich die Gebührensätze je nach Gutdünken fest, sodass die Frauen der Willkür dieser Herren ausgeliefert waren. Nur wer zahlte, der malte. Noch etwas machte Clara rasend, und in ihrem ersten Brief nach Haus klangen schon Töne einer beginnenden Aufmüpfigkeit durch: *Da existiert eine sogenannte Anatomie, wo täglich Vorträge für Ärzte stattfinden. Einmal in der Woche auch für Künstler, aber nur für Herren. Das muss anders werden und soll mich nicht wundern, wenn wir's durchsetzen.*

Was Paula dann hörte, verschlug ihr die Sprache. Clara verschränkte die Arme hinterm Kopf, sagte: »Ich habe mich beschwert.« »Wie bitte?« Paula fuhr von ihrem Stuhl hoch. Jawohl, Clara hatte sich öffentlich beschwert. Es war unglaublich! Clara Westhoff aus Bremen, eine Bildhauerin, der man nicht ansah, dass sie auf anderes noch ihre Energie verwandte als aufs Modellieren, wagte den Gang durch die Behörden. Paula schaute hingerissen. Clara hatte ihre Vorwürfe formuliert, trug sie ihren Mitstudentinnen vor, dann ihren Akademielehrern. Die Studentinnen hatten schweigend dazu genickt. Die Akademielehrer lachten Clara aus. Man wollte ihren Ärger beschwichtigen. Da war sie vorgeprescht zum Akademiedirektor. Dort wurde von Verantwortung gesprochen, Verantwortung den Damen gegenüber. Die Herren verschanzten sich hinter ihr moralisches Gewissen. Man wollte die Westhoff verunsichern. Reihenweise würden die weiblichen Wesen umfallen beim Anblick der Leichen. Und? hatte Clara gefragt, traut man den Frauen nicht zu, für sich selbst die Verantwortung tragen zu können. Dann drohte man ihr, sie würde es jetzt in der Akademie sehr schwer haben. »Bei solchen Aktionen lernt man die fiesesten und miesesten Typen kennen«, Clara lachte verächtlich. Sie gab damals nicht auf, ließ sich beim zuständigen Minister im Kultusministerium anmelden.

Der Herr Minister war entsetzt. Was forderte die Dame? Studentinnen sollten auf öffentlichen Akademien zugelassen werden? Das ginge nicht, das bedeutete eine Kostenlawine für den öffentlichen Haushalt. Weshalb? Nun, man müsste ja spezielle Akademien für Damen einrichten. Clara hatte sich nicht beherrschen können, war respektlos aufgesprungen trotz der würdevollen Atmosphäre, die in so einem Amtszimmer herrschte. *Wenn der Staat sich verpflichtet fühlt, für die männlichen Künstler ganz ungeheure Unterstützungen zu leisten, warum tut er es nicht für die weiblichen?* Clara war aufs Äußerste empört gewesen. Die Herren Studenten hätten gelästert. Malweiber, es gebe zwei Arten von Malweibern, die einen möchten heiraten, und die anderen haben auch kein Talent! Clara lachte Paula an: »Wissen Sie, ich halte mich für ein *emanzipiertes Fin-de-Siècle-Weib.*«

Paula legte ein weiteres Reiser auf, die plötzliche Stichflamme erhellte das Gesicht der Freundin. Claras Gesuch wurde abgelehnt, es sei kein Platz da, hieß es lakonisch in der Begründung. Von den anderen Malstudentinnen hatte sie keine Rückendeckung erhalten.

Dieses Problem kannte Paula. Sie stand kleinlaut auf, ging ans Bücherbord, schob Bücher hin und her. Frauen blockierten gegenseitig ihre Wege und Ziele. Jeanne Bauck war entlassen worden. Die Direktorin an der Berliner Akademie wusste, dass Jeannes Unterricht besser war als ihr eigener. Sie konnte es nicht mit ansehen, dass jene solchen Zulauf an Schülerinnen bekam. Paula erlebte die Reaktion der Mitstudentinnen, kannte ihre eigene. Es war beschämend, sie hatte sich nicht offen für die geliebte Lehrerin eingesetzt.

Clara war auch aufgestanden, hängte sich leicht bei Paula ein. So kam sie nach Worpswede der finanziellen Lage wegen. Hier kostete ihre Ausbildung den Vater weniger. Sie glaubte, in ein bis zwei Jahren genug gelernt zu haben, um selbstständig zu sein. Sie wüsste nur gern, unter welchen Bedingungen die Frauen etwas leisten könnten.

»Noch eine Tasse Tee«, fragte Paula. Auch das war heute eine Neuigkeit, dass jemand glaubte, in absehbarer Zeit auf dem Höhepunkt seiner Kunst zu stehen. Da müsste Clara aber eine ungeheure Menge an Arbeit bewältigen, meinte sie. Das sollte uns nicht hindern, morgen eine Schlittenpartie zu machen, lachte diese, tanzte über die Dielen, auf denen der Widerschein des

Feuers zuckte. »Können Sie Gitarre spielen?« »Ein bisschen«, wehrte Paula ab. »Probieren Sie's mal wieder«, rief Clara, reichte das Instrument an, das in der Ecke gestanden hatte.

Es klopfte an der Tür. Marie Bock war eingetreten, abgespannt wie oft. Ja, ihr Töchterchen schliefe. Ihr Mann war mit seinem Schiff wieder auf hoher See. Heute kam eine Karte.

Marie Bock nahm eine Tasse Tee, sie hätte ein bisschen aquarelliert, leider mit wenig Erfolg. Dann betrachtete sie das Skelett an der Wand, das Paula für Anatomiestudien benutzte. Skizzen von Armen und Beinen hingen daneben. Paula zeichnete sehr viel, trotzdem sah sie kein Ende, denn nach dem Zeichnen würde sie mit dem Malen beginnen und wieder Anfängerin sein. Man musste schon viel Ausdauer mitbringen, um seinen Weg zu finden. Sie wollte wirklich hart arbeiten, um selbstständig für sich sorgen zu können, aber sie wollte auch Mensch bleiben. Selbstverständlich würde morgen eine Schlittenpartie gemacht. Es war nun der zweite Winter, den Paula hier erlebte, seit sie im Sommer 1898 wieder nach Worpswede zum Malen gekommen war.

Hermine Overbeck, die sie am nächsten Tag vorm Kolonialwarengeschäft trafen, weigerte sich, die Schlittenpartie mitzumachen. Fritz Overbeck, ihr Mann, meinte, Paula und Clara hielten ihn zum Besten, schüttelte den Kopf. Er lehnte selbstverständlich ab, als man ihm und seiner Frau den Schlitten für eine Fahrt leihen wollte. Aber die Einkaufstasche durfte Paula ihnen darauf transportieren. »Ich bin heute Nachmittag bei Helene Modersohn gewesen«, sagte Hermine. Sie kümmerte sich sehr um die Kranke. »Wie geht es ihr?« »Nicht gut. Wissen Sie, dass sie letzte Woche Blut gehustet hat? Sie kann sich kaum um ihr Töchterchen Elsbeth kümmern.« Das war jetzt drei Monate alt, gerade so alt wie Overbecks kleiner Sohn.

Dass man jemals krank werden könnte, bedächte man gar nicht, wenn man verliebt sei. Modersohn litt mit seiner Frau, seit sie verlobt waren. Glücklich sah er eigentlich nicht aus. Erstaunlich, das tiefe Mitgefühl, das alle zeigten, wenn Modersohn erwähnt wurde.

Hermine war gelernte Krankenschwester. Ihr Vater, der Lederfabrikant Rohte aus Walsrode, hatte ihr erst eine solide Ausbildung abverlangt, ehe sie Kunst studieren durfte. Von Marie Bock hatte Paula gehört, dass Hermine früher sogar eine vorzügliche Fotografin gewesen war, die alle Techniken beherrschte, entwickeln konnte, vergrößern. Ausgelacht hatte man sie, als sie mit den riesigen Apparaten durch die Landschaft zog, um zu fotografieren. Paula wusste, dass Hermine eine Freundin von Marie Bock war, dass die beiden in München auf der Glaspalast-Ausstellung zum ersten Mal Fritz Overbeck in seinen Bildern begegnet waren. Dass Hermine daraufhin dem Maler schrieb, ihn bat, sie als Schülerin anzunehmen, erfuhr sie jetzt. Sie erfuhr, Hermine entwarf Möbel, Stickereien, Tapetenmuster.

»Haben Sie die Wände im Overbeckschen Haus gesehen?« Paula stutzte, musste verneinen. »Die hat Hermine selbst bemalt. Toll, was die alles kann.« Ottilie Reyländer verzog anerkennend den Mund. Sie war zu Clara und Paula hinzugekommen, als die sich vor der Overbeck'schen Haustür von Hermine und ihrem Mann verabschiedet hatten.

Ottilie Reyländer aus Itzehoe. Paula fand immer, die Kleine, vielleicht sechzehn oder erst fünfzehn Jahre alt, wäre nett. Heinrich Vogeler meinte, die Reyländer sei ganz helle und außerdem eine künstlerische Begabung. »Huh«, rief sie jetzt, »kalt ist's in Deutschland. Ich möchte wohl in die Tropen, in die Urwälder, vielleicht nach Mexiko.« Sieh einer an. Die kleine Reyländer war richtig umtriebig. In den Tropen oder im Urwald mochte Paula nicht leben, aber von hier müsste sie schon von Zeit zu Zeit wegkönnen, um zu sehen, was außerhalb von Worpswede gemalt wurde. Paula wäre wohl ein weiblicher Antäus. Ein Antäus? Nun, das war der griechische Gott, der immer wieder vom Himmel auf die Erde hüpfen musste, um von dort Kraft zu bekommen.

Paula hielt ihren Pelzmuff vors Gesicht, pustete Wolke um Wolke Atem dagegen, der sich schnell als Reif festsetzte. Sie hätte nicht gedacht, dass Hermine Overbeck eine von diesen Frauen ist, die nichts aus sich machen, meinte Clara. Sie gehörte eigentlich nicht zu denen, die nur aus Lust und Laune zeichnen lernen, etwas malen, genug, um später eine nette Beschäftigung zu haben, um ihr Haus mit kleinen Landschaftsbildern und Stillleben zu schmücken. Wer sich so eingesetzt hatte, schon ein Können gezeigt hatte wie Hermine, dem musste es ernster um die Kunst zu tun sein. Hermine hatte wohl die eigenen Wünsche nach der Heirat zurückgedrängt. Was hielte Paula davon? Nichts. *Denn dass ich mich verheirate, soll kein Grund sein, dass ich nichts werde.* Dieses Bekenntnis gab sie später schriftlich.

9

Paula war froh, dass Clara nach Worpswede gekommen war. Sie bewunderte ihren Willen, ihre Ausdauer. Clara hatte Paula modelliert, heute wollte sie Marie Bock und Ottilie Reyländer die Porträtbüste zeigen. Paula wartete bereits in Claras Atelier.

»Woran denken Sie jetzt«, fragte sie, als Clara die Büste aus Ton mit einem Tuch verdecken wollte. »An meinen ersten Abend bei Klinger«, antwortete die Freundin und nahm das Tuch wieder auf, das ihr aus der Hand gefallen war. Clara Westhoff beim Bildhauer Max Klinger in Leipzig. Bitte erst den Befähigungsnachweis! Clara eingesperrt in einem Nebenraum mit einem Stück Marmor, dem schweren Steinmetzzeug und dem Gipsabdruck einer Hand. So, das meißeln Sie mir mal aus! Am Abend war sie auf dem Boden vor Hunger und Erschöpfung eingeschlafen. Ach, du liebe Zeit, an diese Probandin hatte Klinger nun wirklich nicht mehr gedacht. »Die Frauen werden einfach übersehen«, sagte Paula ärgerlich, »vielleicht haben die Männer Angst vor ihnen. Vielleicht meinen sie, dass wir sie übertreffen könnten.« Paulas Stimme klang spöttisch. Doch auf einmal lachte sie. Das passte besser zu ihr als Spott. Es war dieses Lachen, das Clara an der Freundin so liebte. Alle unguten Gefühle wurden hinweggefegt.

Clara hatte bei Klinger die Marmorhand ausgemeißelt, bestens. Erfolg! Große Belobigung vom Meister! Große Anerkennung!

Paula sagte: »So muss es sein, Hindernisse darf man überhaupt nicht sehen. Immer weiter mit Schwung, sogar über Gräben hinweg, auch wenn die Eisfläche vor einem auseinanderbricht, nicht wahr?« Clara wusste es noch. Letzten Winter beim Schlittschuhlaufen im Bocksland, Paula allen voran. Und dann auf einmal das Klirren, dieser unheimliche Klang von reißendem Eis. Und Paula über den Riss hinweg, allein auf der gegenüberliegenden Seite, elegant Bogen um Bogen ziehend, abgetrennt von den anderen, die wie gelähmt dastanden und zu ihr hinüberstarrten. Sie war eine vorzügliche Eisläuferin, das musste man anerkennen und loben.

Ich bin glücklich, dass wir Freundinnen wurden, dachte Paula. Sehr viel lag auch Clara an der Freundschaft. Sie stürzte sich sofort auf Paulas Bücher, staunte über die Auswahl, nahm eins nach dem anderen aus dem Regal, freute sich unbändig. Gab es doch endlich wieder Neues zu lesen.

Nun war es Herbst, und jetzt betraten Marie Bock und Ottilie Reyländer Claras Atelier. Schweigend enthüllte Clara Paulas Porträtbüste, fast ohne Ausdruck in ihrem Gesicht, weil sie wusste, dass jedes Mienenspiel die Betrachter stören konnte.

Ah, Marie Bock klatschte in die Hände. Das war Paula Becker wie sie leibte und lebte! Der Kopf vorgestreckt, etwas angehoben die feingeschwungene Nase, aber nicht zu übermäßig, die Augen groß und weit, die schmalen Lippen leicht geöffnet, als müsste Paula mit allen Sinnen aufnehmen, was vor ihr geschah. Ein frohes Gesicht, auch wenn ein Schatten von Wehmut in den Augenwinkeln saß. Zierlich wirkte es durch das Gewicht der schweren Haarrollen schwungvoll über gebogenem Hals. Marie Bock schritt langsam um Paulas Porträtbüste herum, an ein Fohlen würde sie erinnert, das die Nüstern gegen den Wind streckt.

Doch dann konnte sich Ottilie Reyländer nicht mehr halten. Ganz sicher wusste sie, dass sie Paulas Wesen anders empfand als Marie Bock. Dynamisch, gerade so wild und üppig wie Paulas Blumen in den glasierten Töpfen, diesen Sumpfdotterblumen, die über die Topfränder quollen. Unruhig schien sie und dennoch weich wie ihre tiefbraunen Augen, die waren fremdartig in der Form, breit das Lid, der äußere Augenwinkel tiefer als der innere. Augen, Nase, Ohren schienen groß im Verhältnis zum kleinen Kopf, ließen ihn kräftiger erscheinen, stark. Widerspruch sah Ottilie auch im Körperbau und in den Bewegungen. Bei aller Derbheit von Hand- und Fußgelenken war Grazie im Gang, in Paulas aufrechter Haltung. Wie vor einem Berg hatte sich Ottilie gefühlt, anfangs nicht erwartet, dass Paulas ernstes Gesicht von innen her so strahlen konnte. Man muss das Gespräch auf Kunst bringen, um bei Paula diese Veränderung zu bewirken, sagte sie.

Die junge Malerin aus Itzehoe bewegte sich rasch und behände zwischen Tisch und Stühlen und dem Sockel mit Büste. Sie ahmte Paulas Gehen nach, raffte das Kleid, musterte sie ungeniert von oben bis unten. Respektlos, was? Strich einmal leicht über das Tonmodell, und nun werden wir demnächst Paulas Kopf in Bronze sehen, Ottilie lachte.

Die vier nahmen Platz auf Hockern und Stühlen. Während sie zur Feier des Tages Tee tranken, verglich Ottilie den weißgekalkten schlichten Raum mit Paulas Atelier, mit Paulas Bauernstübchen bei Brünjes. Die unteren Wandhälften hatte sie ultramarinblau, die oberen zitronengelb gestrichen. Liebte Paula es, wenn Farben sich gegenseitig steigerten?

Farbenrausch. Merkwürdig. Wie genau die Reyländer beobachtete. Kraftvoll, gewalttätig, wild. Wenn Ottilie gewusst hätte, wie Paula sich dagegen mühte. Sie wollte sich verändern, sichtbar. Sie hatte gerade Goethes *Wahlverwandtschaften* gelesen. Und jeden Satz, der von »Anmut« handelte, nahm sie auf wie eine Offenbarung. Ein anmutiger Mensch war ein liebenswürdiger Mensch. Sofort begann sie sich zu beobachten. *Selbst im Hause ist Paula nur ein muffiges Wesen.* Dieser Satz sollte seine Gültigkeit verlieren. Nichts von ihrer Fahrigkeit, ihren unbeholfenen Bewegungen, ihrer unbeherrschten Heftigkeit sollte an ihr haften bleiben. Sie zwang sich, gesammelt vor dem Spiegel zu stehen, sich ruhig und angstfrei anzuschauen. Sie übte gleichmäßiges Gehen, lockere Gesten. Leichter und unverkrampfter wollte sie sprechen und lachen. Paula bemühte sich sehr um eine andere Persönlichkeit. *Ich arbeite an mir,* schrieb sie in ihr Tagebuch, *ich arbeite mich um, halb wissentlich, halb unwissentlich.* Ihrer Kleidung schenkte sie mehr Aufmerksamkeit, schmückte sich mit Ketten, steckte Broschen an, neue Kämme ins Haar. Dann aber, meistens beim Baden, wenn sie die Äußerlichkeiten abgestreift hatte, lachte sie über sich. Diese Gefallsucht! Eitel wollte sie nicht werden! Frei davon sein. In Einfachheit leben, *und darin bade ich meine kleine runde Seele, von der ich das Gefühl habe, dass sie aussieht wie mein Akt*, schrieb sie. Einfach werden, geöffnet bleiben, Sinne entwickeln, innere Haltung. Und doch. Es war schwer, nicht eitel zu sein. Claras Werke wurden bewundert. Paulas Arbeiten bekamen selten ein Lob und nie ohne Einschränkung.

Die Malerinnen am Mittagstisch bei Welzel konnten anziehen, was sie wollten, sie wurden immer beachtet und machten kein Hehl daraus, das auch herausgefordert zu haben.

10

Man muss auf die Menschen zugehen. Ich muss Antrittsbesuche in Worpswede machen, hatte sich Paula gesagt, es gebot die Höflichkeit, dass ein Maler den anderen in seinem Atelier aufsuchte. Sie war auch zu Modersohn gegangen, sie hatte eine Einladung seiner Frau angenommen.

Ende 1899 gehörte sie zum Kreis der Worpsweder und wurde zum Künstlerfest eingeladen. Man saß an kleinen Tischen in Modersohns Atelier. Carl Vinnen und Heinrich Vogeler hatten es mit Papierlaternen ausgeschmückt. Paula war gerade rechtzeitig gekommen, um die letzten aufhängen zu helfen. Wie Vogeler liebte sie schöne Raumdekorationen. Die leichten bunten Lampen schaukelten im Halbdunkel wie Kirmesleuchten. Stimmung vermittelten Modersohns Bilder an den Wänden: Moorkaten, Birken, Kanäle. Carl Vinnen hatte eingeladen, der Reederssohn aus Bremen, dessen Bilder längst in den Salons der befreundeten Patrizierfamilien hingen. Modersohn hatte ihm, der in Ostendorf bei Bremerhaven wohnte, sein Atelier zur Verfügung gestellt. Hier waren dieselben Leute, die Paula auch sonst bei Heinrich Vogeler ein- und ausgehen sah. Alfred Heymel aus Bremen war dabei, der die Zeitschrift *Die Insel* herausgab. Von ihm hieß es, er würde demnächst einen Verlag gründen, seinen Insel Verlag. Er hatte unwahrscheinliches Glück, wurde als Kind adoptiert und konnte sich jetzt als Millionär bezeichnen. Vogeler sollte ihm in Kürze sein Haus in München neu einrichten. Im Moment hatte er dazu keine Zeit, er musste zuerst den Sitzungssaal des Bremer Senats, die Güldenkammer, neu gestalten. Fritz Mackensen war da. Clara Westhoff. Ottilie Reyländer. Heymel stand eine Weile neben seinem Vetter Rudolf Alexander Schröder, der ein Dichter war. Dann setzte er sich zu Paula und Clara an den Tisch.

Es gab an solchen Abenden immer mehrere Arten von Unterhaltung. Heute drehte sich eine um das Tagesgespräch, das die Gemüter erhitzte, der Verein der Worpsweder Künstler war nun endgültig aufgelöst. Jeder müsste nach seiner façon selig werden, sagte Modersohn. Vogeler meinte, sich einem Verein anzuschließen, bedeute, dass man sich Zwängen unterwerfen muss, und lehnte eine weitere Mitarbeit ab. Mackensen war gegen die Auflösung, kam aber mit seinem Widerspruch nicht durch. Er hatte eine Angewohnheit, die den anderen auf die Nerven ging. Immer wieder brachte er das Gespräch auf die Finanzlage der Künstler. Wie teuer hatte Modersohn sein Bild *Herbstmorgen am Kanal* verkauft? Für vierhundert Mark? Hatte er nicht tausend verlangt? Vogelers Werke waren überall gefragt. Auch Bücher mit seinen Illustrationen verkauften sich gut. Was das Geschäftsgebaren einiger Maler beträfe, so wäre viel Neid mit ihm Spiel, flüsterte Heymel Paula ins Ohr. Sie nickte, lachte, je bekannter der Maler, desto höher der Preis fürs Bild. Vinnen reichte Gläser mit Grog herum und Rotwein. Vogeler nahm seine Gitarre, stimmte das Instrument. Heymel legte den Arm um Paula, und rasch und sicher tanzte er mit ihr zwischen den anderen her. »Schauen Sie mal, wie Clara den Heinrich Vogeler herumschwingt«, hörte sie ihn sagen. Paula sah sich um, sie wusste, welch leidenschaftliche Tänzerin ihre Freundin war, genauso wie sie. Sie schloss für einen Moment die Augen, dachte an Claras Tanzen neulich und lachte. Es war dieses Lachen, das alle an ihr liebten und Heymel aufhorchen ließ. »Warum lachen Sie?« »Ach nur so.« Sie war fröhlich. Sie trug ihr neues grünes Samtkleid. Sie hatte das kastanienrote

Haar über die Ohren gekämmt und hinten zu schweren Rollen zusammengebunden. Sie war so unbeschwert, als hätte sie nie Probleme gekannt. Carl Vinnen hatte ihr versprochen, sich am nächsten Tag ihre Bilder anzuschauen.

An diesem Abend war Carl Vinnen sehr schnell. Mit einer Fackel in der Hand stürmte er den anderen voraus zum Berg, kletterte das Findorf-Denkmal hoch. Und richtig, tatsächlich, Paula rannte hinterher, war ihm immer auf den Fersen, schwenkte auch eine Fackel, und von oben herab schrien die beiden wie Eroberer.

Es war schade, dass nach solch ausgelassenen Abenden eine Katerstimmung aufkam. Heinrich Vogeler war plötzlich davon betroffen. Ihm gelang keine Arbeit mehr, er wollte verzweifeln und sah keinen anderen Ausweg, als sich an Paula zu wenden. Vor ihm her war sie in die Diele seines Barkenhoffs gegangen. Sie hatte ihm gesagt, dass es immer Tage gäbe, wo man zu müde war, sich gegen Traurigkeit zu wehren, die von allen Seiten her eindrang, Tage, an denen man mit sich im Hader lag, ob die Arbeit in Ordnung war, an denen man merkte, dass die Zahl derer immer kleiner wurde, mit denen man darüber sprechen konnte.

Dann unter keinen Umständen den Mut verlieren, hatte sie geraten. Von sich selbst wegdenken, den Mitmenschen beobachten, sich freuen über dessen Erfolg. Das gäbe Mut, selbst wieder anzufangen. Vor allen Dingen: einfach werden, kindergläubig, offen werden für die Welt. Fromm werden nenne sie das.

Paula war wichtig geworden. Sie spielte auf der Worpsweder Bühne eine Rolle. Heinrich Vogeler brauchte ihren Rat. Carl Vinnen besuchte sie in ihrem Atelier. Das tat gut, sie streckte sich vorm Spiegel. Sie schüttelte den Kopf über sich selbst. Ich muss noch viel an mir arbeiten, dachte sie. Ihr war tatsächlich schon der Kamm geschwollen.

Bei solchen Gelegenheiten sprach sie seit Kindertagen Vers 12 aus Psalm 51, der sollte sie wieder auf den Boden zurückholen. *Schaffe in mir Gott ein reines Herz und gib mir einen gewissen Geist, verwirf mich nicht von deinem Angesicht und nimm deinen heiligen Geist nicht von mir.*

Anders werden und weiterwollen. *Ich bin atemlos. Ich will immer weiter. Ich kann die Zeit nicht abwarten, dass ich etwas kann.* Tagebuchnotizen aus diesen Tagen. Weiterwollen, immer weiter. Dieses Lebensprogramm musste Gründe haben. Sie sah sich in Bremen im Wohnzimmer stehen, ihre Skizzen lagen auf dem ovalen Tisch. Sie reichte sie der Mutter, eine nach der anderen, Mutter Mathilde gab sie dem Vater. Sätze fielen. *Zeichne! Aber besser als der Durchschnitt! – Ich glaube nicht, dass aus Dir etwas wird.* Sätze wie Schläge. Sätze, die sie vorantrieben. Der Vater sprang auf. Er lief im Zimmer umher wie in einem Käfig. Was soll aus Paula werden? Wann wird sie Geld verdienen, selbst für ihren Lebensunterhalt aufkommen? Paula zeichnete intensiver, sie musste schneller weiterkommen, sie musste sich beeilen.

Paula gab Ratschläge. Sich selbst erteilte sie den denkbar ungünstigsten. Mit Marie Bock stellte sie im Dezember 1899 in der Bremer Kunsthalle einige Bilder aus.

II

Dezember 1899. Vater Becker am Fenster der neuen Wohnung in der Wachtstraße 43 blickte auf die zugefrorene Weser, sah auch verfroren aus trotz des geheizten Zimmers. Die Mittagsausgabe der *Weser-Zeitung* von diesem 20. Dezember, die er jeden Tag in Ruhe durchlas, hatte er auf den Tisch geknallt.

Die Kritik! Dieser Reinfall! Ausgerechnet die Kunsthalle! In dieser Halle hatte Paula ausgestellt. In einem kleinen Kabinett ein paar Aktzeichnungen und die beiden Landschaftsstudien *Abend* und *Weiher*. Zum ersten Mal in ihrem Leben war Paula mit ihren Bildern an die Öffentlichkeit getreten, und der Auftritt war ihr gründlich misslungen. Rechtzeitig verbieten sollen hätte man das Experiment. Ja, unsere Paula hat sich gründlich blamiert. Und nun wollte Vater Becker wissen, ob sie sich nicht in Grund und Boden schämte. Sein Gesicht wurde hart. Paula senkte den Kopf. Mutter Becker ging auf sie zu, jetzt würde die Familie zum Gespött in Bremen, die Damen des Künstlervereins waren auf Tradition bedacht. Was habe ich nur getan, dachte Paula, warum werde ich so bestraft. Sie schaute auf die Zeitung, hörte den Vater die abschätzigen Worte wiederholen, mit denen Arthur Fitger, der Kulturkritiker, seinen Bericht gespickt hatte: *Frechheit, grober Unfug, Ekel.*

Unsere heutigen Notizen müssen wir leider beginnen mit dem Ausdruck tiefen Bedauerns darüber, dass es so unqualifizierbaren Leistungen wie den sogenannten Studien von Marie Bock und Paula Becker gelungen ist, den Weg in die Ausstellungsräume unserer Kunsthalle zu finden. Dass so etwas hat möglich sein können, ist sehr zu beklagen. Für die Arbeiten der beiden Damen reicht der Wörterschatz einer reinlichen Sprache nicht aus, und die unreinliche wollen wir nicht gebrauchen. Wir können unsere schärfste Abweisung nicht ersparen. In diesem Augenblicke ist uns der Gedanke an unsere Kunsthalle so widerwärtig geworden, dass die Stimmung, uns mit den Bildern von Hans Thoma zu beschäftigen, gründlich verdorben ist, wenn sich Wand an Wand elende Unfähigkeit breit machen darf.

Paula, wir müssen mit dir reden. Hatte die Mutter nicht immer wieder gemahnt, nagele dich fest, zwinge dich zu pedantischer Genauigkeit in Händen, Augen, Nase! Die Mutter rechtfertigte sich. Der Vater machte sich Vorwürfe. Es war das Verkehrteste gewesen, dass seine Tochter nach Worpswede ging, und schlimm, dass er damit einverstanden war. Vater Becker nahm die Last der Verantwortung auf sich, wollte sie mit niemandem teilen. Er hätte seine Zustimmung damals verweigern müssen, denn er kannte die Maler.

Er hatte die Herren einmal persönlich kennengelernt, als man sie vom Künstlerverein in den Ratskeller einlud. Er war entsetzt gewesen über ihre Ansichten. *Über Kunst sprechen sie, wie sie sagten, höchst selten.* Das musste man sich einmal vorstellen! Leute von ihrer Art konnte der Vater nicht leiden, obgleich sie von anderen hochgelobt wurden. Diese Maler standen sich alle im Weg. Nahmen sie die Frauen ernst, die bei ihnen lernen wollten? Der Vater konnte und wollte es nicht mehr glauben.

Wer von diesen Herren hatte sich jemals mit Interesse Paulas Bilder angeschaut? *Carl Vinnen lobte das Malerische, Tonige und war mit vielem zufrieden!* Was bedeutete das schon! Was sollte der Vater daraus entnehmen, wenn der Herr Modersohn sich nur ein einziges Mal in ihrem Atelier sehen ließ und etwas *Liebes* über ihre Sachen sagte! *Modersohn ist eine Kinderseele, die sich bei jedem Witzchen, und sei es noch so unschuldig, krümmt und unter den Tisch verschwindet!*

Hatte Paula keine Ahnung, warum der Vater so empört war? Begriff sie denn immer noch nicht, dass es nicht nur die Eltern waren, die ihre Malweise ablehnten? Es gab auch andere, die Paulas Worpsweder Porträts nicht leiden mochten, ihre *Worpsweder Hängebäuche.*

Mackensen sprach neulich beim Ansehen deiner Studien von einem lieblosen Ohr, das sagte er nicht humoristisch, sondern ernst wie ein Totenrichter. Dann zeigte er mir, dass es auf der ganzen Welt kein solch konventionell liebloses Ohr gäbe, sondern dass die Ohren der Menschen ebenso individuell verschieden seien wie ihre Augen und Herzen. Mackensens Urteil war für Mutter Mathilde ein unumstößlicher Richterspruch. Fritz Mackensen, der einzige Worpsweder Künstler, dem die Eltern Urteilsvermögen zutrauten.

Paula schwieg. Sie dachte an einen Nachmittag in ihrem Worpsweder Atelier. Die kleine Meta Gefken stand Modell, streckte das Bäuchlein vor, verschränkte die Arme. Mackensen trat ein, gefolgt von Ottilie Reyländer. Mackensen schaute auf Paulas angefangene Aktstudie, winkte mit der einen Hand Ottilie, mit der anderen Paula heran. Was hatte diese Linie zu bedeuten, warum stand diese Schraffierung hier? Sagen Sie mal, und er blickte Paula durchdringend an, sehen Sie das, was Sie da malen, tatsächlich so in der Natur?

Paula kannte diese Situation, dieses Unvermögen, ihre Bilder zu erklären. Ihre Antwort fiel immer so aus: zuerst ein schnelles Ja, dann ein zögerndes Nein.

Sie hatte ihren Kopf abgewandt, sie hatte aus dem Fenster hinaus über die Wiesen geschaut. Über dem Moordamm waren Nebelschwaden herübergewallt. Zwei Frauen aus den Moorkaten tauchten schemenhaft darin auf. Ich kann Menschen malen und das Wichtigste und Wesentliche verschweigen. Ich kann aber auch versuchen, das, was diesen Menschen ausmacht, darzustellen, auch, wenn es nicht unserer Schönheitsnorm entspricht, hatte Paula gedacht. Die Frauen waren jetzt deutlicher zu sehen. Das Wesentliche an diesen jungen Frauen waren ihre sehnigen Beine, die Füße, verwundbare Werkzeuge, die beim Stampfen des feuchten Backtorfs im Moor bis über die Schmerzgrenze hinaus belastet wurden. Wesentlich war die eingefallene Brust, sie war das äußere Zeichen für dunkle stickige Behausungen, wo Mensch, Vieh und der Rauch der Feuerstelle durch dieselbe Tür hinausziehen mussten.

Und während diese Gedanken hinter Paulas Stirn pochten, hörte sie Mackensen, wie er seiner Schülerin Ottilie Reyländer und ihr, Paula Becker, seinen Leitsatz einhämmerte: »Dürer als

Führer!« Auch wenn es richtig war, dass viele Menschen krank und elend waren, die ganze Menschheit war nicht morbid und hässlich, und Aufgabe der Kunst war es, auch das Schreckliche gemildert darzustellen.

Paula nähte einen Flicken nach dem anderen in ihren Malkittel. Sie ging in diesen Wintertagen kaum aus. Alles Interesse an der weihnachtlich geschmückten Stadt war weg. Hatte sie ein schlechtes Gewissen? Sie mochte diese Gespräche im Elternhaus ganz und gar nicht. Betrog sie sich selbst, wenn sie an ihrem Willen, auf ihre Art weiter malen zu wollen, in dieser Sturheit festhielt? Mit ihrer Arbeit hatte sie den Vater nie überzeugt. Ihre Art zu malen, fand er primitiv. Ob sie sich nicht hoffnungslos verrannt hatte? Die Stimmung in der Familie war auf dem Tiefpunkt.

Denkst du nie daran, wie du in Zukunft weiterleben willst? Du musst doch einmal auf eigenen Füßen stehen können. Die Last, seine Kinder nicht versorgt zu haben, drückte schwer auf Vater Becker.

Eine Geldheirat, um im gleichen Stand bleiben zu können oder gar in einen höheren aufzusteigen, war für die Tochter ausgeschlossen. Vater Becker konnte keine verlockenden Reichtümer vorweisen, er hatte nur seine Beamtenpension. Als er sagte, dass Paula auch keine Versorgungsheirat erwarten durfte, nahm sie das als Vorwurf hin, bekam Schuldgefühle, weil sie genau wusste, dass sie auf dem Landgut in England die Ausbildung selbst abgebrochen hatte. Sie war keine junge Dame mit einer soliden Erziehung nach alt bewährtem strengem Muster geworden, also auch keine gute Partie. Sie hatte das Lehrerinnenexamen gemacht und wollte nun keine Lehrerin sein. Was wollte diese Tochter eigentlich? Verbissen hielt sie an ihrem Vorsatz fest, Malerin zu werden. Dickkopf! Paula schlich ins Mädchenzimmer, setzte sich aufs Bett und dachte trotzig: *Ich darf nicht zurück. Ich sehe, dass meine Ziele sich mehr und mehr von den euren entfernen, dass ihr sie weniger und weniger billigen werdet. Und trotz allem muss ich ihnen folgen.* Diese Nacht träumte sie wieder von dem Berg, sie stand wie angewurzelt, als er näher kam.

Ein paar Tage danach schickte Carl Vinnen, ihr Malerkollege aus Worpswede, den *Bremer Courier* mit seinem Artikel über die Ausstellung: *Ach, es waren eigentlich nur zwei Worpsweder Schülerinnen, deren ganzes Verbrechen darin bestanden hatte, minderwertige und unreife Schülerarbeiten auszustellen und denen die Verwaltung der Kunsthalle chevaleresk eins der Seitengelasse zur Verfügung gestellt hatte. Die armen Worpsweder Damen!* Vinnen hatte einen Begleitbrief an Paula dazu gelegt und geschrieben: *Verzeihen Sie gütigst, wenn mir taktische Erwägungen nicht gestatten, freundlicher über Ihre Bilder zu urteilen, auch kann ich sie nicht viel anders, als ich schrieb, bewerten. Machen Sie sich nichts draus.*

Paula dachte an die fröhlichen Abende in Worpswede. Das war lange her.

Nicht mehr an Worpswede denken. Wie ein Kind, das seine Augen schließt und glaubt, nun sei das Gespenst verschwunden, hörte auch die Mutter plötzlich auf, von Malerkolonien und Fitger-Kritiken zu sprechen. Sie wurde auf andere Art geschäftig. Wenn sie inzwischen auch die Bedenken ihres Mannes teilte, dass aus Paula keine besondere Malerin würde, musste man der Tochter doch die Chance geben, sich von ihrer bisherigen Malweise lösen zu können. War es auch eine Schande, dass Paula ihnen immer Schwierigkeiten machte, man ließ sie nicht im Stich. Man musste die äußeren Umstände verändern, dann würde sich auch die Tochter verändern. »Du wolltest doch immer nach Paris«, sagte sie eines Morgens zu ihr, als wäre es das Selbstverständlichste von der Welt. Paris! Paris! Paula musste schnell über die Wälle rennen, sonst hätte sie die Freude zerrissen.

Das war der Ausweg. Sie sollte versuchen, mit ihrem ererbten Geld und der Ausbildungsbeihilfe der Verwandten Haus zu halten, dann würde sie eine Zeit lang studieren können, ohne daneben für den Unterhalt arbeiten zu müssen. Ja, Vater. Ja, Mutter. Clara Westhoff war bereits in Paris. Sie besorgte das Quartier. Paula konnte im Hotel de la Haute Loire, Boulevard Raspail 203, wohnen, im Zimmer Nr. 53, direkt neben ihr. Clara teilte mit, dass die Professoren an der Mal- und Zeichenschule unbesoldet wären, lehrten, um sich bekannt zu machen. Die Studierenden zahlten nur die Miete fürs Atelier. Sie schrieb, dass an den Anatomiekursen Frauen teilnehmen durften. Die Anatomiekurse in der Ecole des Beaux Arts wurden pro Nachmittag abgerechnet. Crèmerien gäbe es, wo man preisgünstig etwas essen konnte. Sie brauche nicht viel zum Leben, sagte Paula.

»Nimm die dicke rote Wolldecke mit, unsre *Abruzzendecke*. Nimm dir auch den kleinen kupfernen Wasserkessel. Milly leiht dir ihre Kaffeemaschine.« Die Mutter war wieder in ihrem Element, legte auf den Tag, was sie der Tochter einpacken würde. Und der Vater ging auf den Umschwung ein. Er plante mit. »Bitte Paula, nun iss ordentlich dort.« Vater Woldemar, der die merkwürdige Ernährungsweise seiner Tochter kannte, wusste, dass die sich mit Brot und Kaffee begnügen konnte. *Lass dir nichts Notwendiges abgehen. Für alle Fälle schmiere dir das Weißbrot nicht zu mager, damit du den nötigen Feuerungsstoff in dir hast. Ein Stück Käse oder Rauchfleisch oder ein paar Eier können dir nicht schaden.* Paula hatte sich Paris so sehr gewünscht, dass sie alles versprach, nickte dankbar und dachte, das Geld werde ich in Farben anlegen.

Woldemar Becker kannte die Stadt von früher, seine Kusine Mathilde Dörstling lebte dort als Sprachlehrerin, besuch sie mal! Er legte Paula seine Hand auf die Schulter. Es war ihr doch wohl klar, dass sie in ganz andere Lebensverhältnisse hereinkam. Sie sollte schauen und sich ein Urteil bilden, Hauptsache war, sie käme von den Worpswedern los. Ja, sagte Paula, und dann dauerte es natürlich nicht lange, und sie kamen auf Clara Westhoff zu sprechen.

Für den Anfang wäre es vielleicht ganz gut, wenn sie an Fräulein Westhoff eine sympathische Stubennachbarin hätte. Aber die Freundschaft brauche nicht weiter vertieft zu werden. *Du lässt dich von Clara als der stärkeren Natur beeinflussen, und das halte ich nicht für wünschenswert!* Warnungen, Mahnungen, Claras schlechter Einfluss, ihre einseitigen festgefahrenen Ansichten ohne vernünftigen Maßstab. Aufpassen und die *Worpsweder Bande* abwerfen, die Feinheit der französischen Malerei übernehmen, ein Gefühl für die schöne Form entwickeln.

Die Umstände verändern, dann würde auch sie sich verändern. Es war ein Trugschluss. Man konnte Paula neue Formen aufdrücken wie die Siegel dem Wachs, aber in ihrem Wesen blieb sie dieselbe. Der Mutter sagte sie beim Abschied: »*Sorge Dich nicht. Ich habe den festen Willen und Wunsch, etwas aus mir zu machen, was das Sonnenlicht nicht zu scheuen braucht.*«

Sie fuhr endlich nach Paris. Hals über Kopf war sie weg. Sie hatte sich von keinem der Worpsweder verabschieden können. Aber zwei Tage vor der Abfahrt begegnete ihr plötzlich Otto Modersohn, der ihr schnell einen Aufsatz zu lesen gab, in dem zaghaft versucht wurde, die Worpsweder Damen zu rehabilitieren.

Sylvester-Nacht um ½ 2 Uhr trete ich die große Reise an, schrieb sie ihm, als sie den Text zurücksandte, *das wird ein lieblich Stündlein geben, wenn ich diesen Bremer Staub von den Füßen schütteln kann. Ich werde Corot, Rousseau, Millet sehen, von denen Sie mir, lieber Herr Modersohn, so viel schon erzählt haben. Hurrah! Im neuen Jahrhundert werde ich in diesem großen Sündenloch von Paris oft an Ihr liebes, stilles Häuslein denken. Fröhliches Neujahr!*

Die Weser ist aufgebrochen. Man sieht wieder das lebendige Wasser und nicht mehr das tote Eis.

12

Als die Sonne wie eine blasse Scheibe hinter Nebeldunst aufstieg, kam die Schülerin Paula zum allerersten Mal in ihrem Leben in Paris an. Es war ein kalter Januartag, der sie frösteln machte.

Das Zimmerchen im Hotel garni de La Haute Loire wirkte ungemütlich. Hin und her hatte Paula überlegt, wie sie es sich ein bisschen privater einrichten könnte, und war schnell, als sie von den kleinen Atelierwohnungen hörte, in die Rue Campagne-Première 9 gezogen, in eins dieser billigen Schrankzimmer, wie man die kleinen Räumlichkeiten nannte. Möbelstücke wurden selbst angefertigt. Paula hatte Kisten mit Cretonne überzogen, kaufte eine hölzerne Schlafbank, einen Tisch, einen Stuhl, Besen, Wischeimer, Putzlappen.

Bis zu ihrer Arbeitsstätte, den Ateliers von Monsieur Colarossi, hatte sie es nicht weit. Sie brauchte nur zehn Minuten für den Weg über den Boulevard Montparnasse, um dann dritter Straße rechts in der Grande-Chaumière die Akademiehäuser zu erreichen. *Kleine komische Baracken mit Treppenaufgängen von wildem Wein umrankt und einer Balustrade*, so schrieb Paula den Eltern. Colarossis Akademie war Anlaufstelle, zumeist für Ausländer, hauptsächlich für Frauen. Schüler wie Schülerinnen konnten ohne Vorprüfung eintreten. Spätere Berühmtheiten fingen hier an, Camille Claudel, Käthe Kollwitz.

Dann der Akademiesaal mit den Staffeleien, davor das Podest für die Modellstehenden, mehrere Reihen Stühle. Manchmal waren fünfzehn besetzt, manchmal zwanzig. Und die Studierenden kamen von überall her, vor allem aus England, Spanien, Amerika. Da stolzierten Malerinnen mit abenteuerlichen Frisuren, jeden Tag überraschend neu aufgebaut, Maler in braunen Samtanzügen mit langen Haarmähnen, eine Toga über der Schulter.

Paula war am Pulsschlag der Kunst. Sie nahm ihre Chance wahr. Sie zeichnete und malte, saß brav mit Mittelscheitel und Haarrollen vor ihrer Staffelei, aber manchmal mit überraschenden Blitzen in ihren dunklen Augen. Sie zeichnete und passte auf. Gesprächsfetzen, Lachen, mon chéri, ma petite, Augenaufschläge, gespielte Seufzer. Es wurde geflirtet und trotzdem tüchtig gearbeitet. Immer wieder Korrektur, Kritik, Hinweise wie »beachten Sie den Schatten am Hals, den Wulst auf dem Oberarm«. Paula lernte besser sehen, besser zeichnen. Bei einem Malwettbewerb bekam sie eine Medaille. Der Geldpreis, den andere Akademien vergaben, wäre ihr lieber gewesen. *Mach aus mir etwas, Paris*, war ihr täglicher Stoßseufzer.

Bis zu jenem denkwürdigen Tag in der Rue Lafitte, hatte Paula das linke Seine-Ufer nicht verlassen, blieb sie vorwiegend im Bezirk des Montparnasse, wenn sie nicht die Museen des Louvre oder die Kirche Notre-Dame besuchte. Wochenlang hatte sie sich zwischen den sechsstöckigen Häusern der Boulevards bewegt, hatte Stubenmädchen gesehen, die sich über die eisernen Gitterbalustraden lehnten, hoch oben auf den schmalen Balkons, war spazieren gegangen abends am Seine-Ufer bei Notre-Dame. Sie hatte in den Fluss geschaut, der in der Dunkelheit zum Leuchten gebracht wurde, violett, taubenblau, ochsenblutrot. 1900, Weltausstellungsjahr. Es war das Jahr des künstlichen Lichts. Huldigte Paris 1889 der Eisenkonstruktion seines Eiffelturmes, wurde 1900 zum Jahr der Huldigung an die Elektrizität. Boulevards erstrahlten in der Nacht. Scheinwerfer rotierten auf dem Champs-de-Mars. Paris war zur Ville Lumière erklärt, zur Lichterstadt. Die Studenten sprachen von Orgien in Volt und Ampère. Als Paula erstmals am Abend den monumentalen Eingang zur Weltausstellung sah, wich sie erschrocken zurück, elektrische Feuersäulen, tausende von Glühbirnen bildeten Spalier. Paula hielt die Augen offen. Glänzendes präsentierten die Modehäuser auf ihren Ständen. Couturiers zeigten Abendroben aus Goldlamé und Samt. Edle Stoffe konnte man bewundern, edlen Schmuck und edlen Hausrat. Paula wandte sich ab, hier brauchte man Geld. Paris 1900: das siebenundzwanzigtausendste Café wurde eröffnet.

Der schroffe Gegensatz, wenn sie zur Sorbonne durch die Rue Mouffetard ging, eine dieser heruntergekommenen Straßen, an Häusern vorbei mit hässlichen düsteren Fassaden, die Elend zeigten, ungesund, unhygienisch, wo Hunde den Müll bepinkelten unter den Vordächern der Verkaufsstände. Schlimmer noch war es, wenn Paula in die Morgue kam, in das Leichenschauhaus bei Notre-Dame. Tagtäglich zog man Ertrunkene aus der Seine, Selbstmörder oder Opfer von denen, die raubten und mordeten.

Im ganzen stimmt Paris mich ernst, schrieb sie nach Haus. *Es gibt hier so viel Trauriges. In diesem lachenden Paris unter der bunten Oberfläche liegt vieles Schwarze, Furchtbare. Das will einem schier das Herz zerreißen.*

Weltausstellung. Ströme von Besuchern schoben sich durch die Ausstellungshallen. Paula drängte in den Pavillon d'Alma, den Auguste Rodin für seine Skulpturen errichten ließ. Sie sah Rodins Werke im Original. Sie stand vor seinem *L'Homme qui Marche,* dem Schreitenden. Sie sah die Marmorgruppe *Fugit Amor,* die Liebe flieht, Körper, die sich zwanghaft umarmen wollen und doch auseinander streben. *Der Rodin, der ist ein Titane, wie der die Form fühlt und die Bewegung in jedem Gliede. Ja man ist glücklich, so etwas schauen zu dürfen.* Paula schwärmte. Sie betrachtete in den Museen die Bildwerke der Modernen, Skulpturen von Aristide Maillol, die farbintensiven Gemälde von Gauguin. Gauguin entsprach ihrer Vorstellung mehr als Degas. Viel erzählte sie den Eltern, doch das meiste Clara, wenn sie zusammen Kunst erlebten.

Das Ständchen mit der Panflöte vor Paulas Kammertür lockte auch die anderen Mitbewohner auf den schmalen dunklen Flur des Atelierhauses. Paula hatte Geburtstag. Bon anniversaire! Clara Westhoff gratulierte mit einer Hyazinthenzwiebel im Glas, mit einer Apfelsine und Veilchen. Geburtstagsbriefe von Eltern und Geschwistern auf dem Tisch, ein Glückwunsch von Otto Modersohn lag dabei: *Schreiben Sie mir bitte, was für Bilder von Rembrandt im Louvre sind, sehen Sie sich alles ruhig an und erzählen Sie mir von allem, dann habe ich auch etwas davon. Möchten Sie wachsen an Erkenntnis dessen, was Ihnen nottut. In Worpswede ist es doch schön!*

Müsste Clara heute keine Marmorblöcke zerschlagen im Institut Rodin? Morgen wieder, sagte diese und ließ durchblicken, dass es schwerfalle, eine Korrektur des großen Meisters zu bekommen, der viel unterwegs war. Man munkelte, es wäre nicht nur die Arbeit an seinem Werk, die ihn für Tage verschwinden ließ mit seinem neuen weiblichen Modell. Ja, die Liebe hat bunte Flügel, sang Paula. Sie hatte auf der Straße die jungen Leute gesehen, die sich in die Arme fielen, sich küssten, sich umschlungen hielten, eng aneinander geschmiegt. War Liebe etwas so Leichtes? *Welches ist das Leben, das wahre?* Fragen in Paulas Tagebuch.

Clara stellte ihre Kaffeetasse aufs Tischchen. Weißbrot gab es, verschiedene Käsesorten. Sollen wir uns heute Abend eine Flasche Champagner gönnen? Sie stupsten sich an, lachten. Und heute Nachmittag pünktlich im Luxembourg. Mit offenen Augen wird Clara neben Paula durch die Säle des Museums gehen, wird zuhören, wie die Freundin erklärt, beschreibt, vergleicht. Paula Becker hatte große Kenntnisse, hatte schon viel gesehen, viel gelesen. Man konnte staunen.

Vollkommen recht hatte Jeanne Bauck, als sie ihnen in Berlin sagte, Paris werde eine Euphorie auslösen, die fesselte und zugleich provozierte. Euphorie, Hochstimmung beim Schauen, Hochstimmung beim Schaffen. Weiter, immer weiterwollen. Paula zeichnete, malte mit einer Unermüdlichkeit, die einem jener Wettläufer angestanden hätte, der unermüdlich für die zweiten Olympischen Spiele trainierte. Auch das bot Paris 1900, die zweite Olympiade. Im Mai wurde sie von Baron Coubertin eröffnet.

Es war Samstagmittag. Durchs Treppenhaus zogen die Gerüche von brutzelndem Fett, von Kaffee, Tee und Terpentin. Paula war die vier Treppen hochgestiegen, betrat ihr kleines Atelier, stellte das Bild, das sie heute Morgen fertig gemalt hatte, so, dass sie es von ihrem Stuhl an der Tür betrachten konnte, *Blick aus dem Atelierfenster*. Sehr anstrengend war Paulas Leben in Paris, und wenn man über längere Zeit so wenig aß, um die Unterhaltsmittel zu strecken, dann war es nicht verwunderlich, wenn der Magen rebellierte, wenn das Herz unregelmäßig raste. In solcher Verfassung hatte sie das Bild beendet, 48 × 37 cm auf Pappe. Eine Stadtlandschaft, Häuserfronten wie Spundwände um einen Schacht, schmale Fenster, dicht an dicht, die Straße unten nur zu ahnen. Jenseits der Häuserfronten wieder Häuserfronten und fernere noch, bis sie im Dunst verschwanden.

Hier war etwas, das eine Sogwirkung ausübte, der sich Paula nicht so leicht entziehen konnte. Sie hing an einer Bergwand, sah keinen Gipfel über sich und hatte den Boden unter den Füßen verloren. Mutete sie sich zu viel zu? *Für all das wundervolle Leben hier will ich mich gerne schinden und plagen.* Hatte sie das nicht immer wieder gesagt? Kam jetzt die Reaktion auf ihr intensives Studium? Eine innere Unruhe flatterte auf. Ließen die vielen Eindrücke in dieser Stadt nicht zu, *ein Gefühl ordentlich auszufühlen? Bin ich zu langsam, zu ungeschickt im Verarbeiten der einzelnen Eindrücke?*

Wir müssen endlich einmal aufs Land. An allen Wochenenden benutzte Paula die freie Zeit zu Museumsbesuchen, zum Skizzieren. Heute aber war sie entschlossen. Es war Sonntag, und an diesem Tag malte und zeichnete sie nie. Clara kam, um sie abzuholen. Sie würden zuerst eine Schiffsfahrt machen mit den Bateaux Mouches. Sie würden die Seine hinunterfahren von Notre-Dame aus, vorbei an den Museen des Louvre Richtung Eiffelturm und dann mit dem Wagen weiter nach Versailles.

Als wir nach Versailles kamen, war es schon fast Abend, schrieb Clara an Otto Modersohn nach Worpswede, *und in grauer, warmer, regnerischer Dämmerung fuhren wir in die breiten, feierlichen Alleen hinein, die uns ganz andächtig machten im Gedanken an all die großartige märchenhafte und grauenvolle Vergangenheit. Die ganzen Anlagen, die ganze Raumverteilung hat mir sehr imponiert, wie feierlich die Gebäude dalagen, wie feierlich die beschnittenen Bäume standen und dann im Anschluss daran die einfache, wilde, natürliche Natur, üppig und reich und fast berauschend in ihrer Üppigkeit. Und auch hier fanden wir wieder die verwunschenen Gärten mit den grauen Mauern, über die der Efeu herunter rieselt, so reich und mit so feinen blauschwarzen Früchten.*

Paula gestand sich ein, dass sie Clara einen so poetischen Briefstil gar nicht zugetraut hatte. Paris war großartig.

Sie traf sich mit Clara trotz der Mahnung des Vaters. Wenn sie auch ihre Studien an den verschiedenen Akademien betrieben, in ihrer Freizeit waren sie oft beisammen. »Gehen wir heute Abend ins Bullier?« fragten die Maler. Das war ein Tanzlokal im Quartier Latin, und Studenten, Künstler, Nähmädchen und Büglerinnen vergnügten sich dort bis nachts um ein Uhr. Paula hob den Kopf, die Luft war mild, sie schnupperte. »Ja«, sagte sie. Diese vielen Möglichkeiten, die Paris bot, die sie wahrnehmen wollte. Sie war frei, niemand machte ihr Vorschriften. Sie fühlte sich frei auf eine bestimmte herrliche Art, von jeder Ablenkung ließ sie sich gefangen nehmen.

Paula und Clara hatten sich einer kleinen Gruppe deutscher Maler und Bildhauer angeschlossen, die plötzlich in den Akademien Colarossi und Julian aufgetaucht waren. Der eine, Emil Hansen aus Norddeutschland, war mit seiner Freundin, der Malerin Emmi Walther aus Dachau, zur Weltausstellung nach Paris gereist. Wie Clara konnte er sich einen Studiengang in der teuren Akademie bei Julian leisten. Er traf sich oft mit seinen Freunden, dem Bildhauer Karl Albiker und Thomann, den man den Kuhmaler nannte.

Einmal veranstalteten die beiden ein Atelierfest. Im größten Zimmer, das sie ihren Salon nannten, wurde getanzt. Sechs Paare drehten sich zu den Klängen von Gitarre und Mandoline, die ihnen zwei Musiker boten. Ringsum waren die Wände mit weißem Papier bedeckt, von den Malern mit Darstellungen von Zentauren geschmückt, Fabelwesen mit menschlichem Oberkörper und Pferdeleib. In zwölf Wandleuchtern, aus Drähten hergestellt, verbreiteten Kerzen gedämpftes Licht. Teller mit Bergen von Butterbroten, etliche Topfkuchen, zwei große Schüsseln mit Pudding hatte man auf Kisten aufgebaut.

Paula war in das kleine Zimmer gegangen, wo am Tisch in der Ecke schallend gelacht wurde. Der Maler Hansen packte gerade einen Stapel Bildpostkarten ein. »Darf ich mir die Karten auch einmal ansehen?« »Gerne.« Hansen breitete die Bildpostkarten wieder aus. Berge mit Knollennasen sah man, Berge mit Mund und Augen, personifizierte Natur. Matterhorn, Jungfrau, Mönch und Eiger als Gnome und Geister. Hansen hatte sie gemalt, Emil Hansen aus Nolde, einem Ort an der dänischen Grenze. Paula betrachtete Maler und Zeichnungen mit Interesse. Zugegeben, sie war zuerst mehr belustigt, als dass sie sofort den Wert der Idee begriff. Mit solchen Bildpostkarten, die Hansen in der Schweiz malte, Paula wollte es nicht glauben, hatte er eine Unmenge Geld verdient. Jetzt konnte er sich ganz seiner eigentlichen Kunst widmen. Klug von diesem Emil Hansen, der sich später Emil Nolde nannte. Finden Sie nicht auch, dass dies ein tolles Fest ist? Es war ein tolles Fest. Auf ihrem Nachhauseweg kam Paula ein junger Franzose entgegen, lachte sie an und überreichte ihr ein Veilchensträußchen. »La voilà la jolie fleur!« Er sang den Schlager dieser Weltausstellung. Sie hatten bis in den Morgen hinein getanzt. Paris war groß. Hier traf sich alle Welt.

Paula, ein Augenmensch, war unersättlich im Schauen und Anschauen. Was haben Sie dort für Bilder? fragte sie eines Tages, als sie beim Kunsthändler Vollard Stapel bemalter Leinwand sah, die umgedreht an einer Wand lehnten. Paula war an diesem Tag über den Place de la Concorde, an der Opéra vorbei in die Rue Lafitte gegangen. Sie hatte den Laden von Ambroise Vollard betreten, der von seinen Kunden sagte: »Wenn man hört, dass jemand in die Rue Lafitte Nr. 6 kommt, weiß man sofort, man hat es mit einem Kunstexperten zu tun.« Berühmt waren Vollards Kellerdiners, die er für Künstler wie Henri Matisse und Georges Rouault gab, den Paula sehr mochte. An diesem Tag standen bei Vollard Bilder von einem unbekannten französischen Maler, Bilder von Paul Cézanne. Als sie die Bilder umdrehte, durchzuckte es sie wie ein Blitzschlag. Im hellen Licht des Ladens erblickte sie Farben und Formen, die sie ansprachen wie Bekannte. Dies war ihre Kunst. Immer erregter nahm sie ein Bild nach dem andern vor. Die Ladentür wurde geöffnet, geschlossen, Kunden gingen durch die Räume. Paula nahm sie wie durch Nebel wahr. Sie schaute. Sie dachte, es ist so, als spreche ich mit jemandem, der mich versteht. Wonach sie unbewusst in allen Museen und Ausstellungen bisher gesucht hatte, das fand sie an diesem Nachmittag bei Vollard. Es war ein Tag, den sie nicht vergessen würde. *Mir war es sonderbar, klar ausgesprochen zu sehen, was noch unklar und unentwickelt in mir ruhte.* Das hatte sie vor einem Jahr ins Tagebuch geschrieben, als sie Nietzsches *Zarathustra* las, dasselbe konnte sie jetzt vor den Bildern von Paul Cézanne sagen. Cézanne war ihr großer Bruder!

Frühjahr 1900. Es war die Zeit, in der sie glücklich durch die Stadt schlenderte. Sie sagte sich, ich werde etwas, ich werde arbeiten und warten.

Es war die Zeit, als sie einmal mit Clara auf den Steinstufen einer Kirche saß und die Matthäuspassion hörte. Sie hatte der Freundin gerade den Brief gezeigt, den Otto Modersohn aus Worpswede geschrieben hatte. Wie oft hatten die beiden jungen Frauen während des letzten Monats gehofft, die Worpsweder würden sich die große internationale Kunstausstellung anschauen. Das müssten die Worpsweder sehen und das und dies noch und jenes. Wir müssen Modersohn die Bedeutung dieser Ausstellung noch einmal klarmachen.

Den beiden, die sich freuten, weil so ein schöner Nachmittag vor ihnen lag, wurde anders zumute, als sie den Brief von Otto Modersohn noch einmal durchlasen, in dem er seine Reise absagte. Darin stand etwas Eigenartiges. Paula war am tiefsten erschrocken.

Ich befürchte die Beunruhigung und eventuelle Beeinflussung. Ich glaube, man muss darin etwas vorsichtig sein. Die Modernen sehen im Allgemeinen überhaupt zu viel. Hatte sie Otto Modersohn bisher falsch verstanden? Sie überlas die Zeilen von Neuem, immer wieder. *Das ist ja schließlich der Reiz unseres Lebens in der ländlichen Stille, dass nicht alle modernen Strömungen uns in ihre Bahnen ziehen. Nein, ich will hier bleiben, ich will immer innerlicher werden, und das, was mich bewegt, in meiner Weise sagen.* Innerlicher werden, gut, diese Aussage erleichterte Paula. Das war auch ihr Anliegen.

Aber dann kam Otto Modersohn doch nach Paris. Und es kamen Hermine und Fritz Overbeck. Sie standen in den Hallen. Paula war übermütig, in ihren Augen blitzte es, es drängte sie, all das zu zeigen, zu erklären, was Paris ihr bereits auf dieser Weltausstellung gegeben hatte. Mit weit ausholenden Handbewegungen verschaffte sie sich gleichsam Luft. Sehen Sie sich das an! Sie zog mit ihnen durch Paris, und Otto Modersohn begeisterte sich an ihrer Begeisterung. Verschlug ihnen Paris die Sprache?

Von ihrer Neuentdeckung im Kunstsalon Vollard, von Cézanne, erzählte Paula nichts.

Am 10. Juni waren die Worpsweder eingetroffen. Am 15. Juni fand Paula, als sie die Truppe wieder ins Hotel geleitete, ein Telegramm vor. Sie riss es auf. Sie wandte den Kopf zur Seite, als sie es Otto Modersohn reichte, an den das Telegramm gerichtet war. Helene, Ottos Frau, war tot: *Helene an Blutsturz plötzlich gestorben.*

Wenn Paula später, Jahre nach ihrer Heirat mit Modersohn diesen Moment erinnerte, konnte sie nicht glauben, dass ihr gemeinsames Leben in dem Augenblick begann. Es waren die Glocken zu Sylvester, die Paula vom Balkon der Bremer Wohnung als letztes in Deutschland gehört hatte. Sechs Monate danach war es ein Totenglöcklein, das sie in Worpswede empfing.

Paula machte keine Rundgänge mehr durch die Museen. Sie stürzte sich noch einmal mit blindem Eifer in ihre Arbeit. Sie schlief wenig. Fühlte sie sich tagsüber abgeschlagen, übersah sie das absichtlich, trank ihren Kaffee dagegen. Ein plötzliches Fieber beachtete sie genauso wenig wie Schmerzen in Kopf und Schulter. Albträume kehrten wieder in den wenigen Stunden, in denen sie in einen unruhigen Schlaf fiel. Sie kroch, nach Atem ringend, aus Sandgruben, es wurde schwarz um sie herum. Hochgeschleudert wurde sie, stand plötzlich auf einer Plattform von Notre-Dame, winkte von oben herab den Worpswedern, die zu ihr heraufschauten. Sie zeigte ihnen die Schlangenlinien der Seine, den Eiffelturm, während die grotesken Figuren der Wasserspeier näher und näher auf sie eindrangen. Schreien wollte sie, ihr Atem stockte, sie wurde in die Tiefe gestoßen.

War sie es denn gewesen mit ihren begeisternden Schilderungen von Paris, dass sich die Worpsweder auf den Weg gemacht hatten, dass Otto vom Krankenbett seiner Frau weg zur Weltausstellung fuhr? Seit die Worpsweder mit dem nächsten Zug nach Deutschland zurückgereist waren, fragte sie sich, was sie hätte anders machen sollen. *Das Leben, das Leben! Es kam ein Schnitter, der hieß Tod.*

Erschüttert, krank vor seelischer und körperlicher Erschöpfung kehrte Paula nach Bremen zurück. Den Parisaufenthalt hatte sie abrupt abgebrochen. Ihre Kisten, ihre Möbel hatte sie bei der Concièrge untergestellt.

13

Hals über Kopf war Paula nach Deutschland zurückgereist. Schwächezustände. Liegekuren. Die Mutter voller Angst, wies auf Hermine Overbeck, die ins Sanatorium musste, weil sie sich gewiss bei Helene Modersohn infiziert hatte. Paula durfte sich in Worpswede erholen in ihrem Atelierstübchen am Moor.

Visiten von Dr. Wulf, Besuche der besorgten Eltern, Besuche von Otto Modersohn. Der kam erst zweimal wöchentlich, dann dreimal, dann täglich. Der abendliche Gang zu Paula Becker war ihm zur Gewohnheit geworden. Vorleseabende. Gespräche, die sich selbstverständlich um Kunst drehten.

Allmählich fühlte sich Paula kräftiger, Besuche aus Bremen konnten eingeschränkt werden. Sie nahm wieder ihre Staffelei und ging malen. Weil ich am Pulsschlag der Kunst sein wollte, musste ich nach Paris, sagte sie sich und dachte an Cézanne. Was hatte sie gelernt? Sie hatte kein einziges Mal im Jardin du Luxembourg unter kundiger Anleitung ein Landschaftsbild gemalt.

Musste sie wieder ein schlechtes Gewissen haben, weil sie die Erwartungen von Eltern und Verwandten nicht erfüllte? Sie musste weiterkommen auf ihre Art.

Die Malerfreunde trafen sich. Sie saßen auf der Terrasse vorm Barkenhoff. »Wie viele Jahre sind Sie schon dabei?« fragte Ottilie Reyländer und schaute Modersohn an. »Warten Sie.« Modersohn stopfte seine Pfeife. »Elf Jahre bin ich nun in Worpswede.« »Sie haben mich falsch verstanden«, sagte Ottilie, »ich meinte doch, seit wie vielen Jahren Sie malen.« Modersohn zündete sich die Pfeife an. Das begann doch schon in Soest, als er noch ein Schuljunge war. Paula saß ihm schräg gegenüber. Alles geschah, wie sie es sich wünschte, sie erfuhr etwas über den Menschen Otto Modersohn. Über sein Leben wusste sie eigentlich wenig. Sie wusste, dass sie ihn zum ersten Mal als Künstler in seinen Bildern erkannt hatte, dass seine Kunst sie anrührte. Sie war ein bisschen verlegen geworden bei der direkten Art von Ottilie, die sich jetzt einen Stuhl heranzog, sich neben Modersohn setzte. »Und wann zogen Sie von Soest nach Münster?« Modersohn wurde von der Kleinen von oben bis unten ungeniert gemustert. Ottilie fragte weiter, und ihre Fragen waren so unbefangen und geschickt, dass der Maler antwortete. Erstaunlich, dass dieser ernste, verschlossene Mann so heiter sein konnte. Paula lächelte. Selten war ihr Otto Modersohn so gesprächig vorgekommen wie an diesem Nachmittag.

Als Otto neun Jahre alt war, siedelten die Modersohns nach Münster über, wo sein Vater als Bausachverständiger bei der Westfälischen Provinzial-Feuersozietät eine neue Anstellung bekam. Er war Bauunternehmer gewesen, hatte Häuser, Eisenbahnen und Bahnhöfe gebaut. Es war merkwürdig. Hier vor dem Barkenhoff saßen zwei Menschen, ein Mann und eine Frau, der Mann schon ein Meister seines Fachs, die Frau offensichtlich noch Schülerin, und beide wollten künstlerisch arbeiten, beide mit dem Anspruch, das Große einfach und stark in Form und Farbe darzustellen. Punkte in ihrer Lebensgeschichte berührten sich. Auch Paula musste in jungen Jahren ihren Geburtsort verlassen, auch ihr Vater erlernte einen technischen Beruf.

Und wer war im Februar geboren? Das Fragespiel machte Ottilie zweifelsohne großen Spaß. Paula hatte am achten des Monats, Otto am zweiundzwanzigsten Geburtstag. Aha, die empfindsame Wasserjungfer und der Fisch.

Paula hörte Modersohn erzählen von seiner Jugend in Münster. Wie sie Schlittschuh liefen im Winter, wenn am Rand der Stadt das Flüsschen Aa die Wiesen überschwemmte und bei starkem Frost große Eisflächen entstanden. Wie sie im Sommer außerhalb der Stadt auf der Werse, einem kleinen Fluss, zu zweit oder zu dritt mit schweren Kähnen übers Wasser ruderten. Aha, deshalb Ottos Geschick beim Rudern mit dem Torfkahn hier auf der Hamme. Die kleine Reyländer nickte verstehend. Und nun hörten sie noch, wie Otto mit seinem Bruder Ernst den schulfreien Nachmittag dienstags und donnerstags draußen vor der Stadt verbrachte, wie die beiden, wie es sich für Gymnasiasten des altehrwürdigen Paulinums schickte, mit Kragen, Krawatte, Hut und langen Hosen Käfer sammelten, Schmetterlinge, Wanzen, Fliegen, wie sie Feldgrillen fingen, diese zu Hause in Kästen hielten und ihr Verhalten beobachteten. Wenn man Otto Modersohns Atelier in Worpswede betrat, fielen einem sofort die ausgestopften Tiere ins Auge, Schwarzstorch, Bekassine, Birkhuhn, Brachvogel. Eine Insektensammlung gab es, mehrere Herbarien mit gepressten und getrockneten Pflanzen.

»Eine Spinne!«, rief Marie Bock plötzlich und sprang auf, rückte mit ihrem Stuhl zur Seite. »Sie mögen keine Spinnen? Spinnen sind doch nette Tierchen.« Modersohn hatte schon mit Spinnen experimentiert. Er erzählte das gern. Ein paar Wochen später wird Rilke, dem die Geschichte auch vorgetragen wurde, sie aufschreiben: »*Es ist so schwer, Tieren eine Freude zu machen*«, *begann Modersohn.* »*Bei Spinnen mach ich das so: Ich nehme einer laufenden Spinne den Eiersack weg, mit dem sie sich schleppt. Da beginnt sie, ganz erregt und immer erregter hin und her zu laufen. Leise lege ich ihr den Sack wieder in den Weg. Sie stutzt, hält, denkt: Da bin ich doch nie gewesen; dann aber, zitternd vor Freude, nimmt sie ihn auf, schultert ihn und läuft lächelnd davon.*«

Modersohn begleitete Paula zurück zum Brünjes Hof. Vor der Einfahrt blieb er stehen, wies auf die Wasserlache, in der ein Stein lag. Das Moos darauf, das gestern noch ganz hart und grau war, sah jetzt frisch aus nach dem Regen. »Was sehen Sie?« fragte er. »Moospflänzchen, die sich voll Wasser gesaugt haben«, antwortete Paula. Sie hatten oft darüber gesprochen, das Kleinste, das Unscheinbarste wahrnehmen zu wollen und Schönheit darin entdecken. Durch Anschauen tief in die Dinge eindringen, intim werden, nannten sie das. Sie stimmten in vielen Ansichten überein. »Haben Sie wieder eins Ihrer kleinen Bilder gemalt?« Paula liebte seine spontan aus dem Gedächtnis gezeichneten Skizzen. Modersohn nahm ihre Hand, er hätte Paula neulich gesehen, wie sie im Garten stand und einen Strauß gelber Ringelblumen hoch in die Luft hielt, ein Sinnbild der Lebensfreude.

Er drückte ihre Hand. »Liebes Fräulein Paula«, er schaute ihr direkt in die Augen. Zum ersten Mal machte sie seine Nähe beklommen. Der Maler war ihr in Paris ein guter Partner gewesen. Sie hatte wohl bemerkt, wie sie ihn mit ihrem Wissen, ihrem Charme beeindruckt hatte. Seit einigen Wochen aber fühlte sie sich verunsichert. Warum eigentlich? Auch gestern hatte er ihre Hand länger gehalten als sonst, und eben hatte er ihr sacht über die Wange gestrichen.

Otto Modersohn kam weiter jeden Abend in ihr Atelier, und ihr Herz schlug schneller, wenn sie an seinem Haus vorbei musste. Das Schwierige war, die eigenen Gefühle zu verstehen.

In jenen Tagen malte Paula wieder einmal den Moorkanal. Breit legte sie ihn ins Bild, ließ ihn die dunkelgrünen Ufer beiseite stemmen und den Himmel auch, so dass nur ein verschwindend schmaler Streif davon übrigblieb. Trotzdem war er mächtig vorhanden. Aquamarin, tief violett und mit einem Hauch von Rotgelb spiegelte er sich im Wasser. Wuchtig lagen darin drei Torfkähne, dunkel, nahmen das dunkelste Violett des Wassers auf, steigerten es ins Schwarze, wirkten wie verkohlte Baumstämme, die aus der Tiefe des Moores geborgen wurden wie urzeitliche Einbäume. Waren es Totenschiffe oder Opfergaben, die man einmal ins Moor versenkte? Düster lagerten sie im hellen Wasser.

Paula fragte sich an diesem Nachmittag im Moor, wovor sie sich fürchtete. Fürchtete sie sich vor der Liebe? Immer häufiger sah sie im Traum den Schnitter im blauen Blusenhemd, der alles abmähte. An diesem Tag brauchte sie nur die Augen zu schließen, dann kam er wieder. Sie fand sich zurück in ihrer Kindheit, rief, aber ich bin doch immer noch nicht fertig, ich muss doch noch malen lernen!

An diesem Abend, es war der 26. Juli 1900, schrieb sie in ihr Tagebuch: *Mir kamen heute beim Malen die Gedanken her und hin. Ich weiß, ich werde nicht sehr lange leben. Aber ist das denn traurig? Ist ein Fest schöner, weil es länger ist? Und mein Leben ist ein Fest, ein kurzes intensives Fest. Meine Sinneswahrnehmungen werden feiner, als ob ich in den wenigen Jahren, die mir geboten sein werden, alles, alles noch aufnehmen sollte. Und wenn nun die Liebe mir noch blüht vordem ich scheide und wenn ich drei gute Bilder gemalt habe, dann will ich gern scheiden mit Blumen in den Händen und im Haar.* Sie schaute lange in die Dunkelheit hinaus. Aber was willst du, Paula, wollte sie sich beruhigen, du hast doch noch so viel Zeit vor dir! Sie drängte das Bild vom Schnitter zurück.

Wieder ein Sommertag. Marie Bock war ins Atelier gekommen. Sie brachte Webarbeiten mit. Sie hatte eine Weißnäherin aus ihrem elterlichen Betrieb zur Weberin ausbilden lassen und wollte eine Handweberei gründen. Paula sollte Entwürfe zeichnen. Waren die beiden Wandbehänge nicht gut gelungen? Das *Mädchen mit Schafen* und das *Schneeballbäumchen auf blauem Grund*. Die Entwürfe hatte Paula gezeichnet. Ein Kunstgewerbe ausüben? Schon der Gedanke daran war ihr unerträglich, Paula wollte Malerin werden. Längst hätte sie eine Erzieherinnenstelle antreten sollen. Briefe aus Bremen mahnten. Denkt Paula nie daran, wovon sie in den nächsten Jahren leben will? *Aus Deinen Reden glaube ich entnehmen zu können, dass Du zum Herbst wieder nach Paris reisen möchtest*, schrieb der Vater, *doch sehe ich durchaus keine Möglichkeit dazu. Ich kann Dir natürlich nicht raten, Geld aufzunehmen, denn ich glaube nicht, dass Du in der Lage sein wirst, das Geld zurückzuzahlen, und Du wirst Dich lange mit einer Schuld schleppen, die Dich moralisch und physisch erdrücken wird.* Paula bündelte die Briefe und legte sie weg. Ihr Gesicht verzog sich. Sie war enttäuscht. Konnten die Eltern ihr nicht Mut machen, sie unterstützen? Paula brauchte doch moralische Rückendeckung bei dem, was sie tun musste, was sie als ihren Weg ansah, ihre Bestimmung.

Jetzt musste sie sich selbst Mut machen. Abends wanderte sie lange in ihrem Atelier umher, aufgeregt. Gleichermaßen wie die Sorgen um ihre Arbeit beunruhigte sie die Gegenwart des Mannes Modersohn. Manchmal wünschte sie ihn sich ganz nahe, manchmal erschrak sie davor. Da war etwas in ihr aufgebrochen, das sie für unmöglich gehalten hatte.

Ich habe in Paris so viel von ihm gehabt, schrieb sie auf, dann schloss sie das Tagebuch, blieb am Fenster stehen, dachte an das Weiche in Modersohns Augen, das sie verwirrte. »Liebes Fräulein Paula«, hatte er vorhin wieder beim Abschied gesagt, ihre Hände lange in den seinen gehalten. Lange konnte sie nicht einschlafen in dieser Nacht.

Am nächsten Morgen war Paula in Otto Modersohns Atelier gegangen. Sie setzte sich auf einen Hocker und sah zu, wie der Maler Farbe anrieb. Sie war zu erschöpft, um große Reden zu halten. Was arbeiten Sie jetzt? fragte sie für gewöhnlich und schob einen Riegel zwischen dem, was sie fühlte, und ihrer beider Spannung. Vielleicht wartete sie heute auf irgendetwas Besonderes. Sie wusste nur, dass in ihr eine große Unruhe entstanden war. Auch Modersohn schien nicht bei der Sache zu sein, er arbeitete nicht mit der gleichen Konzentration wie sonst, legte die Palette bald zur Seite. Als er aus dem Nebenraum zurückkam, hatte er bereits den Malkittel wieder ausgezogen. Jetzt rückte er eine Leinwand zur Seite. Schlimme Jahre lagen hinter ihm. Einmal abends, als er Paula besuchte, hatte er durchblicken lassen, dass er beinah schwermütig geworden wäre in der Zeit seiner Ehe. Dass ihn das Leiden seiner Frau so bedrückte, dass er allen Schwung verloren hatte, den er für seine Malerei brauchte. Lieber Otto Modersohn, ich mag Sie, dachte Paula. Warum schauen Sie heute wieder so traurig.

Gleich würde sie von hier fortgehen. Otto Modersohn drehte sich um, kam auf sie zu. Plötzlich streichelte er langsam ihren Kopf. Mit einem Mal war alles, was sie in diesen Wochen verwirrt und geängstigt hatte, vergessen. *Dann ist da noch der Modersohn*, hatte sie vor drei Jahren am 24. Juli 1897 ins Tagebuch geschrieben, *ich habe ihn nur einmal gesehen und da leider wenig gesehen und gar nicht gefühlt.* Dieser Mann hielt sie nun in seinen Armen.

14

Der August 1900 wurde ein Monat der stürmischen heimlichen Verliebtheit. Unauffällig mussten Paula und Otto Blickkontakt herstellen, Botschaften übermitteln. Wie zufällig mussten sie sich begegnen, so, als wäre alles wie immer. Otto war in Trauer.

Wenn der Ehemann stirbt, dauert die tiefe Trauer der Witwe ein Jahr. Es werden nur ganz schwarze Kleider getragen, nur unaufschiebbare Besuche gemacht. Sechs Monate gewöhnliche Trauer folgen, man kann zwar häufiger ausgehen, jedoch nicht zu Belustigungen. Wenn die Ehefrau stirbt, dauert die tiefe Trauer des Witwers nur sechs Monate. Ob er noch länger trauern soll, muss ihm sein eigenes Herz sagen. Das sind Lebens- und Anstandsfragen, liebe Paula, belehrte Tante Marie und trauerte auch äußerlich erkennbar mit schwarzer Witwenkleidung tief um Onkel Charles.

Erst im Oktober gestand Paula der Tante Marie: *Ja, ich sitze im Glück.* Und im Brief an ihren Onkel Arthur und ihre Tante Grete hieß es: *Eigentlich wohnt ja das Glück schon so lange bei mir, solange ich mich der Kunst widme.*

Alle Arbeit fällt leichter, wenn man sich gut fühlt, und Paula malte und zeichnete wie im Rausch. Es wunderte sie selbst, dass sie das Tempo durchhielt. Ende August hatte sie so viel gezeichnet, gemalt, so viele Bücher gelesen, dass Clara sie nur aus dem Atelier locken konnte, weil Paula versprochen hatte, eine Bauernhochzeit mitzufeiern. Paula hätte es nicht für möglich gehalten, dass sie so intensiv an jemanden denken konnte und dass sie gleichzeitig so viel schaffte.

Bauernhochzeit in Worpswede. Mitten in der Deele die lange Tafel aus Brettern und Wagenleitern, die Braut mit Brautkranz am oberen Ende, links neben ihr Geiger und Blasmusikanten, rechts ein paar Kühe im offenen Stall. Und dann, wenn Teller und Gläser abgeräumt, wenn mit dem Handrücken das Fett vom Kinn und der Bierschaum vom Mund geputzt war, die Tafelbretter zur Seite. Tanz op de Deel! Tanzen! Austoben, während die Kühe den Kopf an den Holzständern scheuern. Paula tanzte mit dem Brautvater, Runde um Runde. Erhitzte Gesichter. *Wir beede könnens fein.* Ja, nickte sie zu ihm hinauf.

Ich bin verliebt, dachte sie. Wir gehören zusammen, aber wir dürfen es niemandem zeigen. Wenn ich Unruhe empfinde, dann bei dem Gedanken, wie ich mich Otto gegenüber verhalten sollte, wenn er jetzt hier in die Diele träte. In diesem Moment schritt Otto Modersohn tatsächlich an der offenen Tür vorbei, ernst, geradeausblickend und mit dem Trauerflor am Ärmel.

»Morgen Nachmittag die Engelsköpfe!« schrie Clara der Freundin ins Ohr, als sie bei der Quadrille nebeneinander her hüpften. Paula müsste sich ihren Entwurf ansehen, und Paula, ausgelassen, übermütig, winkte lebhaft Zustimmung.

Dass am Ende dieses Nachmittags, an dem man Zeichnungen studierte, eine unglaubliche Tat stehen würde, welche die Worpsweder zu Paulas Lebzeiten in die Annalen aufnahmen, die Tagesgespräch wurde, ahnte in dem Moment niemand. *»Weest ok, weer dat don har?« »Nee.« »Fräulein Westhoff und Fräulein Becker!«* Weibsleute! Empörung in den Wirtsstuben. Warum dürfen Mädchen das nicht? Kinderfragen in der Schulstube.

Auf der Anklagebank Clara und Paula. Behauptungen. Wollten in der Kirche nur die Bögen an der Empore ansehen, wohin Claras Bilderschmuck käme, Engelsköpfen, Putten, Auftragsarbeit der Worpsweder Zionskirchengemeinde. Ein harmloser Vorgang, wäre die Kirchentür offen gewesen, aber die Tür zum Turm, die war nicht verschlossen. Zum Glockenstuhl hoch. Überlegungen stellten Clara und Paula nicht an. Warum nicht? Schulterzucken. Steil war die Treppe. Wohin der Übermut führte, wussten die beiden nicht. Es musste fantastisch sein, die Glockenstränge zu schwingen, die vor ihnen herabhingen. Diesen Schwung auskosten, Clara flog in die Luft mit der großen Glocke, dann Paula mit der kleinen. Aber die Wirkung hatten sie nicht vorausgesehen. Wie die Feuerwehrleute, alarmiert, den Feuerwehrwagen aus dem Spritzenhaus zogen, die Pferde einspannten, wie das ganze Dorf unterm Klang der Notglocke zusammenlief, um zu hören, wo's brannte. Wehe den beiden, die man nach ihrer Flucht stellte! Sakrileg! schleuderte ihnen der Pastor an den Kopf. Eines Tages würden die Frauen auch noch die Orgel in der Kirche spielen wollen! In der Kirche hat der Mann das Sagen! Wehe, wenn sie nicht große Reue zeigten vor den gestrengen Herren des Presbyteriums! Wirklich große Reue zeigten die beiden, gelobten tätige Buße. Über den Geldbetrag, den sie zahlten, schwiegen sie sich aus. Clara modellierte die acht gleichen Puttenköpfe aus Gips unentgeltlich für die Emporebögen, und Paula malte Blumen darunter. Um einen der Bögen gelbe Tulpen, um einen anderen weiße Seerosen. Am auffälligsten wirkten die Sonnenblumen über dem linken Seiteneingang. Dass Paulas Blumenschmuck 1936 als entartete Kunst übertüncht und erst 1986 wieder freigelegt wurde, konnte niemand ahnen.

Mit ihrem Glockenläuten brachten sie keinen der Maler zum Lachen. Mit ihrem *Scheer di um nix* kam Paula bei Modersohn nicht an. Weitermalen, mein lieber *Rother*, so nannte sie ihren Otto. Weiter, immer weiterwollen, und den Zwischenfall vergessen. *Wir wollen diese Woche beide arbeiten*, teilte sie ihrem Liebsten mit, *wir haben uns ja die Hände gereicht, um mit vereinten Kräften feiner zu werden, denn wir sind ja noch lange nicht auf unserem Höhepunkt, ich noch lange nicht und Du auch noch nicht.* Wenn es um Kunst ging, dann hatte Paula keine Hemmungen, selbst ihren Geliebten zu kritisieren. Sie hatte sich sein neuestes Bild angesehen. Otto stutzte. Tatsächlich, Paula hatte recht. Er musste das und das ändern. Diese Deern!

15

In diesem Sommer 1900, als Elsbeth, Modersohns kleine Tochter, gerade die ersten unbeholfenen Schritte tat, kam Rainer Maria Rilke nach Worpswede. Den Eindruck, den die Landschaft auf ihn machte, beschrieb er später so: *Wenn man auf dem kleinen Sandberg von Worpswede steht, kann man das Land ringsum ausgebreitet sehen, ähnlich jenen Bauerntüchern, die auf dunklem Grund Ecken tief leuchtender Blumen zeigen. Flach liegt es da, fast ohne Falte, und die Wege und Wasserläufe führen weit in den Horizont hinein.*

In diesem Sommer, eine Woche nach dem Glockenläuten, gab Martin Brünjes seiner Mieterin Fräulein Becker einen Brief, den Tante Henny, die Haushälterin vom Barkenhoff, hereingereicht hatte. Rainer Maria Rilke lud zu einem Festabend ein in den Weißen Saal.

Bei Heinrich Vogeler war also wieder Besuch. Paula hatte erst kürzlich in Vogelers Werkraum Kupferplatten mit einem Ätzgrund aus Wachs, Harz und Ruß versehen, um da hinein ihre Zeichnungen zu ritzen. Ihre Malschürzen trugen jetzt noch Flecke und Löcher der Salpetersäure, mit der das Bild tiefer in die Platte geätzt wurde. »Wenn Sie erst die Technik des Radierens beherrschen, können Sie Plakate und Buchillustrationen entwerfen«, sagte Vogeler. »Zeigen Sie mal her.« Die Entwürfe *Sitzende Alte* und *Bäuerin* waren ganz ordentlich, aber ob man die einem Verlag als Buchschmuck anbieten konnte? Paula hatte gern diese Bilder entworfen. Trotzdem malte sie lieber in ihrer Öltemperatechnik.

Paula glaubte Martin Brünjes nicht, der Vogelers neuen Gast schon gesehen hatte. Sie war sicher, dass es die übliche Übertreibung der Dörfler war: In der Wirtsstube bei Kuck im Moor hatten sie gesessen, und denn dieser Mensch in der Tür, grüner Kittel, Tatarenstiefel, großes Kreuz um den Hals. Qualm wegwedeln, husten und denn zum Tisch zu den Malersleuten hin. Geredet hat er rein gar nichts. Schmächtiges Kerlchen, ein unglücklicher Mensch. Soll geradewegs aus Russland kommen.

Alle Maler schienen in dieser Septemberwoche 1900 Besuch zu haben. Bei Modersohn hatte Brünjes auch einen gesehen. Unter diesen Umständen käme der Herr Modersohn heute Abend wohl nicht? Martin Brünjes forschte in ihrem Gesicht. Waren Otto und sie bereits Anlass für den nächsten Dorfklatsch? Man musste vorsichtig sein. Den Bauersleuten Brünjes, den alten wie den jungen, konnte sie vertrauen, die ließen nichts über ihr Fräulein verlauten. Auf jeden Fall war ihre Schwester Milly noch ahnungslos, die von Bremen hergeschickt wurde, um mit Paula wegen des Glockenläutens zu reden. Paulas Gefühle waren zwiespältig, einerseits wollte sie nichts ausplaudern, andererseits hätte sie die Schwester gern in ihr Geheimnis eingeweiht.

Zum festlichen Abend wurde eingeladen. Das bedeutete, die weißen Musselinkleider anziehen. Paula nahm den Korallengürtel dazu, Milly das schwarze Samtband. Die Schwestern kämmten sich, blickten in den Spiegel, fanden, dass ihre Augen ähnlich waren. Die Zeit war knapp, trotzdem suchten sie in aller Ruhe nach passenden Schmuckstücken. Es machte ihnen Spaß, Ketten auszuprobieren, Broschen, sie genossen das, weil es zur Vorfreude auf einen festlichen Abend gehörte.

Wenn Paula von Brünjes Hof oben auf die Landstraße trat, sah sie rechter Hand schon bald das rote Dach des Barkenhoffs unter den überragenden Kastanienbäumen, aber erst, wenn sie bis zur Mitte des Birkenwäldchens gekommen war, das den Besitz Heinrich Vogelers zur Straße abschirmte, sprang ihr der weiße Giebel ins Auge. »Ich habe gesehen, Milly, wie Vogeler die Giebelform in Originalgröße in den Sand zeichnete und die Zimmerleute sie auf dem Boden aus Holz nachbauten. Ich habe miterlebt, wie die Handwerker das Gerüst hochhievten und den Giebel ausmauerten.«

Jetzt war dieser Teil des Hauses längst fertig, und der Giebel schwang zu beiden Seiten in großen Bögen aus, und diese Bögen bildeten an ihren Enden Halterungen für eine Urne. Die Terrassenmauer rechts und links an der Treppe entlang, die in den Garten hineinführte, hatte Vogeler im selben Schwung auslaufen lassen. »*Wusst du düse Barken hebbn?*« hatte ein Bauer Heinrich Vogeler gefragt und ihm junge Birkenbäumchen zum Pflanzen angeboten. Sie gaben dem Anwesen Vogelers den Namen Birkenhof, *Barkenhoff*.

Paula war immer wieder überwältigt von Heinrich Vogelers Arbeitsprogramm. Baupläne zeichnete er für das eigene Haus, für das seiner Freunde und Auftraggeber, Entwürfe für Einfamilienhäuser, Arbeitersiedlungen. Jetzt trug er sich mit Plänen für einen Verschönerungsverein von Worpswede. Einen Partner hatte er schon gefunden, den Maler Karl Krummacher. Eine Post sollte gebaut, ein Verein zur Pflege des Brauchtums gegründet werden. Vogeler versuchte, überall zu verbessern, zu verschönen. Er entwarf Tafelsilber, Wandspiegel, Garderobengarnituren, Gläser, Glasfenster. Im Allgemeinen sei Heinrich Vogeler ein Glückspilz, sagte Paula, manchmal nenne sie ihn »Sonnyboy«.

Paula und Milly betraten die Diele, Heinrich Vogeler hatte geöffnet, ging die Treppe voran nach oben in den Weißen Saal. Der Raum lag in grünlichem Dämmerlicht, ein Fenster stand offen, warme Sommerluft strömte herein. Wie Vogeler seine Bücher illustrierte, hatte er auch diesen Raum mit Bildern dekoriert. Rosenranken fielen zu beiden Seiten der weißen Türen hinab, eine stilisierte Vase war oben über die Tür gemalt. Gartenszenen verzierten die Wände. Das Kostbare, Elegante unterstrichen die zwölf silbernen Leuchter, die Empirestühle und der

Flügel, an dem heute Abend musiziert werden sollte. Für jemanden, der Vogelers Kunst liebte, war der Saal eine Augenweide.

Heinrich Vogeler war ein geselliger Typ. Er hatte gern neue Gesichter um sich, Menschen mit neuen Anregungen. Das Haus ist geräumig, schrieb er an Freunde und Bekannte. Die Gastzimmer sind abseits gelegen. Wir werden gut miteinander leben können und doch so, als wäre jeder in seiner eigenen Welt. Hatte er Logierbesuch, so konnte er tagelang verschwinden, überließ dem Gast das Haus, ließ ihn Hausherrn spielen, Feste arrangieren.

Ich freue mich sehr, dass Sie gekommen sind! Die beiden, Paula und Milly, schauten sich um. Viele Gäste waren da. Marie Bock, Clara Westhoff, Martha Schröder, ihr Bruder Martin mit seiner Geige, Otto Modersohn, Franz Vogeler. Der Herr in hellem englischen, etwas verblichenen Mantel, den er in der Eile noch nicht abgelegt hatte, war Carl Hauptmann, Dichter und Modersohns Freund. Wegen des Gedränges, das sich sofort um ihn bildete, konnte Paula zuerst nur sein scharfes Profil erkennen. Mit seinem Bruder Gerhart, den sie in Berlin gesehen hatte, schien er nicht viel Ähnlichkeit zu haben.

Verstohlen hatte sie Martha Schröder betrachtet, Vogeler war immer in ihrer Nähe, er litt, wenn sie sich von ihm auch nur ein paar Schritt entfernte. Sie war in dieses dekorative Paradies hineingelockt worden als besonderes Dekorstück. Wie man hörte, hatte Vogeler tatsächlich an ihr seine Idee ausprobiert, ein unverbildetes Mädchen zur zukünftigen Ehefrau heranzuziehen. Er schickte die junge Halbwaise Martha nach Dresden zu einer befreundeten und begüterten Dame, ließ das Mädchen in ihrem Hause ausbilden nach einem Programm, das er ausgearbeitet hatte. Französisch musste Martha lernen und Italienisch, klassische Musik hören. Sie lernte weben und sticken und stickte die schönsten Muster, die Vogeler für sie entwarf.

In diesem Moment ging der Hausherr auf einen jungen Mann zu, der ganz hinten im Saal am Fenster im Dämmerlicht stand. Er kam langsam hinter Vogeler her auf die Gruppe zu. Der Mann wirkte schüchtern, hatte eine auffallend hohe Stirn, ein weiches, abwesendes Gesicht. Das war Paulas erster Eindruck. Sie fragte sich, passt dieser Mann hierher? Er wirkte fremd in seinem roten Gewand, seinen roten Schuhen. Er wird noch eine wichtige Rolle in ihrem Leben spielen.

Unser berühmter Gast, der Dichter Rainer Maria Rilke. Wir freuen uns alle, und heute lädt er ein. Rilke verbeugte sich leicht, zündete die Kerzen an in den hohen Silberleuchtern.

Soeben hatte Tante Henny, Vogelers guter Hausgeist, Biskuits mit Schokolade gebracht, Mandelknappgebäck und ihren berühmten Norderneyer Butterkuchen. Ehe sie wieder nach unten verschwand, warf sie einen scheuen Blick auf Rilke, den seltsamen Gast, der ihr Angst einflößte, der sie am Treppengeländer horchen machte, wenn er oben in der Stube umherwanderte und Verse deklamierte. *Er betet schon wieder*, flüsterte sie dann, *er betet den ganzen Tag!* Paula aß ihre Biskuits, trank ihren Tee, setzte Teller und Tasse wieder auf die Kredenz. Sie hatte sich vorgestellt, wie sie neben Otto sitzen konnte. Dieser Rilke aber hatte die Sitzordnung so bestimmt, dass ihr Platz zwischen Carl Hauptmann und Vogeler war, Otto gegenüber. Sie schaute interessiert zu, wie Rilke fast ohne Worte mit sanften Bewegungen seiner feingliedrigen Hände die Gäste dirigierte. »Wie schön, dass Sie alle gekommen sind«, bedankte er sich, und seine Stimme klang voll und wohltönend, so wie man es gar nicht vermutete.

Stimmt es, dass er gerade aus Russland zurück ist? Ja, und er wird uns von seinen Reiseeindrücken berichten, wird Ikonen zeigen und Texte von Tolstoi lesen, den er dort besucht hat. Morgen wird Clara schreiben: *Mich beunruhigen die mystischen Gefühle der slawischen Menschen.* In sechs Monaten wird Rilke ihr Ehemann sein. Clara trug heute ganz Empire, ein weißes Kleid, das unter der Brust hochgebunden war und vorn in losen Falten herunterfiel. Ihre schwarzen Locken hatte sie so gekämmt, dass die sich an den Schläfen ringelten. Rilke bot ihr den Ehrenplatz an, den großen Ledersessel neben dem Flügel.

Nun reichte Vogeler einen kleinen Band Lyrik herum, der im vergangenen Jahr herausgekommen war und *Mir zur Feier* hieß. Er hatte die Buchgestaltung übernommen, die Gedichte stammten von Rilke, Rainer Maria Rilke aus Prag. Vogeler hatte ihn 1899 in Florenz kennengelernt.

Paula überließ sich ihren Träumen. Sie schloss die Augen. Den ganzen Tag, als sie malte und dann mit Milly spazieren ging, hatte sie große Lust gespürt, Otto zu besuchen. Wenn es überhaupt möglich war, ihm einmal kurz über die Hand zu streichen, so unter dem Vorwand, Rilkes Buch noch einmal betrachten zu dürfen, jetzt, da es bei Otto angelangt war. »Darf ich das Buch noch einmal sehen?«

Hatte die Frage Rilke auf Paula aufmerksam gemacht? Sie schrieb es der Freude zu, dass jemand besonderes Interesse an seinem Werk zeigte, denn er schaute von da ab unentwegt zu ihr herüber. Paula aber, die nichts so sehr liebte wie den Gesang ihrer Schwester, wenn sie Schubert vortrug, begann, ihre Gedanken, ihre Augen auf Otto zu richten. Ihre Wangen glühten, ihre Augen leuchteten. Sie hatte gestern ein gutes Bild gemalt und saß heute in schönem Kleid und in schöner Umgebung unter netten Menschen. Sie saß da wie jemand, der Glück verstrahlen will und selbst wie durch Wattewände hört.

Milly rüttelte sie sacht an der Schulter. Jetzt wurde Paula sich bewusst, wie merkwürdig sie sich verhielt und war ganz aufmerksam. Auf einmal erhoben sich alle und wandelten mit Teetassen in den Händen durch den Saal. Als man sich endlich wieder setzen wollte, kam Rilke zurück. Paula traute ihren Augen kaum. Er hatte sich inzwischen umgezogen. Er trug jetzt ein anderes russisches Hemd und seine *kasanschen Stiefel*, wie er sie nannte. Er lehnte sich an den Flügel und sprach ein paar Verse in der Sprache seines verehrten Tolstoi. Ah, russische Verse, den Klang hatten Paula und Milly gut im Ohr. Ihren Vater hatten sie russische Verse deklamieren hören, und Tolstoi war ein Dichter, den Paula bewunderte.

»Aber die Liebe!« ertönte plötzlich Carl Hauptmanns Stimme laut und herausfordernd. Jetzt wollen wir Gedichte von Richard Dehmel hören, *Schöne wilde Welt*! Und ob Vogeler Wein im Keller hätte?

Rilke war unterbrochen worden. Zitternd erhob er sich, ging nach unten. Sie fanden ihn schließlich in der Diele, ein Glas Wasser in der Hand, die Gedichte, die er noch vortragen wollte, lagen auf der Truhe. Weinseligkeit, wie er die hasste! Das war ja entsetzlich. Er ließ sich in einen Sessel fallen. Paula schämte sich wegen des Auftritts von Hauptmann. Sie ging besorgt auf Rilke zu. Nein, nein, abwehrende Gesten, sagen sollte sie bitte nichts. Oder doch? Das sollte man eigentlich auch gar nicht gehört haben. Paulas Spruch. Man musste weitermachen, weiterwollen, wenn's um die Lebensarbeit ging. Der Dichter erhob sich mit einem Seufzer der Erleichterung und folgte Paula auf dem Weg nach oben. Es wurde dann einer dieser Abende, um den die nicht zu diesem Kreis gehörenden Maler den Barkenhoff beneideten. Paula hörte Gedichte, diskutierte, als hätte sie nichts anderes in den letzten Jahren getan. Sie war übermütig, sie hätte aufstehen können und vor der kleinen Gesellschaft tanzen. Wie selbstverständlich nahm sie die Verse an, die Rilke schrieb:

Die roten Rosen waren nie so rot
als an dem Abend, der umregnet war.

Ich dachte lange an dein sanftes Haar...
Die roten Rosen waren nie so rot.

Ein wunderschöner Abend, wird sie in ein paar Monaten in Berlin sagen, wenn sie und Clara bei Rilke zu Gast sind, wenn sie die Stunden im Weißen Saal heraufbeschwören. Das wäre doch was! Die drei jungen Menschen machten sich den Spaß und luden Vogeler und die anderen zu Paulas Geburtstagsfeier am 8. Februar in Rilkes Wohnung nach Berlin ein, fabrizierten dazu das Gedicht:

Mir ist: es wanderte der Weiße Saal und als müsste er auch einmal in meinem roten Zimmer sein. Wir sprachen und dachten: vielleicht am achten, wenn sich alle entschließen, in Winterwinden zu dem Stück Worpswede zu kommen, das Berlin in die Hand genommen. – Rainer Maria, Clara Westhoff, Paula Becker.

Wir müssen uns verabschieden, sagten Paula und Milly jetzt in der Diele des Barkenhoffs, und Paula lächelte Rilke zu, irgendwie war er rührend. Morgen früh musste Milly zeitig aufstehen, die Postkutsche nach Bremen fuhr um 5 Uhr ab.

16

Ja, es ist ein seltsames Land, schrieb Rilke in seinem Buch über Worpswede, *jetzt schon fühle ich, wie mit jedem Tag die Einsamkeit wächst, wie dieses Land von Farben und Schatten verlassen ist und immer größer wird, immer breiter und immer mehr Hintergrund für bewegte Bäume und Sturm.* Septemberabend, Rainer Maria Rilke war wieder bei Paula zum Tee.

Er war ein guter Erzähler und äußerst empfänglich für kultivierte Lebensführung. Als sie ihm neulich die Tür öffnete und er zum ersten Mal ihr Atelier bei Brünjes betrat, war er gleich auf den Wandbehang zugegangen mit den eingewebten Lilien. Sofort zeigte er seine Begeisterung über den schön eingerichteten Raum, fand gleich einen Namen, Lilienatelier. Er äußerte sich erstaunt über die zahlreichen und ausgewählten Bücher auf den Regalen. Irgendetwas lenkte seinen Blick auf die Dantemaske an der Wand. Es schien, als habe er auf eine Gelegenheit gewartet, seine vielen Sprachkenntnisse zu zeigen. Dantes Verse vom Höllentor hätte er neulich ins Deutsche übertragen.

Dann zitierte er aus den Werken, die er im Regal fand, Walther von der Vogelweide, Gottfried Keller, Friedrich Nietzsche, und stellte fest, dass er und Paula in vielem übereinstimmten. Dieses Lilienatelier sei so recht ein Ort, um sich wohl zu fühlen, meinte er, denn hier fände er sogar seinen Lieblingsdichter Jens Peter Jacobsen. Dessen Buch *Niels Lynhe* war auch hier sehr zerlesen, Rilke zitierte den dänischen Dichter: *Es wächst unser Wesen mit unserm Wissen. Wird darin geklärt und gesammelt. Es ist ebenso schön zu lernen wie zu leben.*

Schließlich hatte Rilke eigene Verse zitiert, eigene Gedanken formuliert. Rilke sprach am liebsten von sich selbst. *Vielleicht ist das alle Gemeinsamkeit, in Begegnungen zu wachsen.* Und Paula dachte daran, wie sehr sie sich gegenseitig fördern würden, sie und Otto Modersohn. »Wissen Sie, woran ich jetzt denken muss«, sagte Rilke und rückte spielerisch den Strauß mit den Eriken zurecht, »ich denke an getrocknete Blätter und ausgestopfte Tiere!« »Was?« rief Paula. Sollte das heißen, dass Rilke in Modersohns Atelier gewesen war? Ja, heute Nachmittag hätte er ihn besucht und gesehen, wie genau Modersohn die Natur studierte, um sie malen zu können. Blätter hatte er getrocknet, um an ihnen die verschiedenen Tonwerte der Farben zu untersuchen. Am besten hatten Rilke Zeichnungen in Rötel und Kreide gefallen, mit denen Modersohn eine Diele in der Dämmerung skizzierte, einen

Abend auf dem Moor. Paula lachte. Sie kannte diese Zeichnungen. Es waren ihre Lieblingsbilder. »Erzählen Sie weiter«, bat sie Rilke, aber dessen Gedanken waren so intensiv mit den Stimmungen des Worpsweder Abendhimmels beschäftigt, dass er von nichts anderem mehr sprechen wollte.

Es waren schöne Wochen damals. Keine Erinnerungen an die Kämpfe zu Hause. Stattdessen Spaziergänge in der Heide mit Clara und Rilke. Drei junge, fast gleichaltrige Menschen im Gespräch über Kunst.

Die Farbskizze ganz genau so machen, wie man einst etwas in der Natur empfunden hat, sagte Paula. Erst das Wesen der Dinge empfinden, ehe man sie darstellt. Aber ein schwerer Weg war das, um den Dingen auf die Spur zu kommen, ein ständiges Ringen, und nie wurde man fertig.

»Ringen«, wiederholte Rilke, »sich dem Bild annähern, Ringe ziehen um die eigene Person, damit man sich selbst auf die Spur kommt. Eines Tages werde ich Ihnen ein Gedicht dazu schreiben.« *Ich lebe mein Leben in wachsenden Ringen.*

Rilke erhielt hier wichtige Anregungen für seine Arbeit, Clara begeisterte ihn für Rodin, Paula für Cézanne. Es war eine Zeit, die Paula nicht missen wollte, die Bewunderung nicht, die ihr der junge Rilke entgegenbrachte und die Liebe Otto Modersohns nicht, der sie sich sicher war. War es die schönste Zeit ihres Lebens?

Ich muss wissen, wie viele aus dem lieben Worpswede kommen, telegrafierte Carl Hauptmann aus Hamburg in jenem September 1900 an Otto Modersohn. *Ich vergaß ganz Rilke. Der ist doch auch noch da! Der muss mit. Und bitte, bitte, vermitteln Sie in Güte meine herzliche Einladung an die Familie Overbeck und an die Damen Becker, Westhoff. Auf welchem Platz sitzen Sie am liebsten? Ich möchte es so gern von allen (auch Mackensen, Vogeler) genau vorher wissen, dass es dann auch mit den Billets stimmt. Auf frohes*

Wiedersehen, denn erst wenn Sie da sind, ist mir froh – einstweilen ist mir elend. Ich habe die Proben gesehen.

Hauptmann lud ein zur Aufführung seines Stückes *Ephraims Breite* im Altonaer Stadttheater.

Modersohn und Vogeler waren gut gelaunt. Gespräche und Scherze auf der Fahrt mit der Postkutsche von Worpswede nach Bremen. Paula mit neuem Pariser Hut saß Rilke gegenüber. Später schrieb er ins Tagebuch: *In ihren frohen braunen Augen sah ich viel von dem bewegten wandernden Land, ich sah darin alles, was sie für dieses Land fühlte, was sie mit diesem Land verband. Gerade bei der blonden Malerin empfinde ich wieder, wie ihre Augen, deren dunkler Kern so glatt und hart war, sich entfalten. Ich möchte sie mit gefüllten Rosen vergleichen, die im Aufgehen weich und warm werden.* Die Fahrt zum Hauptbahnhof in Bremen, wo die Worpsweder in den Zug nach Hamburg umsteigen mussten, dauerte nicht lang.

Im Altonaer Stadttheater hatten Rilke und Paula weit voneinander getrennte Plätze, aber sie informierten sich mit Handzeichen über ihre Meinung. Das Schauspiel, in welchem Breite, die Tochter des Bauern Ephraim, die Eltern wegen der Liebe zum Großknecht verlässt, war unbedeutend und wegen des schlesischen Dialekts schwer verständlich. Es war die Tragik Carl Hauptmanns, dass er mit seinem Schauspiel nicht das Niveau seines Bruders Gerhart erreichen konnte. »Ein Dramatiker wie Gerhart ist der Carl nicht«, flüsterte Paula Rilke zu, als sie hinausgingen.

Tag für Tag, wenn's dämmerte, kam Rilke in Paulas Atelier. Seine Tagebucheintragung: *Dann war ich im Lilienatelier bei der blonden Malerin. Tee erwartete mich. Es wurde wundersam Abend. Die Uhr schlug eine viel zu große Stunde und ging ganz laut zwischen unseren Gesprächen umher. Ihr Haar war von florentinischem*

Golde. Ihre Stimme hatte Falten wie Seide. Ich sah sie nie so zart und schlank in ihrer weißen Mädchenhaftigkeit.

Paulas Erinnerungen: Rilke, der barfuß aus der Heide kam, der vom gesunden vegetarischen Leben erzählte, der am liebsten Milch trank, Obst aß wie seine Freundin Lou Andreas-Salomé. Rilke, mit dem man über den Tod sprechen konnte und vom Sterbenkönnen. Der Paula und Clara als Schwestern betrachtete, die blonde und die dunkle, und ins Tagebuch schrieb, das er Paula zu lesen gab: *Wieviel lerne ich im Schauen dieser beiden Mädchen. Weil sie die Empfangendsten sind, kann ich der Gebendste sein. Langsam lege ich Wort für Wort auf die silberne, zarte Wage ihrer Seelen. Und immer strebe ich, mit meinen wechselnden Worten ihre Seelen leise zu wiegen.* Rilke, der Paula *gütig* nannte, als er miterlebte, wie sie Ottilie Reyländer half, die nach Paris wollte. Rilkes Überlegungen, wie man am besten ein Bauernhaus kaufen könnte, er wollte für immer in Worpswede bleiben.

So ein Haus mitten im Moor, ohne Nachbarschaft, abgesehen von einigen fremden Bauernhöfen, an keiner Straße gelegen und von keinem Menschen gefunden, eine gute Zuflucht, ein Ort, mit dem man in Zukunft und Erinnerung ruhig und voll Gleichgewicht leben kann.

In jenen Septembertagen lag viel in der Luft. Heimlichkeiten, Geheimverstecke. Paula freute sich wie ein Kind, als ihr die Idee kam, ihre Liebesbriefe an Otto Modersohn unter einem Stein in der Lehmkuhle abzulegen, eine kleine Privatpoststelle einzurichten. Paula war sich ziemlich sicher, dass sie alles tat, Ottos Beziehung zu ihr nicht öffentlich werden zu lassen.

Meist begegneten sie sich abends in der Gesellschaft der andern. Die wenigen Minuten, wenn sie dann unbefangen miteinander reden konnten, dienten dazu, einen neuen Brief anzukündigen. »Ja«, sagte sie, »wie immer.« Paula fiel so manches ein, was sie ihm mitteilen musste.

Wir wollen diese Woche beide malen. Dann komme ich am Sonnabend früh zu Dir. Leb wohl Lieber. Denke was Schönes und fühle was Schönes. Lieber? schlaf auch immer recht schön und viel und iss kräftig. Nicht? Du!

Sie hatte inzwischen manch unruhige Nacht verbracht, wenn diese neuartigen Gefühle sie nicht schlafen ließen. Und weil Otto ihre erste Liebe war, war sie noch ziemlich befangen und schrieb: *Sieh, wir müssen erst ganz, ganz tief in uns gegenseitig hineinschauen, ehe wir uns die letzten Dinge geben sollen oder das Verlangen nach ihnen erwecken.*

Ein andermal hatte sie einen Briefbogen mit Geigen bemalt, die unterm Himmel hingen und geschrieben: *Sei still geküsst und lass Dir den geliebten Kopf leise streicheln. Ich bin Dein, Du bist mein, des sollst Du gewiss sein. Auf Wiedersehn. Dein Ich*! Einmal abends war sie Otto Modersohn an ihrem Versteck begegnet, als er seinen Brief ablegen wollte. Ihre Umarmung war kurz. »*Scheer di um nix!*« sagte Paula. Sie hatte gut reden. Otto lebte im Trauerjahr.

Zum 12. September lud Vogeler zu einer Bootspartie ein.

17

»Rilke wäre heute wirklich nicht am Platz gewesen«, sagte Carl Hauptmann zu Mackensen, denn eben hatte die Kapelle wildeste Musik gespielt, Schweiß lief den Musikern vom Gesicht, und die erhitzten Tänzer tranken seit der letzten Runde schon das dritte Glas. Natürlich musste auch noch Schottisch-Quadrille getanzt werden, wozu alle im Saal aufgefordert wurden. *Ich rieche das Bier und atme den Rauch und versteine.* Rilkes Worte. Man konnte ihn schlecht zum Erntefest in Worpswede einladen.

Der Geiger und die drei Trompeter saßen auf einem hölzernen Podest. Unten davor, zur Begutachtung aufgebaut, Feld- und Gartenfrüchte: Kürbisse, Äpfel, Kohlköpfe, Kartoffeln in Kisten. Auf den prämierten Früchten die Schilder mit den Namen der Gewinner. Eine Erntekrone schwankte vom Zeltdach in den Saal hinein. Bauerntöchter hatten sie gestern Nachmittag aus Getreide kunstvoll gebunden. Roggengarben, Birkenlaub, Eichenlaub und Kiefernzapfen schmückten die Zeltwände.

Dürfte sie vielleicht das Erntefest in Worpswede mitfeiern? hatte Herma die Eltern gefragt, als sie eine gute Note in Französisch nach Haus brachte und sich etwas wünschen durfte. Und nun kam sie gerade ganz außer Atem an den Tisch zurück. Die Leidenschaft fürs Tanzen war etwas, das im Leben der Bültzingslöwschen Frauen und Mädchen immer gleich geblieben war. Paula schloss für einen Moment die Augen, sah sich, die Mutter, Herma und Maidli zum Flötenspiel von Milly den neuen Ausdruckstanz von Isadora Duncan üben. Sie wusste, dass auch Otto Flöte spielen konnte. Würde er ihnen einmal zum Tanz aufspielen?

»Wir warten noch die Schottisch-Quadrille ab, dann verschwinden wir«, sagte Paula.

Bei diesem Tanz nahmen die beiden Heinrich Vogeler in die Mitte, ihnen gegenüber in der zweiten Reihe wurde Clara von Carl Hauptmann und Fritz Mackensen eingehakt. Die beiden Reihen schritten aufeinander zu, und die Dreiergruppen formierten sich neu, während die Paare miteinander tanzten.

»Und wie geht so ein Fest weiter?« fragte Herma auf dem Heimweg. »Ich weiß nicht, worauf du hinauswillst«, erwiderte Paula, »man trinkt und tanzt und tanzt und trinkt.« Paula schaute zurück. Rötliche Gesichter in der offenen Zelttür vor nachtblauem Himmel, jemand mit einer Laterne auf dem Weg, für einen Augenblick im Lichtkegel das wirre blonde Haar der üppigen Frau Meyer aus dem Rusch, der junge Bursche aus dem Nachbardorf daneben, der sich erhob. Ach, sie möchte so gerne erwachsen sein, seufzte Herma plötzlich, es wäre so langweilig, darauf zu warten. Nur keine Stufen überspringen! mahnte die große Schwester. Das wäre überhaupt gar nicht nötig im Leben. Einer, der einen weiten Weg vor sich hätte, liefe nicht. Und an Sachen sollte Herma denken, die für ihre Jahre passten.

Am Nachmittag hatte Herma für Paula Modell gestanden, Herma war ein schönes Mädchen mit ihrem Blumenkranz im Haar. Paula freute sich sehr an dem Gesicht der Schwester. Sie meinte, das Kindliche darin und zugleich den leisen Anflug von Erwachsenwerden mit ihrem Pinsel erfasst zu haben.

18

Heinrich Vogeler sah, wie Modersohns Blicke zu Paula hinübergingen, als sich die Freunde aufmachten zu ihrer Bootspartie, und er sah auch, wie beide sich bemühten, dies zu verheimlichen. Paula und Clara eilten voraus, die drei Männer marschierten hinter ihnen her. Modersohn amüsierte sich wieder über die Art, wie Paula auf dem Weg schritt. Sie hatte einen besonderen Gang. Zuerst setzte sie die Zehenspitzen auf. *Mein Waller* nannte er sie.

Sie standen am Ufer. Vogeler legte Flaschen mit Obstsäften und Tüten mit Gebäck ins Boot. Es war September und warmes, sonniges Wetter.

»Wie einfach doch alles ist,« dachte Paula, als sie über die Bordwand stieg, das Boot zum Schwanken brachte und sich gegen Otto stützen musste. Warum eigentlich nicht seine Hand festhalten? Aber mit einem Blick auf die anderen ließ sie Ottos Hand wieder los.

Sie ruderten über das dunkle Wasser der Hamme. Ein Zug Enten stob aus dem Schilfgürtel, flog über die Wiesen davon. Paula erzählte von wilden Gänsen in Norwegen, die sie dort beobachtet hatte.

Sie wanderten dann eine Zeit lang, aßen und tranken und ruderten zurück. Irgendwann hatte sich Paula an Ottos Schulter angelehnt. »Sind Sie heute aber ungestüm«, wollte Clara gerade sagen, als sie sah, wie die beiden sich anblickten. Es war kein Blick, mit dem man einen Malerkollegen anschaut, er war zärtlich, und Clara fragte sich, ob auch die anderen das bemerkten. Aber es hatte wohl nichts zu bedeuten. Die Freundin war manchmal so voller Überschwang.

Modersohn begleitete Paula ins Atelier nach Brünjes Hof. Kühl war es im Raum. »Ich werde ein Feuer anzünden«, sagte sie. Otto setzte sich in den Lehnstuhl, ein schöner Platz. Er blätterte in Kunstzeitschriften. »Hier muss man ein Oberlichtfenster ins Strohdach einsetzen«, sagte er und deutete nach oben.

Klopfen an der Tür. Heinrich Vogeler kam mit einem Präsentkorb, den er bei Tante Henny ausdrücklich für den heutigen Abend bestellt hatte. Er zwinkerte Modersohn zu. Natürlich hatte er die Heimlichkeiten der beiden bemerkt. »*Wir wollen mal Eure Verlobung feiern*«, sagte er und ergriff Paulas und Ottos Hand. Gestern hätte er sich diese Feier ausgedacht. Vogeler, der Planende, der für sein Leben gern Umstände und Zustände veränderte, übernahm die Initiative. Wenn man Vogeler brauchte, war er immer da. Er war Modersohns Freund, und es konnte nur von Nutzen sein, wenn der Witwer sich wieder verheiratete, zumal, wenn so ein nettes Mädchen wie Paula als Frau ins Haus kam. Und was für Otto wichtig war, sie war einfühlsam. In diesem Frühjahr, als Vogeler ihr nach Paris von der Misere in Modersohns Haus schrieb, hatte Paula ihm so freundlich geraten: *Sprechen Sie einmal menschlich mit Modersohn. Der Mann kann es gebrauchen und ist es wert. Die Selbstüberwindung, mit der er seine Frau umgibt, ist, glaube ich, bei den Männern selten und bei uns Frauen auch, eigentlich nur bei den altmodischen wie bei meiner Schwester Milly zu finden.*

Paula hatte mittlerweile den Tisch hergerichtet, blauweiße Tischdecke, das Porzellan mit dem Blütenmuster, geschliffene Gläser, Zinnkrug mit Hagebuttenzweigen. Ah, diese lukullischen Genüsse! Otto staunte. Wein, Brot, Butter, Aal in Gelee, geräucherter Lachs, Pflaumen, frische Nüsse, Gebäck aus Makronen. Im Verlauf des kleinen Abendessens war Paula klargeworden, dass sie nun offiziell als Otto Modersohns Braut galt. Heinrich Vogeler stieß mit ihnen an auf ihr Glück! Es wurde allen ganz feierlich zumute, und in dem stillen Raum war nur das Prasseln des Feuers zu hören.

Man schrieb September. Vor Weihnachten durfte Otto wegen seiner Trauerzeit nichts von dieser Verlobung bei seinen Eltern verlauten lassen. In sein Tagebuch schrieb er: *Paula ist ein reifes, reiches Mädchen mit hundert Interessen, wahren, wirklich höheren Bedürfnissen, mit frischem lebensfrohem Sinn. Wie oft ist mir bei ihr, als wüchsen mir Flügel, als würd ich erleichtert. Alles belebt sich bei mir, wird so leicht und fröhlich. Was ist das wert. Ich neige entschieden zum Schweren, Grüblerischen. Wie oft bin ich so, wenn ich allein bin. Da ist Paula ein wahres Labsal. Sie erheitert, erfrischt, belebt, verjüngt.*

Ahnte niemand aus ihrem Worpsweder Freundeskreis etwas von der geheimen Verlobung? Rainer Maria Rilke reiste plötzlich ab. Die Seite über diese Abreise hat er später aus seinem Tagebuch herausgerissen. Er fuhr nach Berlin. Aus der Wohnung seiner Freundin Lou Andreas-Salomé schrieb er, dass er dort bleiben wolle, um sich ganz seinen russischen Studien zu widmen. Seinen Haussegen für den Barkenhoff ließ Heinrich Vogeler in einen Balken am Nordgiebel schnitzen:

Licht ist sein Loos, ist der Herr nur das Herz und die Hand des Bau's, mit den Linden im Land wird auch sein Haus schattig und groß.

19

Auf dem Platz vor Welzels rotem Backsteingasthaus war es an diesem Herbstmorgen still, die Luft feucht, neblig. Für den Mittag aber hatte Vater Brünjes Sonne angesagt. Paula und die alte Frau Monsees gingen hintereinander her über die unebene Straße zum Postwagen. *Ich mag diese Nebelmorgen*, sagte Paula, *da merke ich so recht meine Vorfreude auf die kommenden schönen Tagesstunden.*

Paula setzte sich im Wagen in eine Ecke. Sie strengte sich an, um hinter Nebelschleiern den massigen Worpsweder Kirchturm zu erkennen. Verstohlenes Zuzwinkern, heute würde sie keinen Glockenstrang mehr ziehen. In der Postkutsche nach Bremen waren sie und Frau Monsees, die sofort einnickte, die einzigen Fahrgäste. Sie stießen immer wieder aneinander, wenn es über besonders holprige Wegstrecken ging. Paula hatte Mühe, ihr Buch aus dem Rucksack zu holen. Und während sie nun an Wiesen, Feldern, Moorgräben vorbeirasselten, las Paula im neunten Kapitel des Niels Lynhe: *Wir Frauen können uns wohl für eine Zeit lang losreißen, wenn jemand in unser Leben getreten ist, der unsere Augen dem Freiheitsdrange, der in uns wohnt, geöffnet hat, aber wir halten nicht aus. Wir halten es nicht aus, im Kriege zu liegen mit dem, was von der Allgemeinheit einmal angenommen worden; im Innersten meinen wir doch, dass sie recht hat, weil sie es ist, die urteilt. Es liegt uns Frauen nun einmal nicht, Ausnahmen zu sein, es macht uns so seltsam, vielleicht interessanter, aber sonst.*

Paula las und dachte darüber nach. In Lilienthal auf dem kleinen Marktplatz wurden die Pferde gewechselt. Die beiden Frauen stiegen aus, um sich schnell die Beine zu vertreten. Eine Frau fiel nun mal nicht aus althergebrachter Rolle. Die Frau gehörte ins Haus. Die Frau kochte und wusch, versorgte Mann und Kinder. Sie durfte Klavier spielen, das Heim verschönern, sie durfte malen und basteln. Was die Allgemeinheit verstand, durfte sie tun. Paula hatte sich verlobt. Würde sie nun eine andere werden? *Ich will auch meine Kunst nicht an den Nagel hängen*, hatte sie geschrieben. Bekenntnisse. Weiter wollen, immer weiterwollen. Wird sie ihre Pläne durchsetzen können?

Bestimmt. Sie strich ihren Rock glatt, als sie sich wieder hinsetzte. Dass sie gerade jetzt dies Kapitel aufschlagen musste! Vor einem Jahr markierte sie die Stelle mit Rotstift. Sie musste lachen. Und nun, nachdem sie die Pappel- und Birkenallee verließen und an den alten Gärten des Vororts Horn vorbeifuhren, fiel ihr ein, dass sie längst die Zeitungskritik des Herrn Fitger vergessen hatte. Wenn ihr heute Morgen seltsam zumute war, dann hatte das andere Gründe. »Steigen wir aus«, sagte Paula zu Frau Monsees. Der Postwagen war vor dem Bremer Hauptbahnhof angekommen.

Zu Hause empfing man sie erstaunt und bestürzt. Sie kam ohne Gepäck und hatte noch ein paar Wochen Aufenthalt Worpswede gut. Der Vater sah sie prüfend an, die Mutter sehr besorgt. Und dann brach eine Flut von Fragen über Paula herein, als sie hochroten Kopfes und lachend verkündete, »Otto Modersohn und ich haben uns verlobt.«

»Was«, rief Milly, »und das hast du mir nicht erzählt!« Sollte es möglich sein! Mutter Mathilde legte den Arm um die Tochter und zog sie an sich. Sie musste ein bisschen weinen. Es interessierte die Eltern jetzt nichts so sehr wie die Aussicht, Paula in nächster Zeit versorgt zu wissen.

Sie hatten sich mit ihr in Vater Woldemars Zimmer zurückgezogen. Sie mussten jetzt mit Paula über alles Mögliche reden. Paula erzählte von Otto. Nicht so schnell und scharfzüngig wie Mackensen wäre er, brillierte nicht im Gespräch. Aber sein Gemälde *Sturm im Teufelsmoor* war von der Pinakothek München angekauft worden, ohne dass die Kunstexperten vorher den Namen Modersohn gehört hatten, ohne dass sie von Worpswede wussten. Und ein Kritiker schrieb: *Für den, der weiß, wie ein Künstler zu solchen Ehren sonst nur durch langjähriges Streben und gute Verbindungen kommen kann, ist das eine so fabelhafte Sache, dass er sie nicht glauben möchte, hätte er sie nicht selbst erlebt.* Längst war Modersohn ein Begriff in der Kunstszene.

Ob sie eine große Verlobungsfeier wünschte? Ob die Eltern Modersohns informiert wären? Ob sie daran gedacht hätte, sofort eine kleine Tochter versorgen zu müssen? Ob Paula nun mit der Malerei aufhören würde?

Auf alle Fragen hatte sie schnell und präzise geantwortet. Dass mit ihrer Verlobung keine Ausgaben verbunden waren, da konnte der Vater ganz beruhigt sein. Sie hatten bereits mit Heinrich Vogeler beim Wein gefeiert. Nun aber, bei der letzten Frage, stockte sie. Sie merkte plötzlich, wie still es im Zimmer war. Mit der Malerei aufhören? Sie konnte nicht glauben, dass der Vater diese Frage ernsthaft gemeint hatte.

Ihr Bruder Henner steckte den Kopf zur Tür herein, kommt Paula mit zum Freimarkt? Herma und Milly hatten sich schon die Wolljacken angezogen. Und plötzlich wusste Paula, worauf sie Lust hatte, hinauszulaufen und fröhlich zu sein wie in Kindertagen, als man kleinere Probleme hatte. Längst vergangene Tage.

Es war Samstagnachmittag, sie vergaß es später nie, von draußen her kam gedämpfter Lärm. Auf dem Domshof war Freimarkt, Oktober-Volksfest, Bremer Tradition seit 1382.

Ob die Malerei wirklich nötig wäre? Der Vater ließ nicht locker, fing noch einmal davon an. Paulas Blick suchte den der Mutter. Die war so glücklich, dass sie nicht den Ernst bemerkte, der in Paulas Worten lag, dass die Ehe sie nicht abhalten könne, weiter zu malen. Wollte Mutter Mathilde an solch schönem Tag sich die unfruchtbaren Diskussionen ersparen? Sie lenkte jedenfalls ein, sagte: »Geh nur mit.«

Paula atmete die frische, leicht salzige Luft der Weserstadt, als sie über das holprige Pflaster Richtung Marktplatz gingen, unter den Bogen am Rathaus her, an der Figur des Roland vorbei. »Roland, der Ries am Rathaus zu Bremen, Recke einst Kaiser Karls in der Schlacht«, zitierte Paula. »Demnächst wirst du Otto Modersohn in Bremen herumführen«, meinte Henner. Am wuchtigen St. Petri-Dom vorbei, kamen sie auf den Domshof. An der Bude beim Moppenonkel kaufte Paula, bevor sie nach Haus gingen, für Otto und die Eltern glasierte Lebkuchenplätzchen und Nussstangen.

»Seid ihr auf dem Grünen Camp gewesen? Wart ihr auch im Hippodrom?« Der Vater hustete. Er tat das viel zu oft in letzter Zeit. Musste man sich sorgen? Nach dem Abendbrot wollte Familie Becker es sich gemütlich machen.

Nicht jeden Wunsch ausposaunen. Wünsche zuerst träumen. Paulas Traum vom zukünftigen Heim. *Ein altbäuerliches Haus mit altem Hausrat, Treppen, die durcheinander gehen, Zimmer auf verschiedenen Ebenen, Fenster bis zum Boden und tiefe Fensterbänke zum Draufsitzen, unten ein Gartenzimmer mit Flügeltüren, oben eine Turmstube mit flachem Dach.*

Wahnwitzige Idee! Egoismus! Zufrieden sein mit der Häuslichkeit, die der Ehemann bietet, auch wenn sie klein ist. Schon wieder brachte diese Tochter Aufregung in die Ruhe der Familie. Schon wieder musste man ihr ins Gewissen reden. Andere Pflichten als bisher würden nun auf ihr lasten. Eine andre Verantwortung. Paula ging in die Küche, bereitete den Tee, des Vaters strenge Worte im Ohr: *Deine Pflicht ist es, ganz in deinem zukünftigen Manne aufzugehen, ganz nach seiner Eigenart und seinen Wünschen dich ihm zu widmen, sein Wohl immer vor Augen zu haben und dich durch selbstsüchtige Gedanken nicht leiten zu lassen. Jeder von euch hat seine Vorzüge, seine Fehler. Die Aufgabe der Frau ist es aber, im Eheleben Nachsicht zu üben und ein waches Auge für alles Gute und Schöne in ihrem Mann zu haben und die kleinen Schwächen, die er hat, durch ein Verkleinerungsglas zu sehen.*

Eine neue Rolle, die man als Ehefrau zu spielen hat. Paula schaute die Mutter an. Was noch? Haushaltsführung! Mathilde Becker sähe es als Pflichtverletzung einer Mutter an, wenn die Tochter nicht in den Grundkenntnissen des Kochens bewandert sei. Paula müsste unbedingt vor der Hochzeit einen Kochlehrgang absolvieren. Die Mutter trank einen Schluck Tee, und es schien, als setzte sie die Tasse betont langsam zurück. Du liebe Zeit, woran man alles denken musste vor einer Eheschließung. Was man alles falsch machen konnte! Paula zog die Schultern ein.

Der Vater lächelte jetzt, seine Augen blickten freundlich. »Wann«, fragte er, »wann wird Otto Modersohn uns besuchen?«

Nach so vielen Jahren der Ungewissheit würde Woldemar Becker wenigstens von einer Sorge befreit sein. Selbst die Mutter, die am ehesten den Wünschen ihrer Tochter nachgab, schien erleichtert. Der künftige Ehestand versprach Ruhe und Zufriedenheit für die Familie. Paula würde gern ihre Pflichten im Haushalt erledigen, gern für ihren Mann und die kleine Tochter sorgen. Und, da Paula alt genug und vernünftig war, würde der neue Stand auch ihren Malkomplex zum Verschwinden bringen.

»Angenommen, ich könnte es Vater beweisen, dass er sich in meinem Können geirrt hat«, fragte Paula die Mutter, »würde ihn das erleichtern?« »Ach Kind«, erwiderte die, »das spielt doch jetzt keinc Rolle mehr.« Malen war gut und schön, solange nicht die Gesundheit beeinträchtigt wurde, solange keine andere Aufgabe zu bewältigen war.

Auch Onkel Arthur und Tante Grete machten viel Wirbel um die Verlobung. Sie konnten nicht verstehen, weshalb Paula sich immer wieder entschuldigte, noch nichts vorweisen zu können, was die finanzielle Ausbildungshilfe der Verwandten rechtfertigte. Aber Kind, Liebes, sagten sie, als Paula bei ihnen war, dazu besteht doch jetzt überhaupt kein Anlass mehr. Paula rannte offene Türen ein. »Aber«, versicherte sie der Mutter, »*dass ich mich verheirate, soll kein Grund sein, dass ich nichts werde.*«

20

Ein Glück für Paula, dass die neuerlich befohlene Lehrzeit absehbarer war als diejenige damals in England. Ihr inneres Gleichgewicht freilich hing ab von der Einstellung, mit der sie an diese lästige Aufgabe heranging. Zunächst ertrug sie die Unterbrechung ihrer Maltätigkeit voller Humor, schrieb nach Haus: *Ich wundere mich oft, wie einsichtig und sanft ich jetzt bin. Es ist mir sogar schon begegnet, dass ich mich schon ängstige, dass mir mein Dickkopf mit der Zeit völlig abhanden ginge, und bei seinem Vierteljahrhundert hat er doch eigentlich antiken Wert.*

Sie spielte Kochlehrling in weißem Häubchen, das ihr dichtes Haar versteckte. Sie vertauschte Malkittel mit Kochschürze und trug geduldig ins Oktavheft ein, was die Oberköchin an Haushaltstipps diktierte. Eier bleiben frisch, wenn man sie in einem steinernen Topf mit dünnem Kalkwasser bedeckt in den Keller stellt. Mehl bewahrt sich am besten in einem Sack, den man an einem trockenen luftigen Orte aufhängt, oder in einem offen stehenden Fass, wohinein man mit einem Stöckchen Luftlöcher bis auf den Boden des Fasses macht und dies dann und wann wiederholt. Am besten dazu ist ein Ahornstöckchen, was im Mehl stecken bleibe.

Sie teilte es Otto mit: *Dein Brief heute Morgen geleitete mich zur Kochstunde. Ich trage ihn in der Tasche, und er lernt mit mir kochen, Kartoffelmus und Kalbsfrikassee.*

Sie brauchte aber nur mit der Sanduhr die Garzeiten zu messen, um ungeduldiger zu werden, als es die Sorgfalt in einem Küchenbetrieb vertrug. Beckerchen! Beckerchen! drohten lächelnd Köchin und Kochstudentinnen. Und sie war ihnen dankbar für ihre Nachsicht und für das Erinnern an ihre Studienzeit auf der Kunstakademie. Auch dort war sie das Beckerchen gewesen. Jetzt schrieb man Januar 1901. Paula lernte wieder einmal in Berlin.

»Hast du kein Foto von deinem Verlobten?« fragten die Verwandten. »Nein, aber hier schau mal«, Paula nahm ein Foto aus der Tasche, es war das Bild eines kleinen Mädchens mit Lockenkopf. Reizend, die Kleine! Paula hängte das Foto von Elsbeth neben Ottos Zeichnung *Das Paar* über ihr Bett in der Eisenacherstraße 61. Diesmal wohnte sie bei den Parizots, bei Tante Herma, bei ihrer Kusine Mathilde, dem Maidli. »Liebes Kind, wir hätten dich gern bei uns aufgenommen, aber Tante Cora und ich reisen nach Australien«, hatte Onkel Wulf geschrieben. Nun, verwandtschaftliche Anlaufstellen, Stützpunkte wurden in Berlin reichlich geboten.

Paula wanderte in dem langen schmalen Zimmer hin und her, zwischen Nachttisch und Fenster, zwischen Tür und Schreibpult. Ab und zu warf sie einen Blick auf ihre Fotowand überm Bett. Da hing auch das Dreierfoto, von dem sie einen Abzug an Otto schickte mit dem Vers: *Du und ich und ich und du und Clara Westhoff auch dazu.*

Eine Uhr schlug Zeit, Zeit, Zeit. Seitdem Paula heute Nachmittag vom Kochen zurückgekommen war, dröhnten ihr die Stundenschläge wie Hämmer. Den ganzen Tag stand sie unter dem Zwang dieser Hämmer. Zeit zum Aufstehen, Zeit zum Lernen, Zeit zum Briefeschreiben, Zeit zum Ausgehen. Warten, immer wieder gezwungen werden zu warten. Warten auf einen Platz in der Kunstakademie, warten auf Zeit, um malen zu können, und jetzt warten aufs Heiraten. *Wir haben eigentlich das Gefühl, wenn wir wollten, so könnten wir es alle Tage*, schrieb sie ihrer Tante Marie Hill. Sie dachte an ihren Liebsten, dem sie gestern geschrieben hatte: *Der Drang von mir zu Dir wird wachsen und zunehmen bis zu einem Tage, da ihm Erfüllung wird.* Wenn *in lautlosen Stunden Du in mich übergegangen bist und ich in Dich.*

Worpswede, das war jetzt Insel für sie, ihr Zuhause, wo sie sich auch als Malerin entfalten wollte. Wenn sie erst wieder in Ruhe an ihr Werk gehen könnte, würden Unruhe, Kopfschmerzen, Magenbeschwerden verschwinden.

Paula war so übermüdet, dass sie beinahe schon am frühen Abend auf ihrem Bett eingeschlafen wäre. Sie erhob sich, ging zum Waschtisch, goss kaltes Wasser in die Waschschüssel, benetzte fortwährend ihr Gesicht, bis sie freier atmen konnte. Sie schaute in den Spiegel, sie durfte nicht in den Salon gehen, bevor sie nicht Kleid und Frisur in Ordnung gebracht hatte. Im Nebenzimmer sang Maidli Schumanns Lied vom Nussbaum und dem Mädchen, »das dächte die Nächte und Tage lang, wusste selber nicht was«.

Immerhin hatte Paula einen wichtigen Worpsweder Stützpunkt in Berlin, in Schmargendorf, in der Misdroyer Straße Nr. 1. Dort wohnte Rainer Maria Rilke seit seiner plötzlichen Abreise aus Worpswede im Oktober letzten Jahres. Paula war dankbar, dass sie ihn besuchen konnte. Er schien im Moment nicht viel zu dichten, hatte aber eine Menge Arbeit, schrieb Aufsätze für Zeitungen, bemühte sich um eine Anstellung in einer Verlagsredaktion. Sonntags hingegen fand er Zeit, sich mit Paula zu treffen. Sie fühlte sich ausgesprochen wohl in seinem einfachen Zuhause, zwei Zimmer, Vorzimmer und Küche. Sie mochte diesen bescheidenen Lebensstil. Sie mochte Rilke.

Am 12. November 1900 hatte sie ihm offiziell ihre Verlobung mitgeteilt: *Sie wissen davon, nicht wahr? Es ist schon lange; schon vor Hamburg. Ich habe es Ihnen nicht gesagt. Ich dachte, Sie wüssten. Sie wissen ja immer alles, und das ist so schön. Und heute muss ich es Ihnen doch mit Worten nennen und taufen und Ihnen es fromm in die Hände legen, auf dass Sie Pate stehen. Denn Ihre Hände bringen Gutes. Das Eine für mich, das Ganze, das Große, das Feststehende für mich ist meine Liebe zu Otto Modersohn und seine Liebe zu mir.*

Am 14. November hatte Rainer Maria Rilke geantwortet mit seinem

Brautsegen für Paula Becker.
Ich segne Sie mit jener Art zu segnen,
die man bei Abenden im Frühling sieht:
nach Tagen, welche flüstern, frösteln, regnen,
kommt eine Stille, einfach wie ein Lied.
Die Bäume wissen schon, was sich bereitet,
die Felder schlafen ganz getröstet ein,
die nahen Himmel haben sich geweitet,
damit die Erde Raum hat, groß zu sein.

Rilke hatte zu Weihnachten das Buch geschickt *Vom lieben Gott und Anderes. An Große für Kinder erzählt von Rainer Maria Rilke* mit der Widmung *Paula Becker und Otto Modersohn mit Wünschen für Weihnachten und solchen, die sich später erfüllen. In Treue Rainer Maria.*

Rilke horchte auf, als Paula sich für das Buch bedankte. Wie nannte sie es? *Geschichten vom lieben Gott*. Drei Jahre später wird er seinen Verleger bitten, bei der Neuauflage des Buches den Titel entsprechend zu ändern in: *Geschichten vom lieben Gott*. An Paula hatte er einmal geschrieben: *Ich bin Echo, und Sie waren ein großer Klang, dessen Echo ich fernher wiederhole. Sie können Briefe ebenso schön machen wie Abendstunden.*

Weihnachten hatte Paula viele Briefe geschrieben an Otto, der das Fest bei seinen Eltern in Münster feierte. Sie hatte Verwandten geschrieben, Freunden. An Rilke schrieb sie: *Lieber Freund, mir ist die ganze Zeit so nach Weihnachten zu Mute. – Ich möchte Ihnen das alles gern mündlich sagen,* und begründete es mit Worten, die ihr wohl aus Nietzsches *Zarathustra* geläufig waren, *weil Sie so schön mit den Augen hören können.*

Kürzlich beklagte sich Otto, sie schriebe ihm überhaupt keine Liebesbriefe mehr, nichts mehr von zärtlichen Gefühlen, nur Berichte über Kochen und Kunst. Paula stand in ihrem Zimmer, starrte in den grauen Berliner Himmel, das anklagende Schreiben in der Hand. Sie war müde, obgleich erst Vormittag war. Sie konnte sich nicht vorstellen, Otto mit ihren Briefen gekränkt zu haben. Eine besondere Freude wollte sie ihm mit ihren Kunstbetrachtungen machen. Er musste doch verstehen, wenn sie nach einem Museumsbesuch schrieb: *Kunst ist doch das Allerschönste. Und heute bei den Rembrandts, den Böcklin-Bildern war es so schön, dass ich gleich zu Dir kommen muss, um Dich zu küssen.* Dass Otto ein halbes Jahr lang übersehen hatte, wie sehr seine Paula nicht nur Geliebte und künftige Hausfrau, sondern auch Malerin war, sie konnte es nicht glauben. Sie erfuhr es, als sein Brief kam, in dem er sein Erstaunen über ihr Talent beschrieb und ihre künstlerischen Fähigkeiten bewunderte, denn er war in ihrem Atelier bei Brünjes gewesen und hatte ihr volles Skizzenbuch gefunden.

Am 8. Februar steckte sie sich Immortellen ins Haar und schrieb ins Tagebuch: *So sieht man aus, wenn man 25 Jahre alt ist und Otto Modersohns Braut ist. Hallelujah!* Sie schickte spätabends noch einen Glückwunschbrief an ihre zukünftige Schwiegermutter nach Münster, die am selben Tag Geburtstag feierte. *Ich lerne jetzt fleißig das Kochen,* schrieb Paula, *auf dass ich später einmal eine gute Hausfrau abgebe. Ich kann auch schon allerlei schöne Sachen, so dass Otto unter meiner Fürsorge nicht Hunger leiden soll. Überhaupt soll er es gut haben nach jeder Hinsicht, soweit es in meinen Kräften steht.*

Übermütig war sie in diesen Tagen, suchte in Antiquitätenläden nach einer weißen Lampe, kam in Kauflaune, erstand einen Spiegel, Rollen altmodischer Tapeten, Goldleisten für Bilderrahmen. Ein Korallenarmband fand sie, dachte: »Wenn ich einmal eine Tochter bekomme, soll sie es tragen.«

Paula besuchte Rainer Maria Rilke. Er gab ihr einen Stapel Briefumschläge, die er an Otto Modersohn adressiert und mit seinem Namen als Absender versehen hatte. Normalerweise versah Paula ihre Briefe selbst mit Anschrift und Absender, doch in diesem Fall hieß es, die Worpsweder Klatschsucht zu überlisten, denn niemand der Dörfler erfuhr, dass Rilkes Briefe an Otto in Wirklichkeit von Paula nach Worpswede gesandt wurden. Otto hingegen schickte seine Briefe an Paula mit Clara Westhoffs Namen als Absender. So wurden die neugierigen Postler in Worpswede getäuscht. Paula musste lachen. Über Rainer Maria und Clara liefen die Fäden zwischen den beiden Verlobten, und Rilke fühlte sich als Postillon d'Amour.

Vom Hof in der Misdroyer Straße herauf hörte man jetzt Türen schlagen. »Ich muss gleich zurück«, sagte Paula zu Rainer Maria, »aber noch eins, Clara will uns in der nächsten Zeit besuchen.« Rilke half Paula in den Mantel. An der Wand neben der Garderobe hing die Kastanienkette, die Paula ihm im letzten Herbst nach Berlin geschickt hatte. Rilke sagte: »*Ich hole sie manchmal und lasse sie wie einen Rosenkranz durch die Finger gleiten. Sie kennen doch diese katholischen Gebetsketten? Man muss bei jeder Kugel solcher Rosenkränze ein bestimmtes Gebet wiederholen; ich ahme diese fromme Regel nach, indem ich bei jeder Kastanie etwas Liebes denke, das sich auf Sie und Clara Westhoff bezieht.* Grüßen Sie mir Ihre Verwandten Parizot von mir, vor allem ihre Kusine Maidli.«

Paula verabschiedete sich. Maidli und Rainer Maria als Paar! Dieser plötzliche Gedanke enthielt so viel Stoßkraft, dass er Paulas Schritte beflügelte. Maidli müsste Rainer einmal Beethoven vorspielen! Es tat ihr wohl, sich die beiden als Paar vorzustellen. Gewiss, sie müssten sich mögen. Mutter Mathilde würde ihr verschmitzt zustimmen. Du hast Ideen, Paula Becker. Sie lachte in sich hinein.

21

Clara war seit ein paar Wochen in Berlin und kam auf eine Stippvisite bei Paula vorbei. Gleich nach ihrer Ankunft hatte sie von den guten Bildern erzählt, die Otto Modersohn in letzter Zeit gemalt hatte. Eine kleine Ausstellung hatte er sogar in seinem Atelier veranstaltet. Ach, ja? Paula hatte geseufzt. Ein Mann durfte seinen Weg weitergehen. Die Frau musste Umwege machen. Sogar beim Eintritt in den gemeinsamen Ehestand wurden Unterschiede gemacht. Sie hatte es Otto so beschrieben: *Komisch, dass gleich von Anfang der Ehe an wir Frauen es sind, denen die Proben auferlegt werden.* Und wer dann behauptete, das läge daran, weil allein die männliche Natur aus einem Guss sei, dem wollte Paula entgegenhalten, dass auch sie sich aus einem Guss fühlte. Dieses Problem hatte Paula mit Clara oft diskutiert. Clara hatte sich früher einmal gegen die Benachteiligung der Frauen gewehrt. Clara war heute gereizter Stimmung. Warum? Sie wusste es nicht. Schade, dass ihr Besuch in Berlin nun bald beendet war. Clara waren die Wochen wie im Fluge vergangen. »Mir vergehen sie überhaupt nicht, das nimmt und nimmt kein Ende«, stöhnte Paula. »Nur einer, der Kunst ernst nimmt, wird sich nicht wundern, wenn ich so schnell nach Worpswede in mein Atelier zurückwill.«

Ein paar Tage später standen die beiden Freundinnen in der Burgstraße und warteten auf Rilke. Es war Mitte Februar, und morgen wollte Clara abreisen. »Wissen Sie noch voriges Jahr in Paris?« seufzte Paula. »Da schauten wir von einer der vielen Seine-Brücken hinab und fühlten uns wohl.«

Plötzlich hatte sie Heimweh nach Paris, nach dem Quartier Latin, wo sie im Menschengewühl unbekannt und sorglos untertauchen konnte. Sie musste sich von Clara abwenden, weil ihr die Tränen kamen. Sie holte ihr Taschentuch, schnupfte sich umständlich. Im Quartier Latin gab es keine Vorschriften für Garderobe. Es rümpfte niemand die Nase, wenn man auf Kirchenstufen saß und Orgelkonzerten lauschte.

»In Paris«, begann Paula, »war alles anders. Wir waren ein bisschen verrückt, machten die Nacht zum Tag. Wir konnten ganz unserer Kunst leben. Einmal ruderten wir auf der Marne. Die Luft in Paris war leicht und weich wie Seide.« »Wie Champagner«, rief Clara, »Champagner. Ob wir den noch einmal zusammen in Paris trinken werden?« »Es muss nicht unbedingt Champagner sein wie damals am Abend meines Geburtstages, aber Paris möchte ich wieder erleben«, sagte Paula. Inmitten der Pariser Menschenmenge war sie sich ihres Künstlertums so richtig bewusst geworden. Sie hatte sich in dem Gewühl beschützt gefühlt. Sie war darin umhergegangen wie unter einer Tarnkappe. *Ich geh umher wie eine verschleierte Königin*, schrieb sie damals ins Tagebuch.

Ein Boot kam jetzt unter der skulpturenreichen Friedrichsbrücke her, und im gleichen Augenblick erschien an der Ecke

Rainer Maria. Er transportierte in seiner Reisetasche die letzte Bücherladung, nachdem er gestern aus der Wohnung in Schmargendorf aus- und hier in der Burgstraße in Netzes Hotel eingezogen war.

Paula und Clara schwiegen. Wonach Paula Clara nicht fragte: Nach dem Blick, den Rainer Maria ihrer Freundin zuwarf, ein Blick, in dem mehr lag als bloße Freundschaft. Sehnsucht, Hoffnung. Liebe? Warum Clara den Besuch in Berlin ausgedehnt hatte und von Tag zu Tag unruhiger wurde, wenn sie von Rainer zurückkam.

Am 25. Februar schrieb Mutter Mathilde Becker an ihre Tochter Paula nach Berlin: *Da komme ich heim und mich empfängt die Nachricht von Clara Ws. Verlobung. Clara und Rainer Maria! Ich bin so voll Staunen und Verwunderung, es scheint auf den ersten Blick ein so ungleiches Paar...So ist's nun gekommen. Und Du und ich hatten den feinen Rainer für unser feines Maidli bestimmt.*

Am 25. Februar schrieb Otto Modersohn an Paula: *Und am Freitag Nachmittag – wer kam da? Du ahnst es schon: Clara W. mit ihrem Rilkchen unterm Arm.*

Es hatte etwas mit Rilkes sonderbarem Auftreten in Worpswede zu tun, dass Otto ihn nicht ernst nahm.

22

Wer sich am falschen Ort fühlt, entwickelt Abneigungen. »Ich muss unbedingt wieder in mein kleines Atelier zurück«, dachte Paula und warf verächtliche Blicke auf die Gebäude im Neobarock, Neorokoko, Neoklassizismus. Gründlich war ihr Berlin verleidet. Widerwillig streifte sie durch die Kaufhäuser, suchte, prüfte, verglich die Preise. Die Aussteuer musste gekauft werden. »Du hast jetzt Zeit und die besten Möglichkeiten dazu«, hatten die Eltern geschrieben und tausend Mark zur Verfügung gestellt. »Ich brauche nur zweihundert«, schrieb Paula zurück, »der Rest kann für die Ausbildung von Herma und Henner verwandt werden.«

Kaufhaus ist nicht gleich Kaufhaus. Wertheim in der Leipziger Straße hatte andere Waren als Tietz am Dönhoffplatz. Paula kaufte Bettgarnituren, Tischdecken, Hand- und Geschirrtücher, Unterwäsche, Untertaillen, Stoff für ein lila Kleid, den Otto ihr zum Geburtstag schenkte. Dass sie nicht die eleganten Läden in der Tauentzienstraße aufsuchte, die nachmittags im Lichterglanz erstrahlten, war eine Selbstverständlichkeit. Um sich die neue Bluse zu kaufen, war sie heute früh auf dem Spitteler Platz gewesen, hatte dort in Konfektionsläden gestöbert. Als sie den Platz überqueren, am Spindlerbrunnen herlaufen wollte, ratterten über die Schienen die Elektrischen vorbei, rechts die 84 zur Friedrichstraße, links die 72 nach Schöneberg. Paula hatte nicht aufgepasst und musste zur Seite springen, als der Schaffner in der 24, die nach Kreuzberg fuhr, an der Klingel riss. Dieser Krach, dieser Verkehr. Gründlich verleidet war ihr die Stadt, in die sie früher mit Vorliebe reiste.

Sie schrieb an Otto: *Die Zeit beginnt, dass die Stadt mir über den Kopf wächst, dass sie mich einengt und tot drückt. Ich komme nicht zu mir selber hier. Ich höre meine Seele nicht reden und antworten. Das Schönste findet nicht mehr den Weg zu ihr. So Beethovens Fünfte Symphonie, die in Paris mich aufs tiefste ergriffen hatte, heute drang sie nicht tiefer als eben unter die Oberfläche. Die Nerven wollen nicht und können. Und ich selber hasse mich in dieser Halbheit und Lahmheit.*

Es musste sich allerhand in ihr angestaut haben, denn nachdem sie in ihr Zimmer zurückkam, zerriss sie den Küchenplan für die folgende Woche. Fünfunddreißig Stunden Küchendienst,

Küchendunst! Sie betrachtete ihre Lehrzeit als beendet. Gemüse dünsten, Suppen kochen, Kuchen backen machten Paula keine Schwierigkeiten mehr. Für eine Normalfamilie in einem normalen Haushalt kann ich sorgen, sagte sie sich. Was lag heute noch an. Die Post, die noch zu erledigen war! Dankesbrief an Tante Marie wegen des Verlobungsgeschenks, das schwierige Schreiben an Otto, um seine Stimmung aufzubessern: *Und nun wirst Du mir auch versprechen, mein geliebter Mann, nicht wieder traurig zu werden. Traurig sein ist wohl etwas Natürliches. Es ist wohl ein Atemholen zur Freude, ein Vorbereiten der Seele dazu. Nur eins möchte ich nicht, dass Du denkst, dass diese traurigen Stunden durch mich oder durch meine Briefe kommen.* Und als letztes, weil am schwierigsten, die Mitteilung an die Eltern, dass sie die Lehrstelle kündigen wird. Was genug ist, ist genug.

Tante Herma saß im Salon und stickte. Sie musterte Paula erstaunt: »Was gibt's?« Paula kam, um sie von ihrem Vorhaben zu unterrichten. »Ich muss endlich wieder malen, ich kann die Zeitverschwendung hier nicht länger ertragen.« Die Tante lächelte, ja nun. Das war Verliebtheit, die entschuldigte alles. Wenn ein Mädchen verliebt ist oder verlobt, dann werden die seltsamsten Gründe angegeben, um wieder in die Nähe des geliebten Mannes zu kommen. Paula jedoch blieb bei ihrer Behauptung, ihres Malens wegen nach Worpswede zurückzuwollen. Sie spürte wieder den Druck hinter den Schläfen. Wenn sie nun immer wieder ihre Arbeit unterbrechen müsste! Wie sollte sie weiterkommen.

Schon hatte Paula die Lehrstelle aufgekündigt. Nein, sie war eine erwachsene Frau, die Initiative ergreifen musste. Sie packte die Koffer. Das einzig Lästige war noch die Antwort, die sie aus Bremen erwartete. Im Jubeltaumel ihres plötzlichen Entschlusses war sie gewiss, dass die Eltern mit ihrem Vorgehen einverstanden wären.

Maidli war traurig, dass Paula abreisen wollte. Keine gemeinsamen Museumsbesuche mehr, kein gemeinsames Schluchzen in Symphoniekonzerten wie kürzlich beim Trauermarsch von Beethovens *Eroica*. Und wie viel Spaß man zusammen hatte, Paula wusste doch noch von den Soirées, wo sich die Crème Berlins traf, um bei Kerzenschein Literatur und Musik zu hören. Wenn man sich dann in eine Ecke drückte und die Toiletten der Damen aufs Korn nahm. Schade, dass Paula fort wollte. »Komm Kleines«, Paula packte die Kusine an der Schulter, wirbelte sie herum. »Komm, wir feiern Abschied.« Maidli musste doch einsehen, dass Paula nicht anders konnte.

Sie würde Gerstenkaffee aufbrühen, ein Gelage sollte es werden! Maidli schnitt Stücke vom Napfkuchen. Und während das Wasser zum Kochen kam, spielten die beiden Klavier, vierhändig Beethoven: *Türkischer Marsch*, die ersten sechsundzwanzig Takte. Paula, den Part secondo übernehmend, griff mit beiden Händen die Oktaven, zählte eins und zwei und, vivace! Und Maidli setzte ein mit Fis und G. Fast gleichzeitig mit dem Schlussakkord, den sie fortissimo in die Tasten schlugen, pfiff der Wasserkessel.

Maidli rückte ihren Stuhl nahe an Paulas Sessel. »Sag mal, freust du dich auf die Ehe?« Paula lachte. Was für eine Frage! »Schreibst du mir sofort von Worpswede?« »Ja, wenn du versprichst, dass du immer gut auf dich aufpasst, Kleines.« Paula sprach eindringlich auf Maidli ein. Die grinste. »Kannst du nicht aufhören, mich Kleines zu nennen? Ich bin fast zwei Zentimeter größer als du!« »Aber zwei Jahre jünger«, sagte Paula, »und dabei bist du so zart, dass man dich immer beschützen will.« Jetzt lachten sie alle beide. »Ich werde dich vermissen«, sagte Maidli. – »Ich dich auch.«

Tante Herma war unbemerkt in den Salon gekommen. Sie hatte ein Telegramm für Paula, das ihr der Bote in die Hand drückte, als sie gerade zur Haustür hereinwollte. Ein Telegramm aus Bremen. Mathilde und Woldemar Becker hielten die Ankündigung, dass Paula nach Hause wollte, für einen Karnevalsscherz!

Die Eltern hatten nicht vorausgesehen, mit welch wilder Entschlossenheit Paula darauf reagieren würde.

Liebe Mutter, schrieb Paula, *es erregt mich, dass ich Euch Ärger bereite. Es ist so traurig, dass Ihr Euch an mir ärgert. Da ist doch hin und wieder etwas zum Freuen an mir, ich meine noch außer meiner Verlobung.*

Paula war so aufgebracht, dass sie nicht sofort weiterschreiben konnte. Sie wanderte durch ihr Zimmer, kahl und trostlos schauten die leeren Wände. Fotos und Bilder lagen schon verstaut im Koffer. Sie setzte sich hin, vergrub das Gesicht in den Händen, dann schrieb sie: *Versucht, Euch ein wenig in meine Seele zu versetzen, die ihre Fesseln sprengt. Es ist nicht Schlechtigkeit von ihr. Es ist auch nicht Schwachheit von ihr. Es ist Stärke. Es ist gut, sich aus Verhältnissen zu lösen, die einem den Atem nehmen.*

Ich stehe hier, ich kann nicht anders. Amen. Eure Paula.

Sie standen auf dem Bahnsteig. »Es wird Zeit«, sagte Maidli. Sie legte Paula den Arm um die Schultern. »Du musst weitermalen. Du darfst nicht aufgeben.« Sie verabschiedeten sich. Sie beide waren einmal dem Tod so nahe gewesen. Sie hatten überlebt. Paula öffnete das Fenster des Zugabteils, Maidli gab ihr noch einmal die Hand, sagte, wenn sie gleich daheim wäre, wollte sie *Pour Elise* spielen. Paula nickte, Klavierspielen konnte Maidli, vor allem Werke von Beethoven.

23

Man kann sich etwas wünschen, man kann Pläne machen. Paula hatte sich ihre Hochzeit ganz anders vorgestellt. Über den Weyerberg sollte der Hochzeitszug gehen. Paula neben Otto voran, Blumen aus den Moorwiesen in der Hand, einen Kranz im Haar, und die große Glocke läutete, und Paula konnte sich darüber freuen, noch wenn der Klang beendet war. Mit dem goldenen Ring am Finger würde sie aus der Kirche kommen, in der Claras Engelsköpfe und Paulas Blumen die Emporebögen zierten. Dass ihre Hochzeit dann, als es wärmer wurde, nicht in Worpswede stattfand, durfte die Freude nicht trüben.

Es war Pfingsten geworden, 25. Mai 1901, und Vater Becker so krank, dass es ratsam schien, die Trauung schnell und in der Wachtstraße in Bremen zu vollziehen, damit der Vater ihr wenigstens vom Bett aus beiwohnen konnte. Ottos Bruder Ernst, Pfarrer in Mühlheim an der Ruhr, ein rechtschaffener Protestant, Blaukreuzler, führte die Zeremonie durch. Ernste Gedanken teilte er mit über die Ehe, sprach vom Felsenboden unter den Füßen, wenn man wusste, dass Gott den Bund beschloss. Sagte: *Eine Stiefmutter zu sein ist keine leichte Aufgabe. Eine Ehe kann ein Stück Himmel auf Erden sein, sie kann auch ein Stück Hölle sein.* Das also war der festliche Tag, auf den Paula gewartet hatte.

Ernst schaut sie drein auf dem Hochzeitsfoto vorm Haus, weißes Kleid, dunkler Gürtel, keine Blumen, ganz ernst auch Otto Modersohn im dunklen Anzug, seinen Arm um ihre Schultern. Paula wusste noch, dass Herma herumsprang, froh über den Familienzuwachs, stolz auf den großen Schwager. Sie wusste, dass ihr Vater sehr zufrieden war. Woldemar Becker erinnerte sich gern an Ottos ersten Besuch in der Wachtstraße. Er hatte den Maler nur flüchtig gekannt, er hatte ihn wohl unterschätzt und freute sich nun über den anständigen Schwiegersohn. Otto sollte ihn häufiger besuchen kommen. Auch dessen Eltern waren freundliche Leute.

Und dann war das Paar auch schon auf Hochzeitsreise. Gewiss hatte es nichts mit dem Regen in München zu tun, mit den Flöhen in Prag, wenn Paula sich unbehaglich fühlte, wenn sie der Mutter schrieb: *In mir selber ist noch nicht alles in Ordnung, und ich kann noch nicht alles bewerten.*

Nachdem sie in Berlin gewesen waren, fuhren sie nach Schreiberhau ins Riesengebirge. Otto und Paula Modersohn waren Gäste bei Carl Hauptmann, Ottos Freund. Carl hatte 1884 Martha, die Tochter des Wollgroßhändlers Berthold Thienemann geheiratet, die mit ihren vier Schwestern in einem Herrnhuter Kloster erzogen wurde. Carls Bruder Gerhart, *der große Gert*, wie Paula ihn nannte, war unterwegs, ließ auf sich warten. Es waren fünf Jahre vergangen, seit Paula den Dichter Gerhart in Berlin im Deutschen Theater sah. Er trat unter Applaus auf die Bühne und verbeugte sich, die berühmte Schauspielerin Agnes Sorma an der Hand, die das Rautendelein in seinem Stück *Die versunkene Glocke* so wunderbar dargestellt hatte. Jetzt sollte Paula den von ihr verehrten Dichter persönlich kennenlernen.

Tischgespräche in Schreiberhau. Gerhart saß neben seinem Bruder Carl, entspannt, selbstsicher, ein erfolgreicher Autor, der gerade ein neues Drama beendet hatte. Carl hingegen war verkrampft, mal sah er gequält aus, mal ärgerlich. *Überall herrscht der Geist des großen Gert, der alles hier durchdringt und überragt,* schrieb Paula ins Tagebuch. Sie machte Spaziergänge in der Umgebung von Schreiberhau. Am liebsten allein, pflückte weißen Schierling und dachte, wann bin ich endlich wieder in meinem stillen Worpswede. Sie war voller Unruhe, sie wusste nicht, warum. Weiterkommen wollte sie, weiter, immer weiter.

24

Während ihres ersten Ehejahres im Dezember starb ihr Vater, er war nur sechzig Jahre alt geworden. Ein halbes Jahr zuvor übertrug er seinem Sohn Kurt die Pflichten eines Haushaltsvorstands. *Liebet euch untereinander.* Seine Worte. Er war nicht mehr der alte Misanthrop. Mit allem zufrieden, bescheiden in seinen Wünschen verlebte er seine letzten Monate. Paula schluchzte. Mit ihrer Mutter und den Geschwistern umstand sie sein Sterbebett. Sie trug schwer an diesem Verlust.

1901 war das Jahr der drei Künstlerhochzeiten in Worpswede gewesen. Am 3. März hatte Heinrich Vogeler seine Martha zum Traualtar geführt. Am 28. April wurden Clara Westhoff und Rainer Maria Rilke in Bremen getraut. Im März war Rainer an Scharlach erkrankt und am Tag der Trauung noch so schwach, dass die Hochzeitsreise in ein Dresdener Sanatorium ging. Am 25. Mai hatten Paula und Otto geheiratet. Am 12. Dezember 1901 bekam Clara das Töchterchen Ruth. Am 23. Dezember bekam Martha ihre kleine Mieke. *Ich bin noch nicht reif dazu*, schrieb Paula ins Tagebuch, *ich muss noch warten.*

Sie schrieb das so leichthin, aber es rührte sie doch tief. Sie spielte die fröhliche junge Ehefrau, bei der die Familie den Vorrang hat. Dann wurde sie stiller, ging manchmal umher, als müsste sie mit gerunzelter Stirn über ein schwieriges Problem nachdenken. Anfangs hatten sich die drei Ehepaare noch im Barkenhoff getroffen. *Die Familie* nannten sie sich. Dann bröckelte der Kontakt.

Da gab es doch dies Foto aus dem ersten Ehejahr. Otto und Paula in Ottos Atelier, sich schräg gegenübersitzend. Paula in dunklem hochgeschlossenem Kleid, sehr aufrecht, die Arme auf den Lehnen, die Hände locker, das feingeschnittene Profil zu Otto hingewandt. Der sitzt sehr ernst da, etwas vornübergebeugt, den Mund im Spitzbart versteckt, in welche Richtung seine Augen schauen, lassen die Brillengläser nicht erkennen. Die Hände hat er zwischen den Knien zusammengelegt. Paulas Lebensgeschichte war nun verbunden mit der des Malers aus Westfalen.

Familiengeschichten im Hause Modersohn. Das schlimme Ereignis, einschneidend für die Familie, so dass sie später ihre Zeit rechneten *vor der Krankheit und nach der Krankheit.* Vater Wilhelm war damals an brandiger Rose erkrankt. Für die Hauttransplantation spendeten tapfer seine Kinder Willy, Laura und Ernst, Otto durfte nicht aus gesundheitlichen Gründen. Dann 1897 Mutter Louises Gelenktuberkulose. Leicht war es sicher nicht für sie, nun mit einer Beinprothese und zusätzlicher Gehhilfe zu laufen, mit der Sorge, weitere Gelenke könnten befallen werden. Wie oft hatte Otto die Mutter im Rollstuhl spazieren gefahren, wenn er daheim war.

Auch die Lebensläufe seiner Geschwister kannte Paula inzwischen. Willy, sein ältester Bruder, durfte Jura studieren, war Oberlandesgerichtsrat in Hamm. Laura, seine ältere Schwester, legte das Lehrerinnenexamen ab, war seit dreizehn Jahren mit Wilhelm Winkhaus in Münster verheiratet. Ernst, sein jüngerer Bruder, der redegewandte, schriftstellernde Pfarrer, der Paula und Otto getraut hatte, studierte evangelische Theologie, wie es Vater Wilhelm gern getan hätte, doch seine Gesundheit war zu schwach gewesen. Alle Kinder ließ der Vater das werden, was sie wollten, wenn es ihren Begabungen entsprach. So erfuhr Paula, dass der Vater mit Otto nach Düsseldorf reiste, um sich an der Kunstakademie bei dem Professor für Landschaftsmalerei zu vergewissern, ob der Sohn Talent dazu hätte. Otto wurde Maler, kam nach Worpswede, und sein Weg kreuzte sich mit dem von Paula.

Abschnitte ihrer gemeinsamen Geschichte. Die Besuche in Ottos Heimat, in seiner Geburtsstadt Soest und in Münster, wo er aufwuchs, woher die Familie Modersohn ursprünglich stammte. Etwa sechsmal weilte Paula in der westfälischen Metropole. Der Dom wurde ihr ein Begriff. Im Westquerschiff die monumentale Skulptur des Christophorus von 1627. Fünf Meter hoch auf spätgotischem Sockel. Eine mächtige steinerne Figur, einen Baum als Stab in der linken Hand, ein lächelndes Jesuskind rechts auf der Schulter. Paula verstand Otto, den die Skulptur seit seiner Jugend faszinierte.

Die Geschichte der Wiedertäufer lernte sie kennen. Am 22. Januar 1536, nach zweijähriger Herrschaft, hatte man die drei Anführer der Ketzer hingerichtet und die Leichen in drei eisernen Käfigen am Turm der Lambertikirche aufgehängt. Otto zeichnete die Käfige 1881, als sie, abgenommen vom Turm, der abgerissen und neu gebaut werden sollte, in der Dominikanerkirche aufgestellt waren. Interessant, dass eine der sechzehn Frauen des Wiedertäuferkönigs Margarete Modersohn hieß.

Merkwürdig, wenn Otto in Münster war, nannte Paula ihn oft *mein Pastörken,* wusste, dass man im Hause Modersohn den Tag mit einem Gebet begann, dass Ottos Bruder, der Pastor Ernst Modersohn, seinen Kindern nicht erlaubte, ein Theater zu besuchen, und sich über Paulas Luftbaden entrüstete. Auch bei den Schwiegereltern erfuhr Paula eine *zähe stille oder laute Opposition* gegen sich und ihre Lebensführung, und wenn sie und Otto sich noch so sehr bemühten, den Eltern die schwierige Situation zu erleichtern, spürten sie doch, dass es ihnen nicht gelang. Otto, ein schweigsamer Typ, wurde dann noch stiller. In Paulas Elternhaus war man geselliger, freier. So wurde zum Beispiel das von Ernst bemängelte Luftbaden seit jeher gern praktiziert: nackt vor offenem Fenster oder im Garten tief ein- und ausatmen.

Dass Otto das Steife, Verkrampfte bloß nicht nach Worpswede mitbrachte. »Würdest du mich draußen in der Lehmkuhle als Akt malen?« fragte Paula. »Warum nicht!« Und Paula und Otto taten etwas, was unter Worpsweder Malern verpönt war, man malte seine Ehefrau nicht als Akt. Wenn nur der Worpsweder Bauer das nicht gesehen hätte! Wenn er mit dieser Geschichte nicht am Stammtisch der Maler hausieren gegangen wäre! Diese Entrüstung! Schließlich konnte Heinrich Vogeler die Wogen der Empörung glätten.

Manchmal geht es gut in der Kunst, das macht mich froh. Manchmal muss man sich sauer durchbeißen. Kunst ist schwer. Paulas Stoßseufzer, wenn sie mittags vom Malen ins Haus zurückging. Zuerst am Morgen mit Elsbeth Gymnastik machen, Atemübungen, dann das Frühstück bereiten, die Schlafzimmer in Ordnung bringen. Und niemand sah darin etwas Außergewöhnliches. Otto verhielt sich nicht anders als die meisten Ehemänner, die sie kannte. Seit er denken konnte, war die Ehefrau für alles zuständig, was Essen, Trinken, Kleidung, Haus und Garten anging.

Erst nachdem Paula den Plan fürs Mittagessen zusammengestellt, genau aufgeschrieben hatte, was eingekauft werden sollte, so dass gegen neun Uhr die Anweisungen vorlagen für Lena, Lina oder Johanne, je nachdem, wer gerade als Hausmädchen bei ihnen arbeitete, war sie schnell in ihr Atelier geeilt. Sie kam mittags um zwölf Uhr vom Malen zurück, Elsbeth wartete schon an der Gartentür auf sie oder, wenn es regnete, in der Veranda. Pünktlich um ein Uhr mit Otto und Elsbeth zu Mittag essen. Ruhen mit dem Kind, solange Elsbeth noch als Kleinkind den Mittagsschlaf brauchte, später, als sie größer wurde, Spiele im Haus oder im Garten. Nachmittags nach drei Uhr wieder hinaus zum Malen. Ging das Hausmädchen gegen sechs Uhr fort, war Paula wieder daheim. Ein Tagesablauf, der meistens befolgt wurde seit dem Tag, als Paula von der Hochzeitsreise zurückgekehrt und wieder in Worpswede war.

Einmal war ihr Bruder Henner dagewesen, hatte Otto die Latten angereicht zum Bau der Kürbislaube, während Paula die Saatkästen besäte. Er hatte beim Abschied gemeint, als Paula den Sand aus den Holzschuhen schüttete, gut gehe es der Schwester, und er würde in Bremen berichten, dass sie rundum glücklich sei.

Im Herbst zur Einmachzeit schickte der Schwiegervater aus Münster körbeweise Anisäpfel, die Paula einkochte, während Otto jede helle Tagesstunde nutzte, um zu malen und vor lauter Arbeit nicht an der Hochzeit seines Bruders Ernst in Wesel teilnehmen konnte, der nach dem Tod der ersten Frau zum zweiten Mal heiratete.

Einmal mitten in der Nacht richtete Paula sich im Bett auf. Neben ihr der ruhige, entspannte Schlafatem ihres Mannes. Paula betrachtete seine Stirn, über der das Mondlicht eine helle Bahn zog. Was hatte sie von der Ehe erwartet?

Gut, sie durfte weiter malen, ihr Atelier behalten, gut, ihr Ehepartner liebte sie und ihre Eltern waren einer Sorge enthoben, alles in Ordnung. Trotzdem. Häufig, wenn sie abends den ersehnten und in der Verlobungszeit erträumten Gesprächen über Kunst entgegenfieberte, setzte sich Otto aufs Sofa, zündete sich die Pfeife an und blätterte in seinen Zeitschriften. Er schwieg. Seit sie verheiratet war, fühlte sich Paula einer Beschaulichkeit ausgesetzt, die sie schlecht vertragen konnte. Wenn sie doch ein Kind bekäme – war es das? Sie stellte es sich vor – es war nicht das allein.

Wenn sie an ihr erstes Ehejahr dachte, war da zuerst der Geruch von Küche und Kochen, dann waren da ihre Malereien, ihre Träume, dann das Gefühl der Einsamkeit. Paula schrieb ins Tagebuch: *Es kommen mir oft die Tränen wie in der Kindheit, jene großen Tropfen. Ich lebe im letzten Sinn wohl ebenso einsam wie dazumal. Es ist meine Erfahrung, dass die Ehe nicht glücklicher macht. Sie nimmt die Illusion, die vorher das ganze Wesen trug, dass es eine Schwesterseele gäbe. Und ist es vielleicht nicht doch besser, ohne diese Illusion zu leben, Aug in Aug mit einer großen einsamen Wahrheit?*

Dies schreibe ich in mein Küchenhaushaltsbuch am Ostersonntag 1902, sitze in meiner Küche und koche Kalbsbraten.

Dann die Sonntagnachmittage im Barkenhoff. Paula besah sich das Tulpenkissen, das Martha bestickt und mit einer blauen Kante versehen hatte. Sie hatte selten etwas so Schönes gesehen, sie bewunderte es. Bemerkte bald den Zwiespalt in Vogelers Ehe, spürte unterschwellig, dass sich die beiden im Grunde fremd waren. Spürte ratlos auch Marthas Scheu ihr gegenüber. Sie stand reserviert vor der jungen Nachbarin. Anfreunden konnten sich die beiden Frauen nicht. Paula gewöhnte sich nicht wie Hermine Overbeck daran, niemals mehr das zu tun, was ihr vor der Ehe so wichtig war.

Weiterkommen in ihrer Malerei, immer weiter. Und doch noch ein fröhliches Gesicht gemacht, den Kaffeetisch schön gedeckt auf der Veranda, wenn die Bremer Verwandtschaft sie in Worpswede besuchte, sommertags, wenn die Nelken so intensiv dufteten, die sie um die Beete pflanzte.

Manchmal war das Leben eine Idylle. Ruhe im Haus, keine Geräusche, nur das Tassengeklapper in der Küche. Das Mädchen wusch das Geschirr ab. Draußen war es heiß. Von ihrem Platz auf der Veranda sah Paula den Garten, vorn im Beet die gleißende Kugel, Sonnenreflexe. Sie musste die Augen schließen. Das Licht auf der Glaskugel blendete zu stark. Schön waren diese Glaskugeln in den Bauerngärten. Solch eine hatte sich Paula gewünscht. Einen sirrenden Klang hatte es gegeben, dann einen Knall, als sie zerbarst, sie hatte nur einen Tag im Beet gestanden. Die Glaskugel war ersetzt worden. Dinge waren austauschbar. An Dinge knüpften Erinnerungen. Paula liebte Antiquitäten wie den Kronleuchter mit dem barocken goldenen Engel im Wohnzimmer. Sie liebte den Empiretisch mit den Löwenfüßen, den sie wie den Leuchter in einem Antiquitätenladen in Münster erstand. Frau Brünjes hatte dem Hausmädchen Salatbohnen mitgegeben, die sollte Frau Modersohn in Salz einlegen. Damit sie was im Winter hätten. Im Winter! Ja, man musste vorsorgen. Paula wollte die Bohnen heute noch verarbeiten. Arbeitsdisziplin hatte sie in England gelernt. Ob das Wasser zum Abkochen in den kupfernen Kessel käme. Richtig, Lena, aber vorher müssen wir die Bohnen abfasern. Paula war nicht gewohnt, untätig daneben zu sitzen, wenn viel Arbeit im Haus anfiel.

Und wieder am nächsten Morgen um sieben Uhr aufgestanden, die kleine Elsbeth gewaschen, angekleidet. Nachmittags Lena geholfen. Den großen Wasserkessel auf den Herd gestellt. Holzscheit um Holzscheit ins Feuer gelegt. Badewasser für Elsbeth zubereitet, das heiße Wasser in die Zinkwanne gefüllt, Temperatur mit dem bloßen Ellenbogen geprüft, kaltes Wasser hinzu gegossen. Jede Woche einmal, manchmal zweimal, ein Jahr lang, zwei Jahre lang.

Der Abend leget warme
Hernieder seine Arme
Und wo die Welt zu Ende
Da ruhen seine Hände.
Die Mücklein summen leise
In ihrer hellen Weise
Und alle Wesen beben
Und singen leis vom Leben...
Es ist nicht groß,
Es ist nicht breit,
,ist eine kleine Spanne Zeit
Und lange währt die Ewigkeit,

dichtete Paula an einem Sommertag 1902 in der Lehmkuhle. *Ich glaube, mein Glück besteht in der Hoffnung. Man muss eine Hoffnung haben im Herzen, die einen nicht ermüden macht.*

In Modersohns Atelier war Besuch. Fritz Overbeck ging von Bild zu Bild, betrachtete die Skizzen im Atelier. Das hier kann groß werden, er zeigte auf das Bild des Moorkanals, auf die Spiegelungen, die Modersohn mit kräftigem Pinselstrich hinein malte. Die beiden steckten sich umständlich und in aller Gemütsruhe ihre Pfeife an, begrüßten mit Schulterklopfen Heinrich Vogeler, der soeben eingetreten war. Er bewundere immer noch Ottos Bilder mit den Elfen, die er in der Ausstellung in Bremen gesehen hatte.

Sie schauten zur Tür, die Paula in diesem Moment öffnete. Sie hatte ihre Staffelei unterm Arm, wollte fragen, wann Otto nach Haus käme. Das würde noch ein Weilchen dauern, sie wollten sich in Ruhe über Ottos neue Bilder unterhalten. Die Frage »Können Sie uns Ihre Bilder einmal vorzeigen?«, wurde Paula nie gestellt. Niemand zeigte den Wunsch, einmal einen Besuch in ihrem Atelier bei Brünjes machen zu dürfen.

Paula dachte an die Tombola, zu der die Maler ein Bild stifteten, auch sie hatte sich einverstanden erklärt und eins gegeben. Nur die Bauersfrau, die ihr Bild gewann, war gar nicht damit zufrieden, sie hatte das Bild gegen einen soliden Korb umgetauscht.

Die Männer drehten sich schnell wieder um, als sich die Tür hinter Paula schloss, es schien überhaupt so, als wäre bereits vergessen, dass Paula den Raum betreten hatte. »Wissen Sie, was dem Eheleben am zuträglichsten ist«, bedeutete Overbeck seinen Freunden, »ich sage euch, wenn man der Frau klarmachen kann, dass sie zwar die unumschränkte Herrscherin im Haus ist, aber sonst nichts anderes im Kopf zu wälzen hat.« Vogeler nickte, ein Mann wollte nicht gern mit einer Frau verheiratet sein, die nicht nur von ihm und seiner Arbeit, sondern auch von eigenen Ideen träumte.

Mackensen, der Junggeselle, ständig auf Brautschau, der hinzugekommen und die letzten Sätze gehört hatte, pflichtete dem bei, ergänzte: »Darum bin ich auch gegen die Frauen, die durch ihre Arbeit interessant sind. Frauen sollten nicht interessant sein und wirkungsvoll, sondern für den Mann bequem und angenehm.« Im Übrigen wäre es nicht zu verachten, wenn die Frau gleichzeitig den soliden Grundstock für ein großes Haus mitbrächte.

25

Im Januar 1903 waren Clara und Rainer Maria Rilke in Paris, erlebten Vielfalt an Kunst, besuchten Museen, Kunsthändler. Clara nahm Zeichenunterricht bei Colarossi, konnte ohne Zeitplan durch die Straßen wandern. Auf, nach Paris! Von Tag zu Tag wurde dieser Wunsch in Paula stärker. Schließlich hielt sie es nicht mehr aus, sie musste Otto um Urlaub bitten. Sie konnte in Worpswede nichts dazulernen. In den Ateliers von Overbeck, Mackensen, Vogeler sah sie immer dieselben Motive, immer dieselbe Technik. Auch Otto blieb seiner Malweise treu. Die große poetische Naturdarstellung, ihm war sie doch gelungen! Was wollte er mehr? Die Verkäufe nahmen zu. Otto lehnte sich mit seiner Pfeife zurück. Wenn man fast zwanzig Jahre lang ausgebildeter Maler war und mit seiner Malweise Erfolg hatte, warum sollte man dann plötzlich etwas völlig Neues anfangen. Sie stritten darüber. Sie brauchte neue Anregungen. Weiter, immer weiterwollen. Sie behauptete, hier würde ihrer Kunst der Atem abgeschnürt. *Was ich wieder in Paris lernen möchte: dieses Schaffen aus dem Moment heraus, was die Franzosen in so hohem Maße besitzen, dieses den Nagel auf den Kopf treffen.* Otto war verstört, Paulas Wunsch traf ihn zutiefst. Er musste zugeben, er hatte eine Malerin geheiratet, die ihre Kunst ernst nahm. Soviel gestand er sich ein, dass er bisher nur wusste, in Paula eine intelligente, vielseitig interessierte Frau gefunden zu haben, wortgewandt, sicher im Urteil. Vor einem Jahr noch hätte er nicht geglaubt, dass ihr Wille und ihr Mut ausreichten, um in ihrem künstlerischen Mühen durchzuhalten. Die Bilder, die sie ihm zeigte, hatten ihn überrascht, und er gestand sich ein, dass einige sogar tiefer wirkten als seine eigenen.

Da war Paulas Bild *Elsbeth im Garten mit der Glaskugel.* Selbstvergessen steht die kleine Person, ein Pummelchen, im Gras, so wie Kleinkinder manchmal im Stehen träumen können, auf stämmigen Beinchen und doch verletzlich. Weiß das Hängekleidchen, weiß die große, runde Haube auf dem kleinen Kopf, wie beschützend. In der Glaskugel, die fest und sicher auf grünem Pfahl ruht, spiegeln sich Garten und Haus.

Plötzlich verstand Otto, warum ausgerechnet Paula seine Elfenbilder nicht leiden mochte. Die Erkenntnis kam ihm blitzartig, als er sein Bild *Garten mit Elsbeth und Glaskugel* mit ihrem verglich. Dasselbe Motiv, er hatte es symbolisch überfrachtet. Warum setzte er einen Marmorengel mit himmelwärts weisender Hand ins Gartenbeet? Paula kritisierte. Welche merkwürdige Idee, sollte der Engel vielleicht an Elsbeths verstorbene Mutter erinnern? Warum stand das Kind so puppenhaft hinter den Blumen, und die Glaskugel konnte jeden Moment vom Ständer fallen.

Sie betrachtete mit zunehmender Ratlosigkeit Ottos Arrangement. Er übte Selbstkritik. *Ich mache immer zu viel, dadurch werde ich leicht kleinlich. Ich wirke leicht zu niedlich, nett, angenehm, während mein Ideal Größe ist. Teufelsmädel!* hatte er vor ihrem Bild gesagt, und Paula sah in Ottos Blick die Anerkennung, die sowohl ihrem Werk wie ihrem Urteil galt. Ein schöneres Weihnachtsgeschenk konnte es für sie nicht geben. Aber spürte sie nicht den Anflug eines leichten Erschreckens bei Otto, dass sie ihn überflügeln könnte?

Sie ging durch die Dämmerung zu Bauer Behrens in der Bauernreihe, wo sie die Kinder vermutete. Sie ging durch die Diele in den großen Flur. Die alte Standuhr schlug fünf. Durch das Gelächter, das aus dem Zimmer neben der Küche drang, wurde sie aufmerksam und entdeckte Elsbeth, die mit den Kindern von Krummachers und denen von Behrens am Tisch saß, wo sie gemeinsam aus einer Pfanne Buchweizenpfannkuchen gabelten. Wie einfach war es, auf dem Lande glücklich und zufrieden zu leben.

Aber wenn Paula weiterkommen wollte, musste sie von hier fort. Die letzten Tage waren voller Sturm und Schneeregenschauer gewesen. Zu keiner anderen Jahreszeit war der Himmel so grau und die Erde so unwirtlich wie am Dezemberende. Paula fieberte nach Licht. Mit der Dunkelheit sanken die Temperaturen, und in denjenigen Zimmern, die nicht beheizt wurden, fröstelte sie, feuchte Kälte machte die Hände klamm.

Paula war seit November 1902 anfällig geworden für Krankheiten. Ihr ging es schlecht. Sie litt unter Kopfschmerzen, Bronchialkatarrhen. Eine Kur mit Tees und heißen Holundersäften hatte nur vorübergehenden Erfolg. Und dabei konnte sie kaum malen. Sie sah wenig Sinn in ihrem Alltag. Sie fühlte sich alt und verbraucht. Sie musste wegen Paris etwas unternehmen.

Am letzten Tag im Januar stand sie früher auf als sonst. Sie ging nicht ins Atelier, bat Otto nach dem Morgenkaffee sie auf einem Rundgang zu begleiten. Die Sonne lag wie eine Eisscholle im schneedunstigen Himmel. Der Weyerberg war raureifbedeckt, scharf begrenzt von kaltweißer Bogenlinie. Paula ging neben Otto her über den hartgefrorenen Weg. Sie schlug ihm endlich vor, sie für ein paar Wochen in Paris arbeiten zu lassen.

Otto erschrak, das war gegen althergebrachte Tradition. Warum eigentlich, fragte sie, war er so abhängig von der Meinung der Verwandten, der Freunde, die ihre Reise missbilligen werden?

Er schwieg, trat heftig auf eine zugefrorene Pfütze, und das Eis splitterte. Sie fragte: »Machst du dich nicht zum Sklaven der Gesellschaft, einer starren Etikette, die verlangt, dass sich die Frau bedingungslos unterordnet?« Warum durfte sie kein Recht auf eine eigene Entscheidung haben? Paula schaute von der Seite her zu ihm auf. Wenn sie zu ihrer Ausbildung ihren eigenen Weg gehen wollte und ein paar Wochen in Paris studierte, so bedrohte sie damit keinesfalls sein Leben, noch sein Glück, stellte keine Gefahr dar für sein Werk.

Otto sah das anders. Hier wohnt Hans am Ende, dort drüben wohnen die Overbecks. Alle sind sie hier geblieben. Er zeigte in die Richtung der Häuser seiner Malerfreunde. »Entschuldige, Otto, aber ich finde, du bist ziemlich altmodisch. Es hört sich an, als schriebest du dich selbst an diesem Ort fest.« »Das möchte ich wohl auch, in dieser Stille leben«, erwiderte er. »Aber das ist doch verrückt. Hier ist alles erstarrt. Ihr lebt doch in der Vergangenheit. Ihr seid allesamt eingeschlafen. Da hinten die Kirche, daneben der Friedhof. Ich muss hinaus. Ich habe noch so viel Neues vor.«

Otto wandte sich ab. Er dächte anders darüber, könne sich nicht vorstellen, warum sie nicht so wie er fühlte, er sähe ihr Vorhaben als Flucht an. Paula blieb stehen. Als Flucht dürfte er ihre Reise nicht bezeichnen. Sie hätte ein Ziel vor Augen. Nein, sie hätte keine Angst vor dem Leben in Worpswede, aber Paris wäre eine Chance, die sie auf jeden Fall wahrnehmen wollte.

Oberhalb des Barkenhoffs kehrten sie um. »Du bist so schweigsam«, sagte Paula. »Ich habe allen Grund, still zu sein, ich habe Angst«, murmelte er, dass sie den Satz kaum verstehen konnte. »Wovor?« fragte sie zurück und blieb stehen. Sie sah zu ihm auf. »Wovor hast du Angst?« Sie schaute ihm in die Augen und verkrampfte die Hände in den Manteltaschen. »Ich weiß es nicht genau«, sagte Otto.

»Ach Otto, vertrau mir, gib mir die Chance.« Sie fasste ihn an den Armen, rüttelte ihn leicht. »Ich weiß, dass ich viel von dir verlange, mehr als andere Frauen von ihren Ehemännern verlangen, aber wir beide führen doch auch ein anderes Leben als die meisten.« Sie spürte, wie sich seine angespannten Muskeln lockerten. »Komm, Otto!«

Er schwieg. Sie hörte nicht auf, ihn zu bitten. Auf einmal Worte wie »unter gewissen Umständen, ja«. Paula horchte auf. Briefe gingen hin und her zwischen Worpswede und Bremen. Selbstverständlich war Mutter Mathilde bereit, den Haushalt zu versorgen. Selbstverständlich schenkte sie der Tochter hundert Mark für die Reise. Paula nutzte ihre Chance und bestellte eine Fahrkarte von Münster nach Paris für den 10. Februar. Am 8. Februar wird sie in Münster mit Otto den 70. Geburtstag seiner Mutter feiern.

Ein stilles Fest im Hause Modersohn. Paulas Geburtstag am selben Tag wurde ebenfalls überschattet von der Schwermut, die von Mutter Louises Krankheit ausging. Als Paula dann im Zug nach Paris saß, fuhr Otto nach Worpswede zurück. Am 20. Februar schrieb Mutter Mathilde Becker aus Worpswede in einem Rundbrief an ihre Familie: *Ich lebe seit ein paar Wochen mit einem der feinsten, liebenswertesten Exemplare der Spezies Mensch, mit meinem Otto Modersohn zusammen. Er hat Paula nach Paris geschickt, noch einmal zu schauen, zu lernen zu arbeiten. Er selber mag nirgends anders arbeiten als in Worpswede, er findet hier jede Anregung, jedes Glück, er wurzelt wie ein Baum in dem Boden, in den er sich selbst hinein pflanzte. Dabei schaut er mit größter Objektivität und liebreichstem Interesse Paulas anderer Art zu.*

An alles war gedacht, nur nicht daran, dass einmaliges Atemholen nicht ausreichen würde, dass Paula demnächst, wenn die Stille von Worpswede wieder lähmte, erneut aufbrechen musste. Vorerst holte sie tief Luft in Paris. Sie stand am Fenster in ihrem

Atelierzimmer in der Rue Cassette 29 und sah hinaus. Sie schaute über die plakatbeklebte Mauer, die den Hof gegen den Klostergarten dahinter abschloss, Kastanienbäume streckten kahle Zweige über den Mauerrand. Sie schaute nach links, um zu sehen, wie blau und seidig der Himmel von Paris sich hinter dem Dach der Kirche ausnahm, die zum Kloster gehörte. »Was machen wohl meine Liebsten in Worpswede?«, dachte sie.

Ob Otto wohl verstanden hatte, was sie ihm am 18. Februar zum Geburtstag nach Worpswede schrieb? *Weißt Du, ich denke hier auch viel an Deine Bilder. Sie müssen noch viel, viel merkwürdiger werden. Da muss ein Hauch und ein Ahnen und eine Merkwürdigkeit in ihnen sein, wie in der Natur.* Otto war einmal ihr bewunderter Meister gewesen, als sie noch Schülerin war in Berlin. Er war elf Jahre älter als sie. Trotzdem. Sie hatte keine Hemmungen vor den Erfolgen des angesehenen Künstlers. Sie wollte ihn bewegen, eine neue Art in seiner Kunst zu beginnen. *Der dicke Farbauftrag hat für mich etwas Materielles. Ich möchte es mit einer andern Lasur erzeugen, als Otto sie vorhat. Er kennt eigentlich nur die einmalige Lasur,* schrieb sie ins Tagebuch.

Sie konnte nicht umhin, Otto Ratschläge zu geben. Sie glaubte, einen Künstler, auch wenn er hochgradig gute Bilder gemalt hatte, auch wenn er die Formensprache, die Grammatik der Malerei beherrschte, zu immer weiteren Studien anspornen zu müssen. Paula glaubte, Verantwortung übernehmen zu müssen.

Ein Schnupfen plagte sie seit der Hinfahrt. Sie fror ein wenig auf dem Weg zum Louvre. Sie ging voll Erwartung, jenem Erlebnis in der Rue Lafitte nachträumend, als Cézannes Kunst sie überwältigte. Das war vor drei Jahren gewesen, bei ihrem ersten Parisaufenthalt.

Sie war mittlerweile im Obergeschoss des Louvre im »Saal Antike Bilder« angelangt. Keine Besucher hier in der Stille des abgelegenen Raumes, nur ein paar Trinker, die sich aufwärmten.

Und dann zwischen griechischer Vasenmalerei und Fresken aus Pompeji ein Frauenbildnis aus Altägypten, es sollte Kleopatra sein, und blitzartig die Erkenntnis, diese Darstellung entspricht deiner eigenen Kunst. Sie entspricht deiner Idee, wie du porträtieren willst, porträtiert hast. Schon 1897 malte Paula ihr Gesicht auf diese Weise, frontal, geradeaus blickend, in sich ruhend, keine Umgebung, die ablenkt. Sie spürte es fast körperlich: ihre Porträts standen in langer Tradition. Sie war auf gutem Weg! Jetzt müsste sie einen Wunsch frei haben, dann stünde Otto neben ihr, um mit ihr zu diskutieren, um ihre Freude zu teilen.

26

März 1903. Dünner Regen besprühte ihr Gesicht, ihr Haar. Paula lief durch die Straßen von Paris, suchte den Verkaufsstand, wo es Apfelsinen für Klein-Elsbeth gab. Sie erstand im Kaufhaus Bon Marché den strapazierfähigen Manchesterstoff für Ottos Jacke, kaufte das Tagebuch des Malers Delacroix, lief durch den Jardin du Luxembourg, wo die unermüdlich schwatzenden Kindermädchen die hochrädrigen Kinderwagen schoben. Sie schaute hinein, lächelte die Babies an. Sie war noch immer kinderlos. Martha Vogeler erwartete schon ihr zweites Kind. Paula sehnte sich heim, nannte Otto in ihren Briefen *mein lieber König Rother* und unterschrieb *Dein kleines Weib mit dem runden Leib. Eigentlich wollte ich »schönen« Leib schreiben, aber das magst du ja nicht so gerne, wenn ich mich selber lobe.*

Dann besuchte sie noch Rilkes, die in zwei getrennten Wohnungen arbeiteten. Rilke konnte Paris nicht gut vertragen. *Er hat Influenza, zum dritten Mal in diesem Winter. Er sollte lieber abreisen, denn das wäre vielleicht seiner Frau besser*, schrieb sie Otto.

Paulas Abreisetag rückte näher. Vater Wilhelm Modersohn hatte sich schon nach dem Datum erkundigt, an dem sie in Münster Station machen wollte, und dem Brief ein Veilchensträußchen beigelegt. Welch schöner Willkommensgruß! Paula freute sich über die nette Geste ihres Schwiegervaters. Wurde Paula doch von ihm anerkannt? Sie war überrascht auch von den ersten Zeilen in seinem Brief, die er ihr, die zurzeit in Paris lebte, extra in Französisch schrieb.

Ostern kam sie heim. Sie hatte während der langen Bahnfahrt an ihrem Ehering gedreht, der jetzt so locker saß, ihn ab und zu heimlich geküsst. Dass sie ihn nur nicht verlor. Abgemagert war sie. Sie brachte diese Augen mit heim, in die man nicht lange hineinsehen kann, urplötzlich musste man sich umarmen, sich küssen. So hatte Otto sie nicht gekannt. Er wurde von ihrer Hingabe überrumpelt.

In den kleinen Bauernhäusern wieder Neugeborene. Überwältigend diese Fruchtbarkeit. Paula malte stillende Mütter, schlafende Säuglinge auf rotgewürfelter Decke.

»Komm, zieh das blaue an. Ich möchte dich im Garten malen.« Otto wartete an der Staffelei, bis Paula im Gras vor ihm stand, barfüßig, im ärmellosen, rückenfreien Kleid. Ah, der laue Frühlingswind. Sie warf die Arme hoch.

»Wir sollten heute Abend einmal wieder Luftbaden.« Becker'sches Luftbaden, Kleider ablegen und nackt hinaus ins Freie. Dem Körper Luft gönnen, Luft genießen. Als es dunkel genug war, liefen die beiden durch den Garten. Das Gras war betaut und feuchtete ihre Füße. Sie liefen unter dem blühenden Apfelbaum her, Adam und Eva.

Später war sie ins Schlafzimmer gegangen, kämmte sich vor dem Spiegel das schwere Haar. »Warum magst du das Konventionelle nicht, warum verachtest du die Tradition«, fragte Otto und stellte sich hinter sie, schaute ihr über die Schulter. »Ich kann nicht finden, dass ich Traditionen ablehne, aber ich bin kein Mensch von vor hundert Jahren, ich habe andere Träume, andere Visionen.« *Wenn jeder auf seinem Standpunkt verharrt, kann die Liebe nicht verbinden.* Ottos Gedanken. War das die Schranke, die sie zwischen ihrer glühenden Liebesbereitschaft und Ottos Verhalten spürte, oder war es immer noch seine gekränkte Eitelkeit?

Das war nicht die Heimkehr, auf die sie sich so gefreut hatte. Wer eigentlich hatte sie vermisst? Elsbeth wich nicht vom Rockzipfel der lebhaften Großmutter, ließ sich von ihr kleine Bilder malen, hing mit offenem Mund an Mathilde. Die erzählte dem Kind Märchen und Sagen, wurde dabei wieder junge Mutter, aber ohne deren Verantwortung. Otto bewunderte die Redegewandtheit, den Witz seiner Schwiegermutter, die ihn mit Erzählungen aus der Bremer Kunstszene unterhielt, die sich darin sonnen konnte, mit wenig Aufwand so viel Harmonie zu verbreiten. Er wollte ihr in Worpswede auch etwas bieten und veranstaltete für sie eine private Ausstellung von William Turners Bildern, Reproduktionen des impressionistischen Malers, die er gesammelt, aus Kunstzeitschriften ausgeschnitten hatte. Er stellte sie eines Abends im Wohnzimmer aus, und Mathilde mit der Tasse Tee in der Hand ging von Bild zu Bild. Während Otto die Malweise Turners erläuterte, bewies Mathilde ihr Wissen, als sie die mythologischen Figuren benennen konnte, die Turner mit Vorliebe in seine Bilder setzte.

Zweifellos hatten sich alle drei im Modersohnschen Haus gut verstanden, während Paula in Paris war, und sich nicht gelangweilt. Das war gut, und Paula konnte nur froh darüber sein, auch wenn die Gemeinsamkeit ab und zu auf ihre Kosten ging. Sie hatte es im Gespür, da gab es stillschweigende Abmachungen von jenen, die sich auf dem richtigen Weg dünkten, und die arme Verirrte, die sich nicht wie allgemein üblich verhielt, mit nachsichtigem Mitleid bedachten.

Aber warum hatte Otto plötzlich mit neuem Malmaterial gearbeitet, warum diese speziellen Stifte gekauft? Wollte er ihr und seiner Schwiegermutter klarmachen, dass man Neues auch in der Abgeschiedenheit von Worpswede beginnen und erproben konnte, dass eine Reise in die Ferne töricht war? Warum hatte Mutter Mathilde die Verandafenstersprossen weiß streichen lassen, Kissen bestickt? Hatte sie Angst, dass eine Verbindung, an der ihr so viel lag, durch die Reise der Tochter gelockert werden konnte? Doch nun war Paula wieder da, und Mutter Becker war zufrieden. Jetzt war die Tochter wieder auf richtigem Wege, war wieder die sorgende Hausfrau. Otto notierte: *Sie malt, liest, spielt Klavier. Der Haushalt geht auch ganz gut, nur das Familiengefühl und das Verhältnis zum Hause ist zu gering. Ich hoffe, dass das noch besser wird.*

Natürlich hatte Paula das Abschätzige in den Blicken der Worpsweder Malerfreunde bemerkt, als sie zurückkam. War Frau Modersohn so anders als ihre Frauen, die brav zu Haus blieben, die einzig für Mann und Kinder da waren? Mackensen und Overbeck warfen sich in die Brust, stellten das Bierglas heftiger auf den Tisch. Paula war früher schon eigenartig gewesen, erinnerte sich Mackensen. Von seinem Leitspruch »Dürer als Führer« hatte sie nicht viel gehalten. Was wollte Paula eigentlich in Paris? Malen? Paulas Spleen. Malte sie denn hier nicht genug? Sie schien doch sowieso nichts Besonderes zu fabrizieren. Es sprach nicht für Paula, dass Modersohn noch nie versucht hatte, ihre Werke der Öffentlichkeit vorzustellen. Er musste sie doch am besten beurteilen können. War er nicht das *Haupt der Worpsweder Kolonie* gewesen, *das größte Talent der Gruppe*, wie die *Kölnische Zeitung* urteilte? Diese Bevorzugung lag einigen Malern noch immer schwer auf der Seele. Rilke jedenfalls hatte nach der Hochzeit sofort Claras Werke fotografieren lassen und sich um Aufträge für die Künstlerin bemüht. Die beiden Männer hatten das

Zuschlagen der Tür nicht gehört. Plötzlich stand Modersohn neben ihrem Tisch in der Wirtsstube. Die zwei verstummten, nahmen ihr Glas in die Hand. Na, nun war Modersohns Familie ja wieder komplett. Sie prosteten ihm zu. Paulas Malspleen durfte man nicht ernst nehmen.

Modersohn nahm ihn ernst, schwieg sich darüber aus, kein Wort zu den anderen, notierte aber ins Tagebuch: *Paula hat eigene Ideen über Form, Farbe über Technik. Sie ist künstlerisch durch und durch. Sie ist sicher die beste Malerin, die je hier gewesen ist. Diese kleine Deern soll besser malen als du, der Deubel! Das wäre doch! Paula ist ein geniales Frauenzimmer, eine wirkliche Malerin, sie malt heute schon besser als Heinrich Vogeler. In aller Stille wird sie weiterstreben und eines Tages alle in Erstaunen setzen, wie ich damals. Junge, Junge, jetzt fang ich an. Mir sind die Augen offen. Das wird ein Wettlauf!*

Aber erst einmal wurde Urlaub gemacht vom 9. Juli bis zum 5. August in Steenodde auf Amrum, in einem alten Friesengehöft unterm Reetdach. Man sah die drei Modersohns, Otto, Paula und Elsbeth, bald rotgesichtig mit Sonnenbrand, manchmal barfuß beim Wattwandern, oft vorm Sturm Schutz suchend über den Strand laufen.

Als Paula am 29. Juli ihr *Sendschreiben an die Familie* in Bremen illustrierte, zeichnete sie Otto mit breit krempigem Hut, mit Pfeife und umgehängtem Jackett im Strandkorb. Bis dahin hatte er keinmal im Meer baden wollen. Nun war die Badehose gekauft. Als Beweis zeichnete Paula ihn mit Elsbeth rechts an der Hand, mit Paula an der linken, alle drei in Badezeug, in Rückenansicht, selbst die Puppe, die Elsbeth neben sich her zieht.

Otto notierte im Reisetagebuch: *Oft stürmisches Wetter; Paulas kühnes Baden an solchen Tagen. Elsbeth erkrankte und bekam die Masern, blieb bei Mutter Becker.* Bis Sonntag, den 16. August, pflegte Paula Elsbeth in Bremen. Gesunden würde das Kind ihrer

Meinung nach besser in Worpswede. Auch Paula brauchte dringend ihr Zuhause, brauchte ihr Atelier und sehnte sich nach Otto, ihren *herzinniglich* geliebten Mann, wie sie ihm schrieb.

Paula malte wieder daheim, sprach weder vom Wettlauf, noch verglich sie ihre Arbeiten mit denen von Otto. Die Bilder von Cézanne waren bei ihr, als sie ihr Stillleben malte *Tonkrug mit Ringelblumen, Kruke, Weißbrot, Apfelsinen und Zitrone*. Otto gefiel das Bild sehr. *Diese kleine Deern soll besser malen als du?* Er ging in den Garten hinaus, trommelte mit der Faust aufs Gartentor, drehte Paula den Rücken zu, die in der Veranda stand. »Was hattet ihr denn?« fragte Heinrich Vogeler, der gerade vorüberging. »Nichts, gar nichts«, sagte Otto, kehrte ins Haus zurück. »Jetzt fange ich an«, sprach er vor sich hin. Er wollte seiner Ehefrau in punkto Eifer nicht nachstehen, und neue Bilder schwebten ihm auch vor. Diesmal täuschte sie sich, er würde es ihr schon zeigen. Er war auf gutem Wege. Oho, eine Lust zu malen erfasste ihn! Bild um Bild entstand. Am Ende dieser Schaffensperiode war er ganz obenauf. Seine Bilder verkauften sich.

Grippewelle. Otto lag mit feuchtem Umschlag um den Hals auf dem Sofa und versuchte mit geröteten Augen in einer Zeitschrift zu lesen. Elsbeth hatte die Erkältung überwunden, sie war schon wieder auf den Beinen. Kleinkinder sind lebhaft. Elsbeth knallte Türen. Es war seit Tagen trübes Wetter, sie tobte mit der Puppe herum, wollte sie zerschlagen. Dem hustenden, niesenden Otto war das lästig. Paula musste die Kleine mit Spielen beschäftigen, musste Otto besänftigen. Komm Elsbeth, wir machen uns einen Bratapfel. Trost brauchte Schwester Milly, deren Verlobung auseinanderging. Trost brauchte Bruder Günther, der unglücklich aus Australien schrieb. Paula musste auch Mutter Mathilde beruhigen, die Kinder kämen schon zurecht.

Missstimmungen. Tage, wo man sich lieber aus dem Weg geht. Wieder dieser Nullpunkt, wo Otto nichts schaffen konnte, wo er immer so blass und verfallen aussah. Paula holte Ottos besondere Mappe, Zeichnungen in Rötel, Kohle, Kreide. Seine kleinen Blätter, siebenhundert oder mehr, die er im Laufe der Jahre gemacht hatte, abends beim Licht der Petroleumlampe. Sie wartete, bis er einige herausnahm. *Mann auf dem Weg im Moor*, *Abend im Moor*, Momentaufnahmen und doch so gut und tief in der Stimmung, wie sie sie nur ein echter Künstler machen konnte. Die Skizzen mussten ausgeschnitten, geordnet und aufgeklebt werden. Es waren Paulas Lieblingsbilder. Auf dem Tisch im Atelier Scheren, Klebstoff, Pappen. Mit Eifer waren die beiden am Werk. So müsste es immer sein. Gemeinsam schaffen. Gemeinsam weiterstreben. Ottos neue Schaffensperiode begann. Otto mit flatterndem braunem Mantel draußen im Moor. Paula konnte sich beruhigt ihren eigenen Skizzen zuwenden.

Schon gab es in Bremen ein neues Problem, und Paula erlebte eine typische Situation in der Becker'schen Familie. Herma wollte so gern Abitur machen. Paula bestärkte sie darin, hatte intensiv mit der Mutter darüber gesprochen. Aber die private Vorbereitung auf die Abiturprüfung, die Herma als Externe auf einem Jungengymnasium ablegen musste, kostete Geld und war meistens erfolglos. Latein, Griechisch, Mathematik, Physik konnte man doch wirksamer in der Prima eines Jungengymnasiums erlernen. Mathilde Becker, ideenreich und weltgewandt, stellte korrekt einen entsprechenden Antrag bei der Senatskommission für das Schulwesen. Man hatte schließlich Kontakte zum Gymnasium, an dem Mathildes Schwager unterrichtete, und Christiane, die Frau des Senators Rassow, war Mathildes Freundin. Ausnahmsweise, als Versuch, wurde der Antrag genehmigt. Man frohlockte in der Wachtstraße. Leider zu früh. Vierzehn Tage später bezog sich eine junge Bremerin auf diese Zusage.

Paula erlebte mit, wie die Mutter den Antrag zurückzog, wie man es stillschweigend von Frau Becker wünschte.

Der Senat hatte Angst bekommen vor zu vielen Nachahmerinnen und vor der Kostenlawine. Paula war diese Haltung im Elternhaus wohlbekannt. Man war fortschrittlich, aber wenn die Gesellschaft Grenzen setzte, wich man zurück. Gut, dass Herma durchhielt. Herbst 1904 wird sie das dritte und jüngste Mädchen in Bremen sein, dass Abitur macht.

Wenn Paula doch auch Erfolge vorweisen könnte. Sie enttäuschte. Immer noch das Gefühl, sich rechtfertigen zu müssen vor der Mutter, vor den Geschwistern. Der Mutter vielfache Bemühungen hatte sie immer noch nicht belohnt. Immer noch kein Erfolg mit der Malerei, auf den die Mutter stolz sein konnte! *O wenn ich erst was bin, dass ich dir und meinen Verwandten mutig in die Augen sehen kann. Allen möchte ich mutig entgegentreten und ihnen mein Werk vorweisen können, allen, die meine Malerschaft mitleidig und zartfühlend behandelten wie einen kleinen schnurrigen, verbissenen Spleen, den man eben bei einem Menschen mit in Kauf nehmen muss.*

Sie enttäuschte auch ihren Mann. Paula war wieder ins Armenhaus gegangen, hatte die Dreebeen gemalt, die Olheit, die kranken Kinder, das blinde Mädchen, das von seiner Schwester umarmt wird, das lungenkranke Töchterchen des Torfarbeiters.

Otto machte sich Gedanken über ihre Malerei. *Die Farbe ist famos, aber die Form, der Ausdruck: Hände wie Löffel, Nasen wie Kolben, Münder wie Wunden, Ausdruck wie Kretins. Sie ladet sich zu viel auf. Rat kann man ihr schwer erteilen.* Seine Kritik kam ihr sehr bekannt vor: Worpsweder Hängebäuche, so hatte der Vater gesagt. So durfte man nicht malen. Otto verstand Paula nicht. Diese Malweise war ihm fremd. Hilflos fühlte er sich ihr gegenüber. Solche Bilder würde kein ihm bekannter Galerist kaufen.

Paula raufte sich das schwere Haar. Sie rannte in den Garten, sah nach den Obstbäumen. Es würde keine gute Apfelernte geben, die Nachtfröste während der Blütezeit hatten zu viel geschadet. Allein die Stunden, die sie für Haushalt und Sorge um die Verwandtschaft brauchte, hätten ihre Energie aufzehren können. Aber sie hatte einen unbeugsamen Willen. Kunst und Familie sollten ihr Leben ausmachen. Das merkte auch Otto. Seine Familie lebte nicht nach der Regel *conventioneller Haushalt mit fehlenden geistigen Interessen. Bei uns ist die Sache anders*, schrieb er in sein Tagebuch. *Geistige Interessen hat P. mehr wie irgendeine.* Paula las zurzeit Bettina von Arnim *Goethes Briefwechsel mit einem Kinde*, Georges Sand *Lettres d'un Voyageur* und wieder Victor Hugos *Notre-Dame de Paris*. Nur in Paris konnte Paula ihrer Kunst leben.

27

Frühjahr 1904. Ein drittes Mal hatte sie nun das Buch *Notre-Dame de Paris* gelesen, das sie von Rilke bekam, hatte tagelang den Klang französischer Sprache im Ohr. Wünsche wurden wieder wach. Otto blieb unbesorgt, selbst nach diesen merkwürdigen Briefen, die sie ihm nach Münster schrieb, wohin er allein zur Geburtstagsfeier seines Vaters gefahren war.

Paula zog sich zurück in ihr Atelier bei Brünjes. Paula Modersohn spielte wieder Paula Becker. Kaum hatte sich die Tür hinter ihr geschlossen, tanzte sie herum wie in früheren Tagen. Sie holte ihre Gitarre hervor. Die mädchenhafte Munterkeit kam zurück. Wunderbar schlief sie in ihrer Junggesellinnenkoje. Hahn- und Hühnerstimmen waren ein himmlisches Wecken. Sie öffnete das Fenster, frische Stallluft wehte herein. Jetzt ein Lauf über den

Weyerberg. Paula veränderte ihre Lebensgewohnheiten. Sie kochte sich auf dem Petroleumofen ihr Frühstücksei. Zucker im Kaffee war nicht verboten wie in Ottos Elternhaus, wie sein Bruder Ernst zu berichten wusste. Paula war wie von einem Druck befreit. Hatte zu Mittag Appetit auf kalten Reis mit Apfelschnitten und Rosinen. Kartoffeln würde es heute keine geben. »Hier, Elsbeth, nimm noch«, sagte sie und füllte der Kleinen nach. Beide aßen mit Genuss. Allen teilte sie es mit, sie schrieb es Otto, sie schrieb es Tante Marie, sie schrieb es Milly: *Alles Dinge, die ich wahrhaft kindlich liebe, die Otto nicht zum Leben ausreichten. Ich fühle mich so göttlich frei!* Es war, als platzte sie, wenn sie diese Freude nicht mit vielen teilte. Gab zu, dass ihre Freiheit deshalb so schön war, weil sie Otto im Hintergrund wusste. Warum diese Freude jedes Mal, wenn sie von ihm getrennt war? War es die Freude auf das Wiedersehen? Oder vielleicht dies, man konnte sich endlich einmal wieder Briefe schreiben. Und in Briefen sagte sich manches leichter.

Wochen später. Paula auf dem Nullpunkt. Angst vor der Leere, fürchtete die Wartezeit, bis wieder Malanstöße kämen. Suchte Anregungen. Fühlte sich abgekapselt in dörflicher Enge. Diese Abgeschiedenheit Worpswedes! Sie war Großstadtkind. Paula regte an. Kurzreisen. Museumsbesuche in Dresden, Kassel, Braunschweig, Goslar, Hildesheim. Nach Hagen fuhren sie ins Folkwangmuseum, das Karl Osthaus, der Kaufmann und Kunstmäzen, gerade hatte erbauen lassen. Wanderungen. Worpswede – Fischerhude. Dort besuchte man Ottos väterlichen Malerfreund Breling. Eine seiner Töchter, Luise, konnte so wundervoll singen.

Man schrieb inzwischen 1905, und Paula musste wieder nach Paris. Vergnügungen konnten nicht darüber hinwegtäuschen, dass Paula sich unglücklich fühlte. Sie fühlte sich einsam. Wieso? Otto belebte alte Freundschaften zu Mackensen, Vogelers. Ein Kegelabend wurde wieder eingeführt. Geplänkel, belanglose Fragen und Antworten. Otto wie ausgelassen. Reizend war Philine, Franz Vogelers Frau, wirklich angenehm, stickte, webte, machte keine Schwierigkeiten. Schäkereien, Witze. »Mit der Kugel auf der Bahn bleiben, Paula, du bist doch sonst so sportlich!« Um Otto einen Gefallen zu tun, war sie mitgegangen. Gespräche hatte sie angehört, bei denen sie von Beginn an vorhersagen konnte, wie sie verlaufen und enden würden. Und hatte bei all dem das Gefühl, als hielte sie eine Hand im Genick fest. Die Zeit, die ihr verrann, die wenige Zeit!

Paula lächelte krampfhaft, sie fand Philine ja auch ganz nett, hätte sich gern mit ihr unterhalten wie mit Clara früher. Eine Freundin wie Clara fand sie hier nicht. War sie wieder falsch am Platz? Eigentlich hatte sie zu Hause lesen wollen, eigentlich sollte sie jetzt in Paris sein. Herma war dort. Sie hatte sich nach dem Abitur entschlossen, nicht Medizin, sondern Sprachen zu studieren und wollte als Au-pair ihr Französisch verbessern.

Den ganzen Winter über rang sie mit Otto um die Reise. Hörte Vorwürfe, Beschuldigungen. Eine Egoistin sei sie, vom Bazillus der Selbstverwirklichung befallen. Konnte Otto sich denn gar nicht vorstellen, dass sie die Anregung brauchte wie die Luft zum Atmen? Malen war ihr Lebenselement, war ihre Bestimmung, der sie mit ganzer Seele nachgehen wollte. Sie hatte Mut, diesen Aufenthalt von ihrem Mann zu fordern. Als Maler müsste er sie verstehen. Fürchtete er sich davor, seine häusliche Bequemlichkeit aufgeben zu müssen. Fürchtet er die Lästerungen der Freunde? »Rücksichtslos«, zischte er ihr zu, wenn sie nach den Mahlzeiten abrupt aufstand, bei denen es kaum noch zu Gesprächen kam. Er irrte sich, wenn er glaubte, dass eine Frau, die belesen war, die ehrgeizig malte, ihn weniger lieben würde als eine Partnerin, die sich nur um den Haushalt kümmerte.

Friedrich Nietzsches Bücher wären schuld an diesem Egoismus, sagte Otto eines Mittags und schlug mit der Serviette auf den Tisch. Nietzsches Ideen hätten den Leuten den Sinn verwirrt und die gute alte Ordnung auf den Kopf gestellt. Man brauchte sich nur die kleine Reyländer anzusehen oder Rilke. Otto drehte sich heftig um: »Hättest du diese Bücher doch nie zu Gesicht bekommen.« Paula, die spürte, dass es ernst wurde, schwieg eine Weile. Dann sagte sie ruhig: »Das sind dumme Scherze, die mir, wie du weißt, sehr auf die Nerven gehen. Und hier im Haus wird von meinen Nerven schon viel verlangt. Wenn ich nur an die Mühe denke, bei dir und Elsbeth die Stimmung hochzuhalten.«

Am selben Abend schrieb er in sein Tagebuch: *Egoismus ist die moderne Krankheit, Paula leistet sich auch was in Egoismus. Ob wohl alle begabten Frauenzimmer so sind? Begabt in der Kunst ist Paula ja sehr. Wenn sich damit doch mehr menschliche Tugenden verbänden. Das muss das schwerste sein für ein Frauenzimmer: geistig hoch, intelligent und doch ganz Weib. Diese modernen Frauenzimmer können nicht wirklich lieben, oder sie fassen Liebe nur von der animalischen Seite, die Psyche nimmt daran nicht teil. Selbständigkeit, Selbstgefälligkeit, das kann keine glückliche Ehe geben. Der Mann, so denken sie, ist natürlich in mittelalterlichen tyrannischen Gelüsten befangen, wenn er erwartet, dass seine Frau ihm zuliebe etwas tut, mit ihm lebt, auf sein Interesse eingeht. Eine Frau würde da ja ihre Rechte, ihre Persönlichkeit opfern.*

Das waren harte Worte, und Paula, die in der Nacht nicht gut schlafen konnte, hörte, dass er im Haus umherlief und vor sich hin schimpfte. Am nächsten Morgen sagte sie leichthin: »Ich habe Nietzsches *Zarathustra* mit großem Vergnügen gelesen.«

Otto grollte. Paula erinnerte ihn daran, dass sie sich einmal von Herzen geliebt hätten. Aber hier ging es um ihre Kunst. Sie wollte unbedingt eine gute Malerin werden. Plötzlich spürte sie eine Kälte in ihr hochsteigen bis zum Nacken. Da standen sich zwei Menschen gegenüber, die sich fremd wurden.

Am Abend richtete sie es so ein, dass sie einen gemeinsamen

Weg hatten, als Otto noch einmal in sein Atelier ging. Der Himmel war Wolken verhangen, und der Wind trieb feuchte Luft. »Wir wollen uns das Leben gegenseitig nicht so schwer machen. Hast du eigentlich eine bestimmte Vorstellung davon, wie ich mich verhalten soll? Wenn ja, möchtest du, dass ich mich strikt danach richte?« »So kann man das nicht sagen«, Otto schüttelte den Kopf. »Ich weiß, dass du mich nicht bewusst kränken willst, aber dein Hinterherjagen hinter einem Phantom, das du das Zukünftige in der Malerei nennst, ist das nicht vergeudete Energie? Ist es nicht vertane Zeit, immerzu in Paris Malerei studieren zu müssen? Solltest du stattdessen nicht lieber zu Haus malen?« Sie waren vor seinem Atelier angekommen. Paula gab sich einen Ruck: »Ich dachte, ich hätte im Haushalt immer mein Bestes gegeben, wenn nicht, dann bedaure ich es. Nur bitte ich dich, in Elsbeths Gegenwart nicht mehr so laut zu werden.« »Entschuldige, dass ich kürzlich am Mittagstisch so heftig geworden bin«, sagte er. »Ich glaube, unser Verhältnis ist äußerst gespannt geworden.« »Ja, wir fangen an, uns sehr auf die Nerven zu gehen. Wie schnell haben wir früher Unstimmigkeiten weglachen können. Ich möchte gern, dass wir wieder miteinander umgingen wie damals.« »Auch ich lege großen Wert darauf, dass wir in Frieden miteinander leben.« Jetzt mussten sich ihre Wege trennen. Paula fragte: »Würdest du meinen Wunsch noch einmal überdenken?« Otto nickte, als er die Tür öffnete. Paula ging weiter. Vielleicht würde er einmal froh sein, wenn sie ihm von ihrer Reise erzählen konnte.

In den nächsten Tagen schilderte sie ihm immer wieder, wie wichtig es für sie wäre, sich mit neuer Kunst vertraut zu machen, frei von anderen Verpflichtungen. Sie musste Cézannes Bilder wiedersehen, die über sie hereinbrachen wie ein Gewitter, und worüber sie nie sprach. Sie wollte endlich in Ruhe die Bilder von Gauguin betrachten. Sie setzte sich schließlich durch.

Dans Aix-la-Chapelle je suis très fidèle, je suis la tienne ta petite Parisienne, schrieb sie an *Herrn Otto Modersohn, großer Historienmaler, Worpswede bei Bremen* am 15. Februar von unterwegs aus Aachen, und morgen wird sie durch den Luxembourg wandeln, morgen wird sie die Luft von Paris atmen.

Sie zeichnete intensiv in den Akademien und malte, sie skizzierte unzählige Male im Louvre, sie zeichnete in den Ausstellungssälen. Über den Luftheizungsschächten im Luxembourg wärmte sie sich auf. Immer wenn Herma zu Besuch kam, fragte diese, ob sie nicht einen von ihren Schals mitbringen sollte. Paula fröstelte oft, war dabei hochgradig erregt. Trotzdem wollte sie nicht ausruhen, sich von Herma Tee kochen lassen. Paris bot viel in diesem Frühjahr 1905. »Wir müssen zu den Bildern im Salon des Indépendants. Wir können billige Karten bekommen für die Ouverture der *Zauberflöte*. Wir müssen unbedingt *Hernani* sehen.« Auch wenn sie stundenlang vorm Théâtre Français anstehen mussten, die Schwestern wollten die Aufführung von Victor Hugos Drama nicht versäumen. Ob aber eine frivole Aufführung in einem Vaudeville für Herma geeignet gewesen war? Paula bezweifelte es im Nachhinein. Die beiden machten Spaziergänge. Endlich kam Paula auch in den Bois de Boulogne. Herma lernte in Meudon den Bildhauer Rodin kennen.

Am 22. Februar, dem Tag von Ottos Geburtstag, malte Paula das Stillleben *Apfelsinen und Zitronen*. Sie musste malen, immerzu das *Brausen* in sich spüren. Und übermorgen wird sie wieder pünktlich nach Deutschland schreiben. Sie musste die Fäden gespannt lassen. Heizte Johanne, das Hausmädchen, auch tüchtig? War das Fenster zur Küche schon zugenagelt? Konnte Otto gut malen? Der Gratulationsbrief zu Kurts Promotion durfte nicht vergessen werden.

Nach vielen Briefen hin und her musste sie Zimmer organisieren, denn Otto und die Worpsweder Freunde wollten auch nach

Paris reisen. Messer, Gabel und Teelöffel müssten sie mitbringen. Otto sollte Pfeife und Tabak nicht vergessen. Hatte Paula aus der Ferne alles geregelt? Als sie abends ihren Malkittel auszog, fiel ihr Ottos blauer Anzug ein, den musste Mutter Becker unbedingt noch einmal durchsehen wegen der Flecken.

Anfang März 1905. Ottos Mutter erkrankt. Otto wird nach Münster gerufen. Am Fastnachtsdienstag stirbt Louise Modersohn. Otto und seine Brüder sind bei ihr in der Sterbestunde. Die Mutter war 72 Jahre alt.

Otto nahm selbstverständlich an der Beerdigung teil. Paula blieb in Paris. *Du musst mir bitte ganz ehrlich schreiben, ob Du die Empfindung hast, dass ich nach Hause kommen soll. Wenn Du denkst, Du fühlst Dich einsam ohne mich, so schreibe es mir doch bitte. Ich habe hier gerade so viel Schönes und Inhaltvolles gesehen und fühle, dass noch vieles ist, was mich äußerst interessiert, und ich möchte Dich auch bitten, die Reise nach hier nicht aufzugeben.*

Paula kondolierte ihrem Schwiegervater. Sie stand schweigend auf dem Montmartre vor der Kirche Sacré-Coeur, als sie die Stunde der Beerdigung auf dem Friedhof in Münster vermutete.

Lieber Otto, ich sehe dich still in einer Ecke des Wohnzimmers sitzen, in dem der leere Sessel deiner Mutter steht. Ich habe Sehnsucht nach dir, lieber Kerl, weil ich dich küssen möchte und in meinen Armen halten und dir wohltun. Mit glühenden Sätzen der Liebe beendete sie ihre nächsten Briefe.

Es wurde für Otto keine glückliche Reise im Jahre 1905. Wohl kam er mit den Worpswedern nach Paris, aber er kam sehr bedrückt. Schwieg. Das mi-carême, die Konfettischlacht zu Mittfasten, interessierte ihn nicht. Er ärgerte sich über die dort vertane Zeit, kam sich wie ein Verräter vor an allem, was ihm wichtig war. Er schlief schlecht. Er aß wenig.

Wie freute ich mich auf die Tage mit dir, sagte er zu Paula, als sie wieder in Worpswede waren, *da trat der Tod meiner Mutter ein und vierzehn Tage lebte ich in großer Bedrückung an der Seite meines Vaters. Ich mochte nicht auf Paris verzichten und hätte es doch tun sollen. Mir war oft weh zumute, wenn ich mich zu Vogelers hielt, während ich doch an deine Seite gehörte. Und wenn dir meine Mutter auch fern gestanden, ich hatte doch Trauer.*

»Vielleicht nimmt ein Mann die kleinen Zeichen nicht wahr, mit denen Frauen Sympathie signalisieren«, sagte sie, »Ich jedenfalls habe gehofft, dass deine Mutter fühlte, wie sehr mich ihr Los betroffen machte, als ich ihr den Veilchenstrauß aus Paris ans Krankenbett schickte. Ich denke sie mir als Frau, die in einer ganz eigenen Welt der Schmerzen lebte und in christlicher Ergebenheit in ihr Los.« Einmal hatte Paula in Münster Mutter Louises Gesicht gezeichnet und einen wehen Zug hinein gesetzt.

Paulas Beteuerungen: *Ich bin nicht liebearm. Ich weiß es und beklage, dass alle sich an mir erschrecken. Mein Leben ist nicht ein einziger egoistischer Freudenrausch. Diese Hingabe an die Kunst hat auch etwas Selbstloses. Die einen geben es den Menschen, die anderen einer Idee. Ist darüber dieser zu loben und jener zu tadeln? Ein jeder muss es halten, wie die Natur es ihm heischt.*

In sein Reisetagebuch hatte Otto Modersohn geschrieben: *29. März bis 7. April fuhr ich mit Milly, Heinrich Vogeler, Martha Vogeler, Marie Vogeler nach Paris. Wir wohnten alle in Paulas Hotel (rue Madame). Sahen bei Fayet die Gauguins, sahen die Buffalo Bill Show. Die Zeit war nicht erfreulich.*

28

Sie ist mir doch die Liebste, schrieb Paula ihrer Mutter nach Bremen an jenem Abend im November 1905, als sie von einem Besuch bei Clara zurückkam, die wieder in Worpswede gelandet war und bei Bauer Mensees zur Miete wohnte. Beim Abschied hatte sie die Freundin gebeten, sie malen zu dürfen.

In Paulas Atelier vorm bullernden Feuer im Ofen machten die beiden Frauen es sich gemütlich. Paula ließ Bratäpfel schmoren, warf wie früher ein Stück Weißtorf nach dem andern ins Feuer.

Erinnerungen. Wo hatte Paula das Foto von der Radtour durch Schleswig-Holstein zur Insel Rømø mit Heinrich Vogeler? Alle drei auf umgekipptem Boot, Vogeler mit der Gitarre. Ach ja, und einmal hinaus zum ankernden Kutter, wo Clara auf den heißen Planken barfuß zur Schifferklaviermusik tanzte, solange, bis die Fußsohlen voll Blasen waren. Dann die Prozedur, wie der Kapitän die Blasen mit dem Messer aufschnitt. Das »Hallo«, wie der Kapitän Clara durch die aufsteigende Flut zur Insel zurücktrug.

Ihre erste gemeinsame Zeit, sie zwinkerten sich zu, erinnerten, wie sie eines Sommertags den kleinen Torfkahn von Bullwinkels ausliehen, die Hamme entlang stakten und am Ende der ersten Flussschleife rasteten, wie sie aus Irisblüten sich Ketten flochten und nur mit Blumen um den Hals und im Haar durchs Wasser schwammen.

Sie hatten nach langen Jahren wieder Spaß miteinander. Die kleine Ruth Rilke, Claras und Rainer Marias Tochter, brach gekränkt in Geheule aus, weil sich die beiden Frauen nicht um sie kümmerten. Einen Brief an den Papa sollte sie bemalen, der sie bald besuchen käme. Ruth erhielt einen neuen Malstift, krabbelte wieder auf ihren Stuhl, schniefte, hustete, kritzelte weiter. Rainer Marias *Krächzepeterchen*, wie er die Kleine nannte, war wie immer erkältet. Rainer war zurzeit in Paris. Über die Weihnachtstage wollte er nach Worpswede kommen. Clara seufzte: die Welt, das ist Paris.

Paula malte die Freundin in weißem Kleid auf dunklem Grund. Sie malte sie, den Kopf seitwärts gereckt, einen schmerzlichen Zug um Mund und Augen, so wie jemand, der einem Schlag ausweichen will. Trotzdem wirkte Clara bei aller Ergebenheit gefestigt mit dieser Rose in der Hand. *Es ist oft rührend bei Clara, in der so viel monumentaler und großliniger Stil liegt, zu sehen, wie sie eine Blume, eine einzelne Blume trägt oder auf ein kleines Ding alle Güte ihres breiten Wesens anwendet.* Paulas Worte, die Rilke aufschrieb in jenem Sommer der heimlichen Liebschaften. Damals feierten sie Rosenfeste im Barkenhoff.

Ende 1901, dem Jahr der drei Hochzeiten, hatte Clara ihrer Freundin zu denken gegeben. Nach der Heirat mit Rilke vergrub sie sich in ihrem Bauernhaus, radelte nicht mehr von Westerwede nach Worpswede. Umgab sich mit Schweigsamkeit. Nach einem Besuch bei Rilkes meinte Otto: *Wie ist seine Frau in dieser kurzen Zeit so ins Gegenteil verwandelt. Wo sie vor einem Jahr tollte, in ihrem einfachen bäuerlichen Kram saß, zwanglos und ungeschlacht – da sitzt sie nun, ein Vogel, dem man die Flügel geschnitten, in einem übermäßig ordentlichen Zimmer, wo man die Gegenstände, alle blank, kalt, sofort zählen kann.* Carl Hauptmann bedauerte: *Und die wundervolle, hohe, fliegende Clara Westhoff ist still geworden und saust nicht mehr einher wie ein Sturmwind. Nein, das kann ja nicht sein.* Paula hatte Claras Selbstporträt gesehen. Paula war entsetzt. Es war ausdruckslos. War das noch die kraftstrotzende, wilde Künstlerin, von der die Worpsweder Maler schwärmten?

Heinrich Vogeler war so bewegt wie selten. Clara hatte den Akt ihrer Bäuerin zerschlagen! Diesen mächtigen Akt einer arbeitenden Bäuerin mit dem Körper einer jungen Frau, dargestellt in dem Augenblick, wo die Anspannung in eine erschlaffende Müdigkeit überging. Claras bestes Werk, klagte Vogeler.

Vogeler schimpfte, Rilke stilisiere Clara zu einer feierlichen Madonna. Gerüchte kursierten, Weihnachten hätte er als Josef mit Stab neben Clara als Maria mit Kind posiert. Paula allein zeigte Mut. Die Verwandlung der Freundin war zeitlich so eng mit der Heirat verbunden, dass auch Rilke Schuld daran haben musste. Sie schimpfte nicht im Geheimen, tat den Mund auf, fragte Clara, was dieses Zurückziehen von den Freunden zu bedeuten hätte: *Fordert das denn die Liebe, dass man werde wie der andre?* und unterzeichnete ihren Brief so: *Ich bin Ihre alte Paula Becker.* Sie wollte damit verdeutlichen, dass sich durch Heirat nur Namen änderten, nicht aber wesenhaft der Mensch. Konnte Clara mit diesem Mann glücklich werden?

An Rilke schrieb Paula: *Lieber Rainer Maria Rilke, ich hetze gegen Sie. Und ich glaube, es ist nötig, dass ich gegen Sie hetze. Und ich möchte mit tausend Zungen der Liebe gegen Sie hetzen, gegen Sie und Ihre schönen bunten Siegel, die Sie nicht nur auf Ihre feingeschriebenen Briefe drücken. Geht denn das Leben nicht, wie wir sechs es uns eins dachten? Können wir denn nicht zeigen, dass sechs Menschen sich liebhaben können. Das wäre doch eine erbärmliche Welt, auf der das nicht ginge! Und ist unsere denn nicht wunderschön und zukünftig.*

Postwendend, nicht an seine Freundin *PB*, sondern an *Frau Modersohn* adressiert, kam Rilkes bitterböse Antwort. Die Freundin, wie Paula sie schilderte, hätte es nie gegeben. Einsam wäre Clara seit jeher. Er selbst *stehe still und voll tiefen Vertrauens vor den Toren dieser Einsamkeit. Es fällt niemandem ein, von einem einzelnen zu verlangen, dass er glücklich sei, – heiratet aber einer, so ist man erstaunt, wenn er es nicht ist.* Im Übrigen wäre er der Meinung, dass die Ehe als solche nicht so viel Beachtung verdiente. Er sprach aus Erfahrung. Seine Eltern hatten sich nach elfjähriger Ehe getrennt.

Clara rückte auf ihrem Stuhl unruhig hin und her, stand auf. Hob den Malstift hoch, den Ruth auf den Boden geknallt hatte. Wenn sie eine gesicherte Existenz gehabt hätten! Wenn Rilkes Onkel Jaroslaw seinem Neffen Rainer Maria nicht sofort die finanzielle Hilfe gestrichen hätte, als sie heirateten. Es wäre noch schlimmer gewesen, hätte nicht Gustav Pauli, der Leiter der

Kunsthalle in Bremen, den Heinrich Vogeler gut kannte, Rilke den Auftrag des Verlags Velhagen & Klasing verschafft, die *Monographie einer Landschaft und ihrer Maler* über Worpswede zu schreiben. Auch hatte er ihm für einige Zeit die Stelle als Feuilletonredakteur im *Bremer Tageblatt* besorgt. Obschon sich Rilke dagegen sträubte. Für seine Arbeit sei nichts gefährlicher als mit dem Schreiben Geld verdienen zu wollen, hatte er gestöhnt.

Wenn Vater Westhoff die Familie seiner Tochter noch etwas länger unterstützt hätte! Was musste Clara ihrem Vater antworten auf die Frage, wann Rainer die Familie selbst ernähren wollte? Dazu wäre Rainer nicht in der Lage, könnte nur aufkommen für alle außergewöhnlichen Ausgaben, die über ihr Monatsgeld hinausgingen. Zu mehr wäre er nicht imstande. Rilkes Beitrag zum Haushalt seiner Familie sah so aus: Anfragen bei Bekannten um Auftragsarbeiten für Clara. Sein Vorschlag für Clara, Bildhauerunterricht zu erteilen. Sein Versuch, Clara als Porzellanmalerin unterzubringen in der Manufaktur in Kopenhagen. Clara musste ums Brot schaffen, konnte nicht mehr in Ruhe und künstlerischer Freiheit ihre Ideen verarbeiten. In Porträtbüsten erschöpfte sich ihr Künstlertum.

Dann 1902 der Schicksalsschlag. Feuer in ihrem Haus in Westerwede. Kein Geld, um den Brandschaden reparieren zu lassen. Alles unterm Hammer außer Bücher, Bilder, Möbel. *Wer jetzt kein Haus hat, baut sich keines mehr, wer jetzt allein ist, wird es lange bleiben, wird wachen, lesen, lange Briefe schreiben und wird in den Alleen unruhig wandern, wenn die Blätter treiben.* So dichtete Rilke daraufhin. An ein eigenes Haus durfte Clara nicht mehr denken, tat alles, damit die Freunde ihre Niederlage, ihre finanzielle Not nicht sahen. 1903 dann ihre Bemühen um ein Reisestipendium des Bremer Senats für Künstler. »Ein Stipendium erhält der, der von namhaften anerkannten Persönlichkeiten empfohlen wird.« Clara frohlockte, Auguste Rodin hatte ihr auf Rainers dringende Bitten ein Zeugnis ausgestellt, *dass Frau Clara Rilke eine Künstlerin ist, die durch ihre Arbeit als Bildhauer ernste Hoffnungen gegeben und diese Hoffnungen erfüllt hat und dass sie die Unterstützung, welche der Senat von Bremen ihr zuerkennen geneigt wäre, in jedem Sinne durchaus würdig ist.* Es hatte nichts genützt. Der Senat vergab diese Stipendien nur an männliche Bewerber.

Ruth quengelte schon die ganze Zeit, wünschte sich nach Bremen zurück, zur Großmutter Johanna Westhoff, die das Kind großzog, wenn die Mama unterwegs war. 1905 war Clara in Paris, in Rom, in Düsseldorf, in Göteborg, um dort zu arbeiten oder um Arbeit zu finden. Als Frau hatte man kaum Chancen. Die Frau war ein Nichts ohne den Mann, blieb Anhängsel. »Denken Sie an Camille Claudel«, sagte Clara. »Nur unter dem Markenzeichen *Camille Claudel, Schülerin Rodins* konnte sie ihre hervorragenden Skulpturen verkaufen.« Erinnerte sich Paula noch an den Artikel in der Zeitschrift *La Plume*, auf den Rainer Maria sie hingewiesen hatte, *Camille Claudel – Auguste Rodin*?« »Ja«, sagte Paula, als sie mit kräftigem Pinselstrich Cadmiumorange auf das Porträt auftrug. Was uns Frauen alles zugemutet wird! Erinnerte, wie sie einmal Rodins Atelier in Meudon zu besuchen wünschte. Das war nur möglich gewesen mit Rilkes Visitenkarte und seiner Empfehlung: *J'ose d'introduire chez vous une femme de nos amis: Madame Modersohn, femme d'un peintre allémand très distingué.* Frau Modersohn, Frau eines deutschen angesehenen Malers.

Es klopfte an der Tür, Elsbeth steckte den Kopf herein, bestellte, dass Onkel Finckens den Efeu gebracht hätte für Kränze. »Wissen Sie noch, Clara, die Efeukränze, die wir in Paris an die Türen unserer Ateliers hängten?« Schöne gemeinsame Erinnerungen hatten die beiden. Schade, dass ihre Freundschaft so lang unterbrochen war. Bekam Clara noch so viel Post von Rainer? Oh ja, er informierte sie über seine Reisen, über seine Anstrengungen, Gönner zu finden. Seine Kunsterlebnisse beschrieb er ihr in aller Ausführlichkeit. Demnächst wollte er sich näher mit Cézanne befassen.

Cézanne, ein Name, der Paula nicht losließ. Am nächsten Tag, als sie Claras Porträt beendete, hatte sie ihn im Ohr. In Paris vor Cézannes Bildern fühlte sie sich verstanden. Sie räumte Claras Porträt stillschweigend fort. Über ihre Arbeiten sprach sie nicht mehr gern. Die Zweifel Otto Modersohns an ihrem Können hatten sich offenbar wieder verstärkt. Und die Schuld an diesen Zweifeln gab Paula sich selbst. Sie glaubte, immer noch nichts erreicht zu haben, immer wieder die Familie mit ihrem Tun zu enttäuschen. Nach dieser Malaktion im November verlor sie erneut an Fröhlichkeit und Wärme. Sie war froh, wenn Otto in seinem Atelier blieb, wenn Elsbeth sich aus dem Haus schlich zu ihren Freundinnen.

Festvorbereitungen. Paula zerbrach sich den Kopf über das Weihnachtsessen. Aus Bremen kam alle Vierteljahre ein sogenannter Commis von einem Feinkostgeschäft, und die Worpsweder bestellten bei ihm, was man im Dorfladen nicht kaufen konnte und doch gern an den Feiertagen hätte. Fuhrmann Kück brachte dann die Ware rechtzeitig mit. Paula überlegte hin und her, was sie nehmen sollte, es musste auch zu rechnen sein. Sie sorgte fürs Haus, wie sie das immer getan hatte, weil Mann und Tochter das von ihr erwarteten.

In dem Zimmer, in dem in Kürze die Weihnachtslaube um den großen Sessel gebaut werden sollte, bastelte Paula goldene Papiersterne. In Worpswede war sie die einzige, die ihren Weihnachtsbaum mit goldenen Sternen schmückte. Bei Krummachers hängte man Zuckerkringel in die Zweige. Elsbeth freute sich schon jetzt auf den Tag nach dem Fest, wenn bei ihrer Freundin der Baum geplündert wurde. Die kleine Gertrud Krummacher fand Modersohns Baum schöner. Paula schaute nach Elsbeth. Die schniefte und stichelte und plagte sich mit dem Deckchen für die Großmutter. Das nächste Mal musste man ihr eine leichtere Arbeit geben. Während der nächsten Tage musste sie sich überhaupt mehr um die Kleine kümmern.

Elsbeths schlimmer Husten setzte wieder ein. Paula lief zur Apotheke. Dort traf sie Clara, die für Ruth einen Hustensaft kaufte. Ob Paula erlaubte, dass Rainer sich das Porträt ansehen dürfte, wenn er zum Fest kommt. Ja. Dann also bis nach den Feiertagen.

Es war ein frischer Dezembermittag. Ruth schlief, als Clara den Besuch in Paulas Atelier vorschlug. Rainer war kein bisschen angesteckt von Claras Freude. Wahrscheinlich ein belangloses Bild, vor dem man Begeisterung zeigen sollte.

Einmal im Herbst 1900 hatte ihm Paula nach Berlin geschrieben: *Ich arbeite und schaue, wie weit mein Pinsel das Sprechen gelernt hat an einem Apfelbaum mit roten Äpfeln auf blauer Luft.* Nun ja, er hatte nie jemanden ihre Malkünste loben hören, geschweige denn etwas von ihr in einer Ausstellung gesehen. Er mochte nicht glauben, dass jetzt etwas Grandioses zustande gekommen sei. Eine nette Geste aus ihren Mädchentagen, dass Paula die Freundin malte, weil sie von Clara einmal modelliert wurde.

Eine Weile warteten Rilkes in der Deele bei Brünjes, dann kam Paula. Rainer stand schweigend da, bis sie das Bild ins günstigste Licht gestellt hatte, das so ein Dezembermittag durchs Fenster hereinließ.

Dann sagte er eine ganze Weile gar nichts, gab endlich zu, dass er überwältigt war. Er schaute Paula an. Hier hatte er nicht mehr das kleine, nette, lebhafte Mädchen vor sich, mit dem man seinerzeit so geistreich plaudern konnte. Hier stand eine große

Künstlerin neben ihrem Werk. Er hatte Paula offenbar nie richtig gekannt. Niemand in Worpswede schien sie bisher erkannt zu haben. Da lebte hier unter den Malern eine Frau, die fleißig ihre häuslichen Pflichten erfüllte und desungeachtet eine Meisterschaft in der Kunst entwickelte. Plötzlich sagte er laut: »Das ist ein Bild!«

In den nächsten Tagen wird er davon in einem Brief an Baron Heydt nach Wuppertal berichten: *Das merkwürdigste war, Modersohns Frau an einer ganz eigenen Entwicklung ihrer Malerei zu finden, rücksichtslos und geradeaus malend, Dinge, die sehr worpswedisch sind und die doch noch nie einer sehen und malen konnte. Und auf diesem ganz eigenen Wege sich mit van Gogh und seiner Richtung seltsam berührend.*

Paula und Clara hatten sich an die Wand mit dem Lilienbehang zurückgezogen, es wurde schon ein bisschen dämmrig im Raum, und nun wollte Paula die Petroleumlampe anzünden. »Ja, bitte tun Sie das«, sagte Rilke. Er möchte eins von ihren kleinen Bildern kaufen. Ein Lächeln flog über Paulas Gesicht, und dann erstarrte sie. Es war das erste Mal, dass jemand ein Bild von ihr besitzen wollte. Paula war es, als hinge sie auf einmal in der Luft und sänke im selben Moment in die Tiefe. Wusste Rainer Maria, wie wichtig das für sie war? Nie hatte jemand eins gekauft. Aber irgendjemand müsste einmal damit anfangen, meinte er und lachte sein seltenes Lachen. Er suchte sich das Bild *Säugling mit der Hand der Mutter* zwischen den anderen kleinen heraus. Ein Säugling mit aufgeplusterten Bäckchen und großen blauen Augen, die versonnen am Betrachter vorbei in die Ferne schauen, so, als ob die Hand der Mutter, die auf seiner linken Schulter liegt, bald überflüssig sei. Rilke hielt das Bild in den Händen. Paula drehte sich um, den beiden wollte sie ihre Erregung nicht zeigen. Clara und Rainer boten ihr fünfzig Mark. Fünfzig Mark! Das Leben war einfach schön!

Sie verabschiedeten sich, wollten zur Tür, und in diesem Augenblick fragte Clara beiläufig: »Wann gehen Sie wieder nach Paris?«

Paula starrte die beiden an und hätte überraschter nicht sein können, wenn sie gefragt hätten, ob sie zum Mond fliegen wollte. Ebenso gebannt schauten Clara und Rainer zurück. Am allerwenigsten hatten sie diese Reaktion erwartet, eine Paula, die salzsäulenartig verharrte, tiefe Röte vom Halsausschnitt bis zur Stirn.

Nach Paris! wiederholte Paula einige Male, und dann sackten ihre Schultern ab. Es wäre das einzig Sinnvolle, aber es war sinnlos, daran zu denken. Dieses Bedürfnis, in Paris zu arbeiten, das neuerdings in immer kürzeren Abständen bei ihr auftrat, musste sie abwehren. Sie war erst im Frühjahr in Paris gewesen. Sie zerknüllte ihren Schal mit den Händen.

»Wer hindert Sie, dort zu arbeiten, wo es am besten für Sie ist, und solange dort zu bleiben, wie Sie es brauchen? Ihr Mann etwa? Wer hilft Ihnen hier weiter? Fördert Ihr Mann Ihre Arbeiten? Fritz Mackensen? Heinrich Vogeler? Was sagt eigentlich Ihre Bremer Familie zu Ihren Bildern? Nicht viel Gutes? Wieso?«

Musste erst ein Dichter kommen, der ihr die Richtung wies, zeigte, wo's langging? Er hatte recht, niemand kümmerte sich hier darum, ob sie ihr Lebensziel erreichte.

»Darum gehen Sie nach Paris!«

Nach Paris! Sie wagte nicht, diesen Schritt in aller Öffentlichkeit zu machen. Sie musste heimlich die Flucht nach vorne antreten. Ab dem 11. Januar 1906 werde er bestimmt wieder in Paris sein, sagte Rilke und gab den nützlichen Hinweis, dass der schwedische Maler Norlind, ein besonderer Freund Ellen Keys, für alle Zimmersuchenden dort eine günstige Anlaufstelle wäre. Rilkes wünschten ein gutes Neujahrsfest unter einem guten Stern. Paula schloss die Tür, versuchte mit aller Gewalt, ruhig zu werden.

In ihrem Kopf ging es hin und her: Nutz deine Chance! Geh und verschwinde! Und dazwischen funkte es: Das wird ein Schritt, vor dem alles andere nichts mehr ist. Ein Schnitt wird das sein, der Verbindungen zerstört! Würde Paula genau wie Clara ihr Leben selbst in die Hand nehmen können?

Danach lief sie tagelang hektisch umher, strengte sich an, ihre innere Unruhe nach außen zu verbergen. Wie gewöhnlich war sie die sorgende Hausfrau, die Mutter, die mit Elsbeth herumspielt und ab und zu zum Malen verschwindet. Natürlich merkte Otto, dass sich Paulas Verhalten änderte, aber er nahm das nicht ernst. Er glaubte nicht, dass mehr dahinterstecken konnte als eine Laune.

Eines Abends rannte sie aus ihrem Atelier hinaus in Richtung Weyerberg, ohne Mantel, ohne Schal. Sie stolperte über den Hof. Nebel war aufgekommen, machte den Boden dunkler an diesem feuchtkalten Dezemberende, machte ihn so glitschig, dass sie ausrutschte. Nässe kroch von Paulas Nacken bis unter die Kleidung. Ihr wurde kalt. Sie kehrte um, heim in ihr Atelier. Hier bei ihren Bilden fühlte sie sich zu Hause. Hier, wo sie sein durfte, was sie war, eine Malerin.

Rainer Maria Rilke hatte recht. Sie war eine Besessene. Hatte er sie nicht mit van Gogh verglichen? Sie war erfüllt, besessen von Leidenschaft für ihre Kunst. Malen war für sie Existenz, ihr existentielles Lebensziel.

Es ging nicht anders. Sie war bereit, alles zu verlassen, was ihr die Familie bot, die gesellschaftlich angesehene Stellung als Frau eines bedeutenden Malers, die finanzielle Sicherheit. Jetzt war der Bann gebrochen. Paula wollte nur noch das sein, was sie sein sollte.

Mit zitternden Knien ging sie am nächsten Morgen die Dorfstraße hoch zu Bauer Mensees. Sie zwang sich, ihre Schritte zu zählen, weil sie sich ablenken wollte.

»Was ist denn geschehen«, fragte Clara, kaum dass sie Paulas Gesicht im Schein der Lampe sah. Sie spülte gerade den Teller ab, von dem die kleine Ruth ihren Haferbrei gegessen hatte. »Sie sehen aus, als ob etwas Ungeheuerliches passiert wäre.« »Ich werde alles hier verlassen. Ich muss von hier fort für immer!« Clara warf Paula einen erschreckten Blick zu. »Das ist ein schwerwiegender Entschluss«, murmelte sie. Sie trocknete ihre Hände ab und gab Ruth eine Puppe und Kleider dazu, damit das Kind beschäftigt war.

»Was ist geschehen«, fragte sie die Freundin, nachdem sie sich an den Tisch gesetzt hatten. Ja, nun hätte sie sich entschlossen, sagte Paula. Noch im nächsten Monat wollte sie abreisen. Und wenn Otto sie nicht von Haus und Herd gehen lassen würde? »Haus und Herd«, lachte Paula. »Es mag für ihn schwer werden, aber so, wie wir jetzt zueinander stehen, wird er die Trennung überwinden. Versorgt wird er ohnehin von Johanne.«

»Aber wenigstens sind Sie allein, und haben kein eigenes Kind«, sagte Clara. »Ich habe Ruth und muss für sie aufkommen, und Otto steht finanziell so da, dass er für Elsbeth sorgen kann.«

Sie hätte lange mit sich gekämpft, sagte Paula. Sie frage sich ständig, ob sie sich in den Augen der Verwandtschaft schuldig machen würde. »Nennt man das schuldig«, rief Clara, »wenn man sein eigenes Leben führen will? Fahren Sie nach Paris, und alles Weitere wird sich finden. Ich werde es sofort Rainer mitteilen. Er wird helfen.« Sie erinnerte an ihre ersten gemeinsamen Aufenthalt dort.

Was alles vertraute ihr Paula heute an! Clara schüttelte den Kopf, fassungslos, sie musste hören, dass Paula seit der Heirat mit Otto *all die fünf Jahre unverheiratet lebt … Dass sie selbst gar nichts gefühlt und erlebt habe als eine große Enttäuschung.* Arme liebe Freundin, sie strich Paula über die Wange, sie sei noch jung genug, um ein neues Leben zu beginnen!

Das Ungewöhnliche war passiert. Jetzt stand Paula auf dem Gare du Nord und atmete klopfenden Herzens die Luft von Paris. *Nun habe ich Otto Modersohn verlassen und stehe zwischen meinem alten Leben und meinem neuen. Wie das neue wohl wird. Und wie ich wohl werde in dem neuen Leben?*

Paris war die Welt, an der sie sich reiben musste. Sie sagte: »In dieser Freiheit wird etwas aus mir.« Vorläufig war sie noch abhängig von ihrem Mann.

Sie war siebzehn Stunden mit der Bahn gefahren, war schnell beim Aufenthalt in Köln am rot berockten Kirchendiener vorbei in den Dom gelaufen. Und dann in Paris wieder dasselbe Gefühl wie beim allerersten Mal, als sie nach Frankreich fuhr. *Ameisengefühl* nannte sie es. Sie musste in Notre-Dame für Herma unbedingt die Kunstkarte mit dem blasenden Engel kaufen. Sie zog ihren Schal fester um die Schultern. Kalter weißer Nebel lag im Geäst der kahlen Bäume.

29

Paula lebte und malte in ihrem Atelier in Paris. Es war Frühjahr 1906, das Jahr der schönen Täuschungen, wie die Worpsweder Malerfrauen demnächst spotten würden, das Jahr der schwersten Entscheidungen, wie Paula es sah.

Herma war gekommen und war wie immer, wenn die beiden sich in Paris trafen, lange bei Paula geblieben. Es war ein Märzabend, und man merkte schon sehr den nahenden Frühling. Paula erkundigte sich nach Hermas Arbeit, fragte auch nach Neuigkeiten aus Bremen. Wovor Paula Angst hatte, war die Verurteilung durch die Mutter. Paula atmete auf, nein, davon hatte Herma nichts gemerkt.

Paula war nicht an Leib und Seele krank, wie daheim behauptet wurde. Sie brauchte nur ein bisschen Verständnis und Geduld. Nein, die Mutter brauchte nicht zu ihr nach Paris zu kommen, so lieb das auch gemeint war. Die Mutter verurteilte nicht, das war gut. Sie machte sich Sorgen. Paula war geflohen. Paula war fortgegangen, ohne dass jemand etwas geahnt hatte. Auf der Kommode im Mädchenschlafzimmer, wo Elsbeth bei den Großmutterbesuchen übernachtete, lag noch das Puppenkleidchen, das Paula dem Kind zu Weihnachten nähte. »Hier hat sie gesessen«, sagte Mutter Mathilde und zeigte auf den Sessel im Wohnzimmer, »ich sehe noch, wie sie aufstand und uns Tee kochen wollte, als sie nach der Winterreise Elsbeth bei uns abholte.« Hatte Paula nicht ausgesehen wie immer? Wovon hatte sie gesprochen? Ach, die Mutter sollte ihr wie immer einen Zitronenzweig aus Italien mitbringen. Paula liebte den Duft so sehr. Es war gewesen wie immer. Kurt hatte nichts Auffälliges bemerkt. Ob Milly etwas wusste? Telegramme flogen nach Amorbach zu Milly, zu Herma nach Paris. Nein, die Geschwister waren nicht eingeweiht. Sie lasen die Briefe, die letzten, die Paula ihnen aus Worpswede schrieb, wieder und wieder durch. Hatten sie Anspielungen überlesen? Sie suchten zwischen den Zeilen.

Paula hatte der Mutter geschrieben: *Dass ich für mich brause, immer, immerzu, nur manchmal ausruhend, um wieder dem Ziele nach zu brausen, das bitte ich Dich zu bedenken, wenn ich manchmal liebearm erscheine. Es ist ein Konzentrieren meiner Kräfte auf das Eine. Ich weiß nicht, ob man das noch Egoismus nennen darf. Jedenfalls ist es der adeligste. Ich lege meinen Kopf in Deinen Schoß, aus welchem ich hervorgegangen bin, und danke Dir für mein Leben. Dein Kind.*

Wovor war die Tochter geflohen? Paula musste Leid in sich getragen haben. Mutter Mathilde dachte zurück, sah die Tochter, sechzehnjährig, im Zimmer stehen, die Norfolkjacke von Tante

Marie über dem Arm. Ihr Gesicht glühte vom Schlittschuhlaufen auf den Wallgräben. Nein, hatte Paula gesagt und die Unterlippe vorgeschoben, ich gehe nicht wieder nach England zurück. Und dann hatte sie geschwiegen. Jetzt erinnerte man sich. Paula war das Kind, das am intensivsten lachen konnte, das aber bei aller lebhaften Fröhlichkeit plötzlich tieftraurig und still war, als ob sie über irgendeine Sache grübelte, über die sie nicht sprechen wollte. Milly war anders, Herma war anders. Das Maidli! Die Mutter musste sofort fragen, ob die Lieblingskusine etwas erfahren hatte. Maidli schrieb: *Müssen wir nicht alle, die wir Paula lieben und als feinen, stolzen und guten Menschen kennen, den Sprung wagen und über alles hinweg an sie glauben? Glauben, dass sich hinter allem Tun sehr schöne edle Motive verbergen und ein wehes, verzweifeltes Herz? Lasst Euch durch ihre lächelnde Oberfläche nicht täuschen.*

Unglaublich, war die Tochter so unglücklich in der Ehe gewesen? Lag es vielleicht daran, dass Paula kein eigenes Kind hatte? Paula war immer so besorgt um Elsbeth gewesen. Paula war kinderlieb. War sie verzweifelt wie damals der Vater, als er von ihnen wegfuhr, um die Familie seinen Schmerz über die Entlassung nicht spüren zu lassen? Mutter Mathilde machte sich Vorwürfe, so wenig mit der Tochter über die Probleme einer verheirateten Frau gesprochen zu haben. »Reg dich nicht auf«, sagte Kurt, der Arzt. »Du kannst Aufregungen nicht vertragen, deine Nerven sind nicht mehr die besten.« Was konnte die Mutter denn tun! Mutter Mathilde fuhr nach Worpswede. Schon auf der Bahnstation wurde ihr klar, dass Modersohns Haus zum Zielpunkt von Neugier, Spott und Mitleid geworden war. Sie nahm die Blicke wahr, mit denen die Maler und Dorfbewohner sie ansahen.

Paula konnte sich die Situation genau vorstellen, die Herma ihr schilderte. Sie war im Bilde über alles, was sich seit ihrer

Abwesenheit in Worpswede und Bremen tat. Briefe gingen hin und her.

Paula lenkte von sich ab: Überbringt Clara Rilke das Puppenbettchen für die kleine Ruth. Gratuliert bitte den Brünjes zum Nachwuchs, sie selbst würde auch bald schreiben und ein Paar Babyschuhe schicken. Hauptsache aber, dass Otto wieder an seine Arbeit ginge. *Lieber Otto, leiste nur große Sachen in Deiner Kunst, das gibt größere Genugtuung, als alles Leben erwerben kann.*

Sie wanderte in ihrem Atelier auf und ab. Sie war wieder in Paris, wunderbar, wohnte in der Avenue du Maine. Man schrieb den 4. Mai 1906. Gleich würde Bernhard Hoetger eintreten. Ihre Hände klebten, obschon es draußen windiger, kühler Maianfang war.

Vorgestern war sie bei Hoetgers zum Tee. 1905 hatte sie Bernhard Hoetgers Skulpturen in der Bremer Kunsthalle gesehen, er war ein bedeutender Bildhauer, der aus Hoerde in Westfalen stammte. Selbstverständlich kannte Hoetger die Worpsweder Künstler, der Name Otto Modersohn war ihm ein Begriff. Paula als Frau von Modersohn, die in Paris weilte, wurde gern und freundlich empfangen, durfte gerne einen Besuch in seinem Atelier machen.

Von Worpswede wurde gesprochen, davon, dass auch Hoetger sich dort ein Haus kaufen wollte. Begeistert war er von Heinrich Vogelers Möbelentwürfen, wollte sich unbedingt diesen Klapptisch für sein Sommerhaus nachbauen lassen. Paula würde Vogeler um eine Nachzeichnung bitten.

Hoetger führte durch sein Atelier, zeigte die Skulpturen, an denen er arbeitete. Paula merkte, dass auch sie etwas erzählen musste, es sollte unverfänglich sein, und sie sprach von den Pariser Ausstellungen in diesem Frühjahr, von Courbets »Blumenstück«, das ihr sehr gefallen hatte, vor allem die verschieden farbigen Stockrosen und die weibliche Figur darin. Ach ja, und ob sie schon einmal auf die Bildflächenaufteilung geachtet hätte? Hoetger, ganz Fachmann, nahm einen Bleistift aus seiner Jackentasche, stand auf, riss von einem Block ein Blatt Papier ab und fertigte Kompositionsskizzen an, skizzierte, verwarf, skizzierte sachkundig von Neuem. Er war in seinem Element. Auf einmal sagte Paula: »*Das hätte ich bestimmt anders gemacht.*«

Bernhard Hoetger, ganz Ohr, wenn es um Künstlerisches ging, war von seinen Skizzen hochgefahren, musterte Paula von oben bis unten: »*Was, Sie malen?*« Er war überrascht, dass er ihr das nicht sofort angemerkt hatte. Er müsste unbedingt ihre Bilder sehen.

Noch nie hatte Paula dieses offenkundige Interesse an ihren Arbeiten erlebt. Sie war so überrumpelt von seinem Wunsch, dass sie kaum ein Ja herausbrachte. So viele Jahre hatte sie auf diese spontane Neugier gewartet. Neugier auf das, was sie malte, was sie ihr Leben nannte. Beinahe hatte sie die Hoffnung darauf schon begraben.

Und nun stand Bernhard Hoetger, ein Künstler von Rang, in ihrem Atelier, nahm ein Bild nach dem andern in die Hand, stellte es auf die Staffelei, trat zurück, trat vor, warf Paula einen prüfenden Blick zu, drehte die Staffelei zur Seite, um besseres Licht einfallen zu lassen. Und Paula neben dem Tisch hielt sich an der Tischkante fest, fühlte nichts, fühlte nur ihr Herz. Die Schleife an ihrer hochgeschlossenen Bluse oben am Hals flog auf und ab, so stark klopfte es.

Aber als er sich jetzt ihr zuwandte und sie mit einem strahlenden bewundernden Lächeln ansah, war es ihr, als müsste sie vor Freude ersticken. Ein kompetenter Fachkollege sagte langsam und bedeutend: »*Großartig! Sie haben großes Talent.* Das sind alles große Werke.« Sie stand da wie jemand, der nicht mehr weiß, wo er ist. Dann war sie zurück an die Staffelei getreten, hatte das letzte Bild herab genommen, um nicht jubelnd durchs Zimmer zu tanzen. »Sie brauchen keine Unterrichtsstunden mehr, keine Akademien. Was wollen Sie dort noch studieren!« Er verbeugte sich tief, als er ihr zum Abschied die Hand reichte.

Es sind alles große Werke! Sofort hatte Paula gewusst, dass sie diesen Satz als Kostbarkeit immer bei sich tragen würde. Was hatte Hoetger gesagt? Noch einmal, am Abend, als sie nicht einschlafen konnte, beschwor sie die Worte herauf, dankte dafür wie im Gebet:

Lieber Herr Hoetger, dass Sie an mich glauben, das ist der schönste Glaube von der ganzen Welt. Sie haben mir Wunderbarstes gegeben. Sie haben mich selber mir gegeben. Ich habe Mut bekommen. Mein Mut stand immer hinter verrammelten Toren und wusste nicht aus noch ein. Sie haben die Tore geöffnet. Sie sind mir ein großer Geber. Ich fange jetzt auch an zu glauben, dass etwas aus mir wird. Und wenn ich das bedenke, dann kommen mir die Tränen der Seligkeit. Ich danke Ihnen für Ihre gute Existenz. Sie haben mir so wohl getan. Ich war ein bisschen einsam.

30

Frühling 1906, Paris im Mai. Nein, den Brief schrieb sie heute nicht, der ihr nur wieder ihre Abhängigkeit ins Bewusstsein bringen würde. Sie räumte das Schreibzeug weg, rückte die Staffelei näher ans Fenster, trat mit dem Fuß auf, um sich die eigene Unabhängigkeit zu beweisen. Sie war frei, und die Hand, die sie noch hielt, hing an einem langen Arm, aber der reichte nicht bis hierher. Sie lebte freier. Sie lebte, das hieß, sie malte. Sie malte, das bedeutete: leben.

Der Anfang war gemacht. Paula knotete ihre Haare im Nacken zusammen. Sollte sie eins von den Maiglöckchen hineinstecken?

Sie hatte nicht widerstehen können, vorhin, als sie schnell hinausgelaufen war, um Milch zu kaufen, und die Blumenfrau mit den Sträußen von Maiglöckchen sah. Die paar Centimes mussten übrig sein. Paula hatte ein Gespür für die kleinen Dinge und Genüsse. Hatte sie an alles gedacht, um ungestört weiterarbeiten zu können? Sie überblickte noch einmal ihr kleines Reich mit Wohn-, Schlaf- und Arbeitsabteilung, eine Schlafbank, zwei Stühle, zwei Tische, ein großer Spiegel, ein kleiner Spiegel, selbstgezimmerte Wandregale. Auf einem Tisch die rote Webdecke und darauf die Keramikschale mit den hellblauen Blattornamenten.

Sie stellte sich vor die Staffelei, überprüfte den Lichteinfall vom gegenüberliegenden Fenster. Stapelweise Keilrahmen darunter an der grüngetünchten Wand. Der Tisch neben der Staffelei voll belegt mit Farbstiften, Farbtuben, Mallappen. An den Geruch von Terpentin und Harzlacken hatte sie sich so gewöhnt, dass sie ihn kaum mehr wahrnahm. Sie schaute nach links, da war die Tür, nur angelehnt, und der Spalt vergrößerte sich langsam, während ein dicker weißer Hauskater sich unten durchschob, den Schwanz steil aufgerichtet, und in den Korridor hinaus verschwand, sie lächelte, ihr Malmodell.

In diesem Moment klopfte es. Rainer Maria Rilke betrat das Atelier. Er war in Paris Stützpunkt wie schon einmal in Berlin. Er lieh ihr Geld, sie trafen sich manchmal in einem Café. Zum Willkommen in Paris hatte er ihr geschrieben: *Liebe Freundin, das Leben, das wirklich gute hat Sie in die Hand genommen. Sie haben alles Recht, im Tiefsten froh zu sein. Übrigens wissen Sie, dass ich mich über Sie und mit Ihnen freue.* Und an Clara: *Sie ist mutig und jung und, wie mir scheint, auf gutem aufsteigendem Wege, allein wie sie ist und ohne alle Hilfe.*

Irgendwie anders als sonst trat er auf. Die Fußbodendielen quietschten, beinah hätte er den Teller mit der Milch für den Kater umgestoßen. Graue Farbstückchen lagen da auf dem Boden, abblätternder Anstrich der morschen Fensterrahmen. »Einen großen Nachteil haben die Fenster«, sagte Paula, »man sieht den Himmel nicht, und die Zweige der Platane im Hof kann man nur ahnen, sind nur schattenhafte Umrisse im getrübten, *duffen* Glas, schade!«

Sie nahm den braunen Tonkrug mit den zartgeröteten Pfingstrosen von einer Kiste und stellte ihn mitten auf den Tisch, sah, dass Rilke unruhig im Raum umherschaute. In solcher Umgebung lebte er nun auch wieder. *Aber wenn man in einem Palast gewohnt hat, ist es nicht leicht, in seine kleine Hütte zurückzukehren, in eine kleine enge Straße, in einen immerwährenden aufgezwungenen Verzicht.* Paula runzelte die Stirn, rieb die Hände an ihrem weiten Rock ab, obschon sie längst trocken waren. Kam Rilke nicht geradewegs aus Meudon, aus seiner eigenen Wohnung neben dem Pavillon von Rodin, drei Räume, Schlafzimmer, Arbeitszimmer, Garderobe? Sie seufzte, als sie es sich vorstellte. *Inmitten von Gras bewachsenen Hügeln mit einem wunderbaren Blick auf die Seine und die Ortschaften daran und auf Paris mit seinen Kuppeln.* Mehrmals war Paula dort gewesen, 1903 und 1905. Noch am 21. April dieses Jahres, nachdem sie der feierlichen Einweihung von Rodins *Penseur* vor dem Panthéon beigewohnt hatte, mit Rilke, mit Aristide Maillol, mit der Frau von Bernard Shaw. Und im Pavillon hatte sie Rodins *Balzac* bewundert, die Skulptur, die so viel Wirbel auslöste. »Eine Kröte im Sack« hatte man sie genannt. Das sollte der berühmte Dichter der Nation sein? Das war eine Verhöhnung. Aller Welt zum Trotz, ohne sich um Konventionen zu kümmern, ohne um das Lob der Menge zu buhlen, schuf Rodin seinen Balzac. Recht hatte er. Paula fühlte sich Rodin verwandt.

Sie war entschlossen, sich ihre gute Stimmung nicht verderben zu lassen, überhörte Rilkes Jammern. Sie gähnte, sie war müde von der Arbeit der vergangenen Tage, von der fast durchwachten

Nacht. Aber die Arbeit war wie ein Rausch gewesen. Endlich hatte sie, solange sie wollte, solange sie konnte, malen dürfen. Endlich.

Gestern war Sonntag gewesen. Und während die Kastanien blühten, die Glyzinien, der Flieder, der Goldregen, der Rotdorn, als die Straßen und Parks von Paris voller Duft waren, hatte Paula beinah vierzehn Stunden lang in diesem Atelier an den verschiedenen Bildern und Skizzen gearbeitet, war sie ihrem Prinzip untreu geworden, nie am Sonntag zu malen. Und nachts, als der Mond hell schien, war sie wieder und wieder aufgestanden, hatte ihre Arbeiten betrachtet und Notizen gemacht, denn ihre angespannten Nerven lockerten sich erst in den frühen Morgenstunden. Sie wusste doch jetzt: Ihre Werke waren gut!

Und so, übermüdet, aber zufrieden, strich sie sich eine wirre Haarsträhne aus der Stirn und holte die Kaffeetassen, stellte sie auf den Tisch.

Wovon redete Rainer Maria? Sie hob die Augen, begegnete seinem Blick. Er schaute ganz verzweifelt. Wie er zurechtkommen sollte! Aus war der Traum! Was war passiert? Auguste Rodin, der Bildhauer, hatte seinen Sekretär Rilke kurzerhand hinausgeworfen.

Rilke wandte sein Gesicht dem Fenster zu. *Paris? Paris ist schwer. Eine Galeere. Ich kann nicht sagen, wie unsympathisch mir hier alles ist, mit welcher instinktiven Ablehnung ich hier herumgehe.* Rodin? Ein Freund? Un Ami? Ein Patron war er! Er, Rainer Maria Rilke, war ohne Warnung entlassen worden, nur, weil er ein paar persönliche Grußworte den Rodin'schen Briefen zufügte. Ach, Rainer Maria, Sie wollten doch wieder Kontakte knüpfen, nicht wahr? Sich bei hochrangigen Personen vorstellen, sich ins Blickfeld rücken. So verzweifelt seine Lage in diesem Moment schien, er hatte doch einflussreiche Freunde. Kürzlich erst im Café erzählte er von einer Einladung nach

Godesberg auf den Herrensitz des Barons von der Heydt. Und hielt ihm nicht die Prinzessin Madeleine de Broglie Tür und Tor auf in ihrer Villa auf Capri?

Paula rückte ihm einen Stuhl zurecht, schenkte Kaffee ein. Aufmerksamer schaute er jetzt im Atelier umher. Sein Blick fiel auf die Staffelei mit der Zeichnung, die Paula vorhin begonnen hatte. Ein Kind, eine Katze. Sie hatte dasselbe Motiv wieder aufgenommen, das sie vergangenes Jahr in Worpswede in einem großen Bild 99 × 81 cm auf Leinwand in Öltempera ausführte, in festem zeichnerischem Umriss mit dickem Farbauftrag, Strukturen waren mit dem Pinselstiel eingekratzt. Vom Thema *Mädchen mit Katze im Birkenwald* konnte das Bild eine Idylle sein, wie man sie häufig in Kinderbildern findet, Kind und Tier als eine zärtliche Einheit. Aber hier waren zwei Wesen dargestellt, miteinander verbunden und doch voneinander unabhängig. Jedes schaute in eine eigene Richtung. An sein Gedicht *Der Panther im Jardin des Plantes* musste Rilke plötzlich denken. Beide, Malerin und Dichter wollten das Tier so darstellen, wie es seinem Wesen entspricht: es sieht die Welt aus einem anderen Blickwinkel als der Mensch.

Jetzt nicht mehr über die Demütigung durch Rodin nachgrübeln, das wird sich schon wieder einrenken. Das eigentliche Lebensziel vor Augen haben, dichten, malen.

Rilke war aufgestanden, wollte sich verabschieden. »Warten Sie.« Paulas Augen tasteten sein Gesicht ab, »warten Sie.« Es war für einen Moment so still, dass man die Amsel draußen flöten hörte, das Tschilpen der Spatzen. Paula sagte: »Ich möchte Sie malen!« Sie trat ein paar Schritte zurück, wartete. Er setzte sich wieder hin. Nach wenigen Minuten hatten sie sich auf Zeit und Dauer der Sitzungen geeinigt. Rilkes Porträt, von Paula gemalt.

31

Soeben hatte Rainer Maria ihr die Verse vorgetragen, die an die Gespräche in ihrer ersten Worpsweder Zeit September 1900 erinnerten. *Ich lebe mein Leben in wachsenden Ringen.* Woran arbeitete Rilke im Augenblick? Gut gefallen hatte ihr sein *Stundenbuch* und das *Buch der Bilder*, die Clara ihr ausgeliehen hatte. Seine Monographie über Worpswede und die dort ansässigen Maler blieb ihr fremd. *Viel Gutes und viel Liebes und viel künstlerisch Schiefes geht darin Hand in Hand.* Paulas Kritik. Und darin hätte sie sogar recht, meinte Rilke, die Monographie wäre eben nur Auftragsarbeit gewesen, wurde aber anständig honoriert. Die Frage, warum er keine der Worpsweder Künstlerinnen in die Monographie aufnahm, hatte er sich damals nicht gestellt. Paula war ihm eine intelligente Gesprächspartnerin gewesen, nach ihrer künstlerischen Arbeit hatte er sich in jenem Sommer nicht erkundigt.

Nun wünschte Rilke ein künstlerisches Porträt, verantwortungsvoll von Paula gemalt. Es war nicht leicht, ihn zu porträtieren. *Einen Dichter sollte man immer mit einem Buch in der Hand abbilden.* Das war seine Vorstellung. Und beschwörend klang es, als er Paula an die Sätze in seinem Tagebuch erinnerte, dass er ihr einmal zu lesen gab: *Das gemalte Porträt, die künstlerische Ähnlichkeit, verhält sich zur Fotografie wie die Ekstase zur Ermattung.*

30 × 20 cm groß war die Malpappe, auf der Paula das Bild entwarf: eine helle Gesichtsfläche auf dem durchscheinend lichten Ziegelrot des Untergrunds, lila vibrierend, dazu erdfarbenes Kopfhaar, erdfarbener Bart und ein vorwiegend grünblau und grau schimmernder Hintergrund.

Waren das seine Augen, die so weitentrückt in die Ferne blickten, war das sein Mund, der groß und rot wie eine Frucht das Gesicht beherrschte? Und der Kinnbart gar – sah er nicht aus, als müsste er den Kopf stützen? Rilke war nachdenklich geworden. Einmal hatte er geschrieben: *Das Recht über Ähnlichkeit oder Unähnlichkeit zu urteilen, steht eigentlich nur bei der Fotografie jemandem zu.* Am 14. Juni 1906, zwei Wochen nach der letzten Sitzung, ließ er sich den Kinnbart abnehmen. Clara wird es später erzählen. Zu weiteren Sitzungen, die noch vereinbart waren, erschien er nicht mehr.

Noch kam er regelmäßig. »Was ich Ihnen heute sagen wollte«, Rilke drehte sich in der Tür um, als wieder einmal eine Sitzung beendet war, »Ellen Key kommt nach Paris.« Ellen Key! Die berühmte schwedische Schriftstellerin, die sich in ihren Büchern für die Gleichstellung der Geschlechter einsetzte, Bildungsgänge für Frauen forderte und in ihrem Hauptwerk *Das Jahrhundert des Kindes* den Traum einer neuen Elterngeneration, einer neuen Schule aufzeigte. Ellen war Duzfreundin von Rainer Maria. Er hatte sie in Göteborg besucht. Er hatte vorgehabt, das Modell ihrer Schule, der »Samskola«, in Norddeutschland einzurichten. Paula musste lachen, bei Rilkes Geldmangel und bei seinem Organisationstalent wäre der Plan sowieso gescheitert. Am 31. Mai wollte Rilke mit Ellen einen Ausflug nach Chantilly machen, ob er Paula dazu einladen dürfte. Ellen Key kennenlernen? Wunderbar! Vielen Dank! Paula freute sich sehr.

Nachdem er gegangen war, wurde ihr klar, dass der Brief, der längst fällig war, heute unter allen Umständen noch geschrieben werden musste. Sie wollte ihre Schulden bei Rilke bezahlen. Hundert Mark hatte er ihr geliehen. Und wieder bekam ihr Gesicht diesen verzweifelten Ausdruck, wobei die Augenlider zuckten, ein nervöses Leiden, das sie jetzt wieder quälte.

Sie saß am Tisch, trank hin und wieder einen Schluck Kaffee, brach ein Stück vom Weißbrot ab, während ihre Hauptaufmerksamkeit den Kompositionsstudien galt, die sie schnell, sozusagen mit linker Hand aufs Papier warf. Eva und Adam. Mit dünnem

Strich zog sie den Baumstamm dazwischen, eine Trennlinie, formte Früchte hinein, so, dass der Bleistift hart und spitz ein Knäuel aus schwarzen Linien fabrizierte.

Tatsächlich aber malte sie, um das Briefeschreiben an Otto noch ein wenig hinauszuzögern. Beschämend würde wieder die Bitte um Geld sein. *Hast Du Lust, mir noch ein bisschen Geld zu geben. Ich danke Dir für alles, was Du an mir tust. Es ist eben eine Sturm- und Drangzeit, durch die ich hindurch muss.* Mehr einschränken konnte sie sich wirklich nicht. Ein bisschen Milch, eine Tüte Kakao, jeden Tag ein Brot, Früchte. Nachmittags stürzte sie sich auf die Straßen und skizzierte. Einmal waren es Frauen auf dem Bürgersteig unter einer Laterne, dann ein Kind mit Kapuze, dann das Dreiergespann auf dem Boulevard, Troika nannte sie es. Sie war fasziniert gewesen und skizzierte. Sie zeichnete Männer im Pferdeomnibus, eine Ansicht von Notre-Dame und immer wieder Brücken über der Seine. Sie lernte abends Formen und Körperbau aus ihrem französischen Lehrbuch. Die Skizzenblöcke füllten sich. Zeichnen auf »Deubel komm raus« würde die alte Dreebeen lästern.

Wenn sie erst Schülerinnen hätte, um wenigstens das Geld für Modelle zu erübrigen. Farben brauchte sie, Leinwand, Malpappen. Vielleicht könnte eine gute Kritik von Hoetger eine Empfehlung sein, helfen. Aber sofort erschrak sie. Würde sie schon unterrichten können? Musste sie nicht erst noch viel, viel Weitersein? Immer wieder diese Selbstzweifel.

Das Geld müsste diesmal schnell ankommen und auf der Post sofort ausgeliefert werden, nicht erst nach drei Tagen wie beim letzten Mal im April. Beim letzten Mal musste erst das Concièrgeehepaar Paulas Identität bezeugen trotz der vorgelegten Papiere.

Wichtigster Punkt im Brief also, um Geld bitten. Trotzdem ein Kapitel für den Schluss, ebenfalls die Frage nach ihren Malsachen.

Ob Otto sie fortgeräumt hätte. Nicht auszudenken, was denen passierte, wenn die gute, aber nicht für Kunst sachverständige Frau Brünjes sie wegpackte. Paula wollte Otto aber keine Mühe bereiten. Was geschah mit ihrem Atelier bei Brünjes? Sollte sie es wie geplant für zwanzig Mark an eine Malstudentin vermieten, davon zehn Mark für die Möbel? Sollte sie es endgültig aufkündigen? Sie schloss die Augen, ja, das musste sein!

Einen Moment lang benahm wehmütiger Schmerz ihr den Atem. Ihr Atelier bei Brünjes, ihr erstes selbstständig eingerichtetes Zuhause vom eigenen Geld, von ihrer kleinen, längst verbrauchten Erbschaft. Ihr liebevoll eingerichtetes Refugium unter dem Strohdach zwischen Bäumen und Sträuchern am Rande der Welt. Sie hatte in ihrem Leben wohl keine Wohnung so geliebt wie diese. Nachts, wenn sie wach lag, hatte sie das Kettenklirren der Kühe gehört, morgens Hahnenkrähen und Hühnerstimmen. Hier in Paris aber, in dieser Riesenstadt, lebte sie in einem kargen Raum, wo man nachts vom Knallen der Türen in der Nachbarschaft aus dem Schlaf hochschreckte, wo es im Winter zu kalt war und im Sommer zu heiß sein würde, mitten in einer Stadt, die einen überrollen konnte, wenn man sich nicht zu schützen wusste. Dies hier war der Preis, den sie für ihre Unabhängigkeit zahlen musste. Musste? Nein, sagte sie laut, gern zahlen wollte. Sie atmete aus und tief wieder ein, stellte die Tasse auf den Tisch, nickte, so soll es sein!

Dass sie Hoetgers besucht hat, wird sie erzählen müssen. Dass sie Werner Sombart getroffen hat, nicht, den Soziologen, den sie und Otto auf der Winterreise in Schreiberhau bei Carl Hauptmann kennen lernten, wo er mit Wissen und Charme brillierte. Jetzt in Paris wurde er ihr *Privaterlebnis.* Eine Liebschaft, die in einer *Desillusion* endete, wie Paula es an Carl Hauptmann schrieb. Ob Sombart von seinem Porträt so wenig angetan war wie Rilke von seinem? Auf 50 × 40 cm große Leinwand hatte sie es in Öltempera gemalt. Kubistisch das ockerfarbige Gesicht, ein Sechseck fast, an einen dunklen Rahmen von Haar und Bart angeheftet. Faszinierend die symmetrischen braunen Pupillenkreise auf weißem exakt mandelförmigem Grund der Augäpfel. Ein wacher Blick, vom Betrachter weggerichtet mit einem leichten Anflug von Schwermut. Solche Schwermut wird Paula auch in die Augen von Lee Hoetger malen, Bernhard Hoetgers Frau. Wie gut, dass sie die Hoetgers getroffen hat.

Ja, von Hoetgers Besuch schreiben musste sie wohl, denn Herma, dieser Naseweis, hatte es denen daheim schon mitgeteilt, mit wem die Schwester hier Umgang pflegte. Dass sie auch in dem Augenblick ins Atelier hereinschauen musste, als Hoetger das letzte Bild umdrehte und die Arbeiten lobte. Und das hatte Herma der Familie nach Bremen geschrieben: *Paula ist gerade sehr gehobener Stimmung. Hoetger hat ihre Sachen angeschaut und war ganz davon durchdrungen, großartig. Und nun ist das Seelchen befreit. Hoetger sagt, dass sie viel Talent hat und etwas Feines werden wird.* Aber, als ob Herma der Hafer stach, sie nahm die Gelegenheit wahr, der Schwester eins auszuwischen, vielleicht sogar deshalb, um den Ärger loszuwerden, dass sie wieder einen Samstagnachmittag vergeudete mit Modellstehen. Jedenfalls setzte sie schnell diesen Satz unter ihr Schreiben: *Es sind alles schwierige Menschen!*

Paula selbst war überzeugt, schwierig zu sein für ihre Umwelt. Aber schwierig doch auch, weil die andern sich schwer taten, ihr Leben zu akzeptieren.

Bereits 1897 hatte sie von sich behauptet: *Ich muss mich ganz im Stillen an meiner Außenwelt reiben, sonst werde ich untauglich für die Welt, so eine Art Molluske, die ihre Hörner immer einzieht (Oder hat dies Tier Fühler?).*

32

Der Donnerschlag ließ Paula jäh hochfahren, so tief hatte sie geschlafen. Sie schüttelte sich, setzte sich auf, rings an Wänden, an Regalen, an Stühlen und Tischen lehnten ihre Bilder, und sie lagerte mitten dazwischen auf dem Boden, zwischen Skizzen und Malutensilien. In der Nacht musste sie hier eingeschlafen sein. Wie rasch die Zeit verging. Ein neuer Morgen, einer, der die Frühlingsschwüle der beiden vergangenen Maitage hinwegfegte.

Paula schaute auf das Bild auf der Staffelei. Es gelang ihr nicht, die Begeisterung des gestrigen Mittags wieder zu erwecken. Sie wollte doch mit Schwung ihr großes Selbstporträt, ein Dreiviertelporträt weitermalen.

Sie rieb sich die übermüdeten Augen, stand auf, überblickte den Raum, der aussah, als hätte jemand in äußerster Eile etwas Wichtiges darin gesucht und dabei aus Truhen und Regalen alles herausgerissen und überallhin verstreut. Sie räumte mechanisch ihre Kleidungsstücke ein, drehte die Bilder mit der Malseite zur Wand, packte die Skizzen auf den Maltisch.

Was sagte Rilke? Das Leben, das wirkliche gute, hätte sie in die Hände genommen. Sie sah sich wieder vor dem großen Spiegel stehen, sah, wie das Fenster des Ateliers helle Trapezflecke in die braune Iris ihrer Augen schnitt, und wusste nichts mehr von ihrem Mann, von ihrer Familie, zwischen denen Briefe hin und her gingen, angestrengte Überlegungen, wie man Paula zurückgewinnen könnte.

Mein großes Selbstbildnis, dachte sie und schob den hohen Spiegel seitlich vors Fenster. Es dauerte ihr beinah zu lang, den Malkittel abzustreifen, die Bluse. Mit den Knöpfen hinten am Rock hatte sie einige Schwierigkeiten, ehe sie ihn mit Schwung über die Schlafbank warf. Wo hatte sie die Bernsteinkette versteckt? Das Goldbraun war genau der Ton, der ihrer Haut schmeichelte.

Sie stellte sich neben das Fenster, ließ sich vom Sonnenlicht ausleuchten, den nackten Körper, den Kopf, der sich vor dem Spiegel drehte, den Hals, die Schultern, die lange Bernsteinkette, die herabhing zwischen ihre Brüste, kühl glänzte und ihre Nacktheit dahinter unantastbar machte.

Vorsichtig legte Paula ihren rechten Arm um ihre Taille. Freuen könnte sie sich, hatte Rainer Maria gesagt. Sie erinnerte sich an Hoetgers Worte. Ein bisschen übermütig betrachtete sie ihren Körper. Verspürte sie das *Brausen dem Ziele zu*? Jetzt war sie ausgefüllt mit Glück und Gewissheit.

Das Bild fiel ihr ein, das einzige, das man bisher von ihr gekauft hatte. Jetzt hing es bei Rilke. Er hatte es liebgewonnen. *Mein kleines Kind* nannte sie das Werk. Es hatte ihr das erste Geld für diesen Parisaufenthalt eingebracht.

Wie gut es ihr ging. Sie drehte sich. Ihre Hände ließ sie verschiedene Positionen auf ihrem Leib einnehmen. *Ich habe das Gefühl, ich bekomme ein neues Leben geschenkt. Dieses Leben soll schön und reich werden, und wenn etwas in mir sitzt, dann soll es erlöst werden.*

Plötzlich hatte sie die Idee, dass ihr Selbstbildnis eine Frau zeigen müsste, die schwanger ging. Paulas Werk war wie ein Kind, das in ihr lebte und heranwuchs. Schwanger ging sie mit ihren Bildern, die sie heraus malen musste. Das Zukünftige, das in ihr wartete, musste gezeigt werden, in großer Geste mit ihren Armen umfasst. Paulas Körper, ihre Kraft, ihr Können bestimmten ihr Werk. Sie musste es wie ein geliebtes schwieriges Kind austragen.

Sie lehnte sich zurück. Sie sah im Spiegel leichtgerötete Wangen in einem schönen feinen Gesicht. Sie sah das Lächeln darin, wie es die Venusgestalten von Lucas Cranach andeuten, wenn sie diesen jungfräulich erwartenden Blick in die Ferne senden. Es war ein Lächeln wie bei den kleinen, halb kindlichen, halb koketten Evas, die sie einmal in den Museen in Wien gesehen hatte.

Es war der 25. Mai 1906, als sie ihr Selbstporträt noch einmal vornahm und das Bild in Öltempera durcharbeitete. Mit größter Geschwindigkeit ordnete sie Farben und Pinsel, achtete weder auf Geräusche draußen, vergaß die Zeit, spürte keinen Hunger, keinen Durst.

Am späten Nachmittag griff sie einen von den ganz dünnen Pinseln mit scharfem, spitzzulaufendem Stiel. Sie drehte ihn zwischen den Fingern. Sie wollte signieren. Das Bild, ihr Selbstporträt, 100 × 70 cm groß, war fertig.

Sie musste laut lachen. Alle Spannung fiel von ihr ab. Was für ein Tag war das heute! Was für ein Datum! Das musste aufs Bild! Mit fester Hand und geraden, sorgsam gesetzten Buchstaben schrieb sie rechts unten auf den ockerfarbenen Hintergrund mit seinen grünen Farbtupfern erdbraun den Text:

Dies malte ich mit 30 Jahren
an meinem 6. Hochzeitstag
P.M-B.

Sie hielt einen Moment inne, dann nahm sie den großen Pinsel, mit dem sie die grünen Flocken gemalt hatte. Sie tauchte den Pinsel in die Farbe und setzte einen daumennagelgroßen Klecks auf den Buchstaben M mit dem Bindestrich dahinter. Ein grünes Blatt zwischen ihren Initialen *P.* und *B.*, die ihren Mädchennamen bedeuteten, Paula Becker. Das *M* für den Namen Modersohn war ausgelöscht.

33

Maiausflug nach Chantilly. Der Himmel war klar. Nach ihrem Rundgang würden sie irgendwo Kaffee trinken, Rilke, Johann und Ellen Bojer, ein befreundetes Ehepaar aus Schweden, Ellen Key und Paula. Wunderbar diese Frau, dachte Paula, während sie an den Vorgärten vorbeigingen, in denen Hortensien blühten. Sie beobachtete Ellen, die anders war, als sie es sich vorgestellt hatte, eher rundlich als schlank. Aber sie bewegte sich vollkommen locker und leicht, und ihr Mienenspiel war immer gleichmäßig freundlich. Selbstverständlich würde Ellen gern über ihre Leitsätze sprechen, Menschen in ihrer Eigenart nebeneinander gelten zu lassen, jedem das Recht auf ein eigenes Leben zuzugestehen. Paulas Ohren entging nichts, sie hatte genau hingehört, was Ellen über Gleichberechtigung sagte und über Erziehung. Kein Wunder, dass sie sich der Schwedin verbunden fühlte. Vertrauen zum Kind, einen Glauben haben an die Fähigkeiten des heranwachsenden Menschen. Wie oft hatte Paula sich als nicht angenommen gefühlt so, wie sie war. War sie nicht gegängelt worden überall zu Hause, von ihren Lehrern? War ihr nicht immer wieder gesagt worden, wie sie sein sollte? »Ja, ja, und mit solchen Methoden verwirrt man den Willen der jungen Leute«, sagte Ellen, »so dass sie, wenn sie endlich mit der Schule fertig sind, nicht mehr wüssten, was sie eigentlich wollten.«

Sie pustete sich eine Haarsträhne aus ihrem runden Gesicht, schaute Paula ruhig und interessiert an. Paula war also eine Malerin? »Erzählen Sie von sich.« Die beiden spazierten nebeneinander her. Ellen legte den Arm um Paulas Schultern.

Dieses Jahrhundert wird zu den größten gehören, wenn der Traum von Gleichberechtigung, den diese seltsame und gerechte Frau in seinen ersten Tagen geträumt hat, in seinen letzten in Erfüllung geht. Vielleicht wird man einmal die Menschen dieses Jahrhunderts da-

nach abschätzen, wie sehr sie an der Verwirklichung dieses Traumes gearbeitet haben. So hatte Rilke in einem Aufsatz über Ellen Key geschrieben.

34

Pfingstsonntag, 2. Juni 1906. Paula, Herma und Otto im Jardin du Luxembourg. Otto war nach Paris gekommen, wollte sich mit Paula aussprechen. Sie gingen schnell, überholten großen Schrittes die Spaziergänger, die erschrocken zur Seite wichen. Plötzlich blieben sie stehen, redeten aufeinander ein, heftig gestikulierend, lauter und lauter in der Stimme. »Du hast dir in Worpswede eine Menge Feinde gemacht. Ach, das stört dich nicht?« Otto starrte Paula an. Es sei doch sonderbar, dass Rilke, dieser Egoist, sie in ihrem Entschluss unterstützt hatte, Worpswede zu verlassen, der sie zur Flucht nach Paris überredete. Paula ging schnell ein paar Schritte voraus. Ottos mal herablassenden, mal wütenden Tonfall konnte sie nicht ertragen. Unverschämt, rücksichtslos! Es wäre ungerecht, dass so viele Menschen ihretwegen leiden müssten! Sie fühlte sich schrecklich. Was würde er antworten, wenn sie ihm erklärte, dass es ihr schon immer so erging, wenn sie sich für ihre Arbeit, für die Kunst einsetzte. Sie schwieg. Selbstverständlich war Otto nicht schuld, es war ihr Schicksal, dass sie so sein wollte, wie sie war. Ich bin Ich, dachte sie wie eine beschwörende Formel. Otto fühlte sich verraten. Da stimmte doch etwas nicht! Er war sich plötzlich sicher, dass ein Mann dahintersteckte. Ihr Vorgeben, hier malen zu müssen, war nichts als Tarnung. Sie hatte wohl nicht vergessen, dass sie ihm von Männern erzählte. Du liebe Zeit! Herma und sie feierten im Frühjahr 1905 Karneval mit einem Maler und einem Jurastudenten aus Bulgarien, trafen sich ein paarmal zu Ausflügen. Wenn er das meinte, so hatte sie ihm damals alles genau erzählt. Bis in alle Einzelheiten von den Sprachschwierigkeiten gesprochen, von den Tischsitten, die sie den beiden erst beibringen mussten. Und dass der Maler ihr ein paar Möbel fürs Atelier zimmerte.

Aber Hoetger, war der nicht viel jünger als Otto, bloß ein, zwei Jahre älter als Paula? War der auch wirklich verheiratet? Otto bohrte weiter. Sie zuckte die Schultern. An ihren ersten Nachmittag in der Rue Vaugirard dachte sie, an das feine, herbe Gesicht der Frau Lee, die dem armen Künstler Hoetger das Geld in die Ehe brachte.

Dann fiel ihr der gestrige Tag wieder ein, Pfingstsamstag, die Szene, als Otto in ihrem Atelier auftauchte, während sie an Rilkes Porträt arbeitete. Nicht einmal während dieser Wochen war der Name Otto Modersohn über Rilkes Lippen gekommen, wie in stiller Übereinkunft. Dann ging alles ganz schnell. Paula wusste bis heute nicht, wie es eigentlich geschah. Hatte es an der Tür geklopft, war sie hingegangen, um zu öffnen? Oder hatte jemand die Tür aufgerissen, war ins Zimmer gestürmt? Sie wusste nur noch von ihrem Erschrecken, als Otto Modersohn plötzlich mitten im Raum stand. Sie sah wie durch mattes Glas, dass Rainer Maria sich langsam und stumm erhob, dass Otto sich abrupt umdrehte, als Rilke an ihm vorbeimusste, sich im vollbeladenen Atelier an ihm vorbeizwängte. Ich werde nie mehr mit Rilke sprechen, sagte Otto Modersohn.

Immer wieder fruchtlose Diskussionen. »Warte nur«, sagte Otto erregt, »wie man dich in Worpswede verurteilen wird, wenn du zurückkommst.« Solche Äußerungen brachten auch Herma auf. Das war nun wirklich ungeschickt, damit bereitete Otto keinen günstigen Boden für eine eventuelle Rückkehr. Jeder sollte bei sich selbst nachforschen, wie weit er mit an diesem Zerwürfnis schuldig sei. Herma kannte ihre ältere Schwester länger als

Otto, und dies war auch ein Angriff auf ihre Familienehre. Sie stellte sich schützend vor Paula, informierte die Mutter und die Geschwister. So gut wie der Becker-Bültzingslöw'sche Clan kannte Otto Modersohn Paula nicht.

Wie lange würde Paula brauchen, um ohne Ottos Unterstützung leben zu können? Er war zurückgefahren. Im Herbst wollte er noch einmal kommen. Er hatte ihr Verschwinden bei den Freunden als Krankheit bezeichnet.

Von ihrer Mutter erfuhr Paula, wie er sich in seinem Atelier vergrub. Einige von ihren Stillleben hatte er bei Brünjes abgeholt, sie in seinem Atelier aufgebaut, sich davor gesetzt wie vor einen Altar. Mutter Becker, die ihn verzweifelt stöhnen hörte, wusste keinen Rat. Aufgeregt pendelte sie zwischen Bremen und Worpswede. Otto konnte ihr keine Erklärung geben. Er versteifte sich darauf, dass Paulas Abreise nur ein Kurzschluss wäre, eine Art Bewusstseinstrübung, die bald vorüberginge. Aber während Otto und Paula in Schreiberau ihre Sachen auspackten, um mit Hauptmanns fröhlich Sylvester zu feiern, hatte in Worpswede schon Paulas Reisetasche für Paris bereitgestanden. Während sie in Berlin die Bilder von Leibl, Böcklin, Feuerbach bewunderten, musste Paula an ihre Gauguins in Paris gedacht haben.

Paula lebte seit Ottos Abreise aufs Extremste. Zwei weitere Selbstbildnisse als Halbakt mit Bernsteinkette entstanden, ein Selbstbildnis als stehender Akt mit Hut. Sie nahm sich selbst als Modell. Ein freies Körpergefühl war ihr von jeher eigen. Das Foto *Paula dreißigjährig nackt mit Kette* als Brustbild zeigt es. Paula gehörte zu den ersten Malern im 20. Jahrhundert, die sich selbst nackt porträtierten.

35

Das Betriebsame, das jetzt in Bremen und Worpswede um ihre Person einsetzte, nahm Paula nur von ferne wahr. Heinrich Vogeler interessierte sich plötzlich für ihre Stillleben, kaufte das Bild *Äpfel mit grünem Glas*. Frau Brockhaus, die Seniorchefin des großen Verlagshauses, die mit Mutter Becker nach Worpswede kam, erwarb spontan für hundert Mark das Stillleben *Äpfel mit Banane*. Zum ersten Mal hatte jemand, der nicht zu ihrem Freundeskreis gehörte, eins von Paulas Bildern besitzen wollen.

Waren das Lichtpunkte in ihrem Leben, war das die Schneise im Wald, die ihr den Weg zur Heimkehr freimachte? Paula fühlte sich nicht als Siegerin. Sie musste weiterschaffen. Weiterwollen. Das einzig Beglückende war die Arbeit. Otto schrieb aus Worpswede: *Ich habe mir während dieses Frühjahrs immer wieder Deine Stillleben angesehen, und ich muss sagen, sie haben mich ganz gefangengenommen. Ich kann nur sagen, mit ihnen verglichen, besteht nichts. Ich verstehe jetzt, warum Du kein Interesse an der Landschaftsmalerei hast. Du willst das Ding an sich malen, das Ding, ohne Licht– und Schattenwirkungen, welche die Form des Dinges zerstören.*

Ahnte die Mutter endlich, dass etwas Besonderes steckte in Paulas Kunst? War Milly hellhörig geworden? Paula schrieb ihnen: *Wenn man einmal erkannt hat, dass an einem Menschen etwas dran ist, wie ihr es von mir wisst, dann muss man ihn in einer solchen Lage, wie ich jetzt bin, ruhig gewähren lassen, ihm vertrauen.*

Die Geschwister schickten Brief um Brief. Die Freunde begannen zu schreiben. Es war schön, dass man sich kümmerte. Aber Paula musste bleiben, wie sie war und wo sie war. *Ich halte mich für gut von Natur, und sollte ich noch so viel Dummheiten machen. Ein jeder ist so anständig, als es in seinen Kräften steht.*

36

Es wurde ein heißer Sommer 1906, unerträglich heiß war es in Paris, selbst unter den Bäumen in den Parks. Die Blätter welkten schon im Juli, das Gras wurde hart und grau. Ausgestorben lagen die Straßen in der Sonne. Paula überquerte die Kreuzung, um aus dem gleißenden Licht in den Häuserschatten des Boulevard Montparnasse einzubiegen. Sie hatte schon eine Zeit lang unter einer Markise am Boulevard Raspail gestanden, um nach Atem zu ringen. Sie fuhr nicht mehr ans rechte Seineufer, um in die Rue Lafitte zu den Kunsthändlern zu kommen. Ihre ganze Energie brauchte sie fürs Malen.

Es war Hochsommer und die Zeit, wo viele aufs Land fuhren, irgendwohin, wo es kühler war, lärm- und staubfreier als hier in der Steinwüste. Wenn sie mittags in ihr Atelier zurückging, mit einem Brot unter dem Arm, durstig, die Zunge klebte am Gaumen, dann wünschte sie sich ans kühle Meer, wo der Wind nicht trocken wehte wie hier.

Ah, zu Ostern waren sie ans Meer gefahren, Herma und Paula. Nach Saint-Malo reisten sie, zehn Stunden Bahnfahrt wie von Bremen nach Dresden. Diese Gischt an den Klippen! Paula fuhr mit der Zunge über ihre trockenen Lippen. Sie durfte nicht daran denken. Otto hatte Herma das Reisegeld geschickt, Otto hatte Vorsorge getroffen. Meine Freiheit ist deshalb so schön, weil du im Hintergrund stehst, schrieb Paula ihm einmal 1904. *Mein getreuer Eckart* nannte sie ihn jetzt in ihren Briefen. Sie stand vor Notre-Dame, maß die Höhe der Fassade. Konnte sie wirklich auf eigenen Füßen stehen?

Es wurde immer heißer in jenen Tagen. Rilke war auch schon fort. Wollte er sich nicht mit Clara nach einem Besuch in Ypern in Ostduinkerke-Bains am Meer treffen? Vielleicht konnte sie sich ihnen anschließen. Ohne davon zu wissen, gebrauchte sie in Gedanken fast dieselben Worte, mit denen Rilke einmal Lou Andreas-Salomé gebeten hatte: *Wenn ich in dieser Zeit einmal nur für eine paar Tage bei Ihnen Zuflucht suchen dürfte.* Sie musste an Rilke schreiben.

Wie anstrengend war das Leben. Sie lag manche Nacht wach, konnte vor Hitze nicht einschlafen. Auf ihren Brief vom 31. Juli hatte Rilke nicht geantwortet. Unwirklich waren diese Sommermonate. Aber sie malte, und sie meinte, dass sie genau wie Cézanne von sich sagen konnte: *Ich mache täglich Fortschritte, wenn auch sehr langsam.*

Paula zerknüllte einen Briefbogen nach dem anderen. Sie musste das Schreiben heute noch fertig bringen. Im September sollte Otto kommen. Für den September hatten sie ein Treffen vorgesehen, bei dem Paula sich endgültig entscheiden wollte. Paula wusste, dass sie alle daheim zutiefst erschrecken würde, dass man sie uneinsichtig nennen würde, wenn sie diesen Brief schrieb.

Am 3. September 1906: *Gib mich frei. Ich mag Dich nicht zum Manne haben. Ich mag es nicht. Ergib Dich drein. Foltere Dich nicht länger. Versuche mit Deiner Vergangenheit abzuschließen. Ich bitte Dich, alle äußeren Dinge nach Deinem Wunsche und Willen zu regeln. Wenn Du noch Freude an meinen Malereien hast, suche Dir aus, was Du behalten willst. Ich muss Dich noch bitten, ein letztes Mal Geld zu schicken. Ich danke Dir für alles Gute, was ich von Dir gehabt habe. Ich kann nicht anders handeln. Deine Paula Modersohn.*

Am nächsten Tag ging sie zu Hoetgers in die Rue Vaugirard. Sie porträtierte Frau Lee nun schon ein zweites Mal. Was muss ich da hören? Bernhard Hoetger kam gerade aus seinem Atelier, hatte sich den Staub abgewaschen und schüttelte das Wasser von den Händen. Trennen wollte sich Paula von Modersohn? Hoetger griff nach dem Handtuch, war entsetzt. Zu gut kannte er die Not freischaffender Künstler. Paula war ratlos, packte den Stift wieder aus, den sie weggelegt hatte. Was war falsch? Paula hatte vor, sich selbstständig zu machen, wollte selbst für ihren Unterhalt sorgen. Hoetger warf das Handtuch in die Ecke. Wie kurzsichtig war Paula, wie lebensfremd! Er rannte vor ihr im Raum auf und ab. Sie duckte sich auf ihrem Hocker. Und dann prasselte es auf sie hernieder: Frauen haben keine Chancen auf dem Kunstmarkt, Frauen bekommen keine Stipendien, Künstlerinnen sind nichts ohne den Namen großer Männer, die hinter ihnen stehen. Drehte Paula etwa durch? Kein Wunder nach diesem heißen Sommer. Paulas Hände zitterten, es rauschte an ihrem Ohr vorbei, Dummheit, Leichtsinn, Wahnsinn. Jetzt, dachte sie, jetzt wird er gleich auf dich zukommen, dich mit seinen Blicken durchbohren und dir dieses fragende »Nicht?« entgegen schleudern und als Antwort selbstverständlich ein »Ja« erwarten. Aber dann würde ihr das Wort wieder in der Kehle steckenbleiben. Diese Situation war ihr so bekannt und sie saß da wie gelähmt. Ob ihr die Familie nicht Leid täte? Paula fühlte sich scheußlich. Unverantwortlich nannte Hoetger sie. Sie hob wie in Abwehr die Hände, als er plötzlich in seinem Gerenne innehielt und sich tatsächlich vor ihr aufbaute. Sie sähe doch wohl selbst ein, dass ihr Entschluss ein hirnverbrannter Unsinn wäre. Und Paula, die dem Zeigefinger auswich, sagte erst ein schnelles »Ja«, dann ein zögerndes »Nein«, und dann ein ganz leises »Ja«. Ihr Gefühl sagte das Gegenteil, aber ihr Verstand gab ihr so schnell keine Argumente.

Hoetger nickte erleichtert, ging ein paar Schritte zurück, Vernunft annehmen, das wäre das einzig Richtige. Er erinnerte, wie schwer es Frauen selbst als Lehrerinnen in den Malakademien hätten. Paula schwieg. Sie dachte an Jeanne Bauck. Sie hatte nie mehr etwas von ihr gehört. Jeanne war entlassen worden, als ihr Unterrichtsstil, ihre Malweise der Direktorin nicht mehr zusagte. Aussichtlos, aussichtslos, dröhnte es in Paulas Kopf. Seit einer

Stunde redete Hoetger nun schon auf sie ein. »Gehen Sie zu Modersohn zurück. Er ist doch ein vernünftiger Mann. Er lässt Sie arbeiten, wie Sie wollen. Er ist kein Unmensch. Schreiben Sie ihm, lassen Sie ihn herkommen. Ich werde mit ihm reden. Man bringt sich nicht um, wenn man eine Aufgabe vor sich hat.« Und dann erinnerte er sie an eine Szene in der Malschule Colarossi, auch wenn sie sich wie eine gute Anekdote anhörte. Paula hatte sie ihm selbst erzählt.

Die Malstudentinnen und Malstudenten hatten sich die Arbeiten der Deutschen angesehen und gefragt, wer ihr denn solche Malweise beigebrächt hätte. *Mon mari*, hatte Paula stolz gesagt. Ah, Sie malen wie Ihr Mann malt! Nun, dann war es ja gut. Dass eine Frau aus sich heraus einen neuen Stil entwickeln konnte, das vermutete man nicht.

Paula war vollkommen durcheinander. Gleichberechtigung gab es nicht, Gleichberechtigung war ein Hirngespinst. Sie lag die nächsten Nächte wach. Mit verschränkten Armen hinterm Kopf hatte sie auf das Fensterrechteck gestarrt. Mit wem außer den Hoetgers konnte sie reden? Nicht mit ihren Verwandten. Nicht mit den Worpsweder Freunden. Rilke war nicht zu erreichen. Jetzt hätte sie mit Clara sprechen mögen. Sie musste ganz ruhig bleiben. Wo war der Fehler? War sie ein Hitzkopf wie Onkel Oskar Becker oder mehr ein Zauderer wie Vater Woldemar? *Es ist oft leichter, weniger selbständig zu sein, dafür aber einen festen Rückhalt zu haben.* Worte ihres Vaters, die er ihr zu ihrem einundzwanzigsten Geburtstag mit auf den Weg gegeben hatte. Lag Schuld darin, dass sie die Fähigkeit nicht bewiesen hatte, selbst für ihren Lebensunterhalt zu sorgen? Immer wieder ging es ums Geld. Was hatte sie zu Mackensens Kunst gesagt, die sich dem allgemeinen Geschmack anpasste: *Mangel an Geld schmiedet uns fest an die Erde, man bekommt die Flügel beschnitten.* Gab sie sich auf, wenn sie nach Worpswede zurückging? »Sie geben Ihre Kunst auf, wenn Sie in Paris bleiben«, sagte Hoetger, »schreiben Sie den Brief.« Schließlich hatte Paula zu allem genickt.

Paula widerrief. *Otto wird nun kommen*, schrieb sie an Milly. *Hoetger hat einen Abend in mich hinein gepredigt.*

Sie hatte Otto Modersohn mitgeteilt: *Mein herber Brief war aus einer großen Verstimmung heraus geschrieben. Es tat mir hinterher leid, ihn geschrieben zu haben. Auch war mein Wunsch, kein Kind zu bekommen, doch ganz vorübergehend und stand auf schwachen Füßen. Wenn Du mich überhaupt noch nicht aufgegeben hast, so komme bald her, dass wir versuchen, uns wieder zu finden. Der Umschlag in meiner Meinung wird Dir merkwürdig vorkommen. Ich armes Menschlein, ich fühle nicht, welches mein richtiger Weg ist. All diese Verhältnisse sind über mich gekommen, und ich fühle mich ohne Schuld. Ich will Euch ja nicht peinigen.*

Es war nicht verwunderlich, dass sie ein bisschen hektisch umherging in diesen Wochen. Da war ihr Atelier, da war die Staffelei, da standen die beiden Stühle. Sie musste sich an den Dingen, die sie umgaben, orientieren. Sie sagte, das ist Notre-Dame, das ist der Pont au Double. Es war, als müsste sie sich des Ortes vergewissern, wo sie war.

Sie empfand wenig, keine Freude, keine Traurigkeit, als sie an diesem Septembernachmittag mit der kleinen Gruppe durch den Luxembourg-Park ging. Sie konnte keine Gedanken lesen, aber sie hatte ein ausgeprägtes Gefühl für Schwingungen, unterschwellige Töne, die ein Gespräch begleiteten. Otto war nach Paris gekommen. Da gingen die beiden Männer ein paar Schritte vor ihnen her, Bernhard Hoetger und Otto Modersohn. Die Frauen, Lee Hoetger, Lees Schwester und Paula, unterhielten sich über den heißen Sommer, dessen Nachwirkungen man in der Dürre der Anlagen noch immer spürte. Ausgedörrt haben mich die Stunden in meinem heißen Atelier, dachte Paula und vernahm Gesprächsfetzen der Männer. »Ach, das kleine Lob für Ihre

Frau, lieber Modersohn, hauptsächlich Anregung. Großes Talent, aber noch nicht entwickelt.«

Waren das Hoetgers Worte? Unmöglich oder doch? Unwirklich, gespenstisch, kam ihr plötzlich die ganze Umgebung vor. Sie kniff sich in den Arm. In dem Moment drehten sich die Männer um, schauten sie ganz freundlich an. Sie hatte bestimmt Wachträume, Auswirkungen der letzten Wochen, Hoetgers Worte konnten das nicht gewesen sein.

37

»Komm zurück«, hatte Otto an dem Morgen gesagt, als er bei ihr erschienen war. Er schaute sie mit diesem gekränkten Blick an, der sie früher unglücklich machte. Sie erwartete wieder seine Vorwürfe, sah ihn verstohlen von der Seite an, sie traute dem Frieden nicht recht. Dieselben Bitten, dieselben Forderungen, die ihr das ganze Frühjahr, den ganzen Sommer über gestellt wurden. Sollte das zähe miteinander Ringen von vorn anfangen? Es war früher Morgen gewesen, sie hatte sich gerade ihren Kaffee aufgebrüht, das Zimmer war noch nicht aufgeräumt. Sie hatte wieder bis spät in den Abend hinein gemalt. Machte sich Otto immer noch ein falsches Bild von ihr? »Ich habe mein Urteil über meine Mitmenschen auch noch nicht abgeschlossen«, dachte sie, »aber Otto und ich sollten uns besser kennen.« – »Komm zurück«, sagte er und fragte nicht nach ihrer Arbeit.

Sie stellte eine zweite Tasse auf den Tisch, brach das Brot durch und erinnerte ihn an den letzten Satz in ihrem Brief; dass es nämlich Hoetgers Rat war, den Widerruf zu schreiben. Otto setzte sich schwer auf einen Stuhl. Er war gekommen, weil er sie gern hatte. Im Frühjahr wäre er viel zu aufgebracht gewesen, unbeherrscht. Hatte alle guten, frohen Stunden vergessen, die sie miteinander verbracht hatten. Alles sollte anders werden. Alles sollte sie von nun an haben, wenn sie es wünschte, Reisen, Paris. Überall könnte er mit ihr leben. Er war gekommen, weil sie ihn gerufen hatte, er wollte ihr keine weiteren Vorschriften machen. Paula stellte sich mit ihrer Tasse an die Wand, trank langsam Schluck für Schluck. Auch wenn jetzt Angebote fielen wie: *Lebe Dein Leben, das auch mein Leben sein wird.* Paula war sich keineswegs sicher, ob sie mit ihm noch zusammenleben könnte, auch wenn er beteuerte: *Ich kenne Deine großen starken, freien und frohen Lebensgefühle. Deine Großzügigkeit, wie ich sie von Anfang an schätzte, wodurch Du Dich von allen andern unterschiedest.* Im Augenblick schien es ihr ratsam, eine Probezeit einzuschieben. Sie trafen eine beinahe geschäftsmäßige Vereinbarung. Otto sollte ein halbes Jahr in Paris zusammen mit ihr leben und arbeiten, um zu sehen, ob eine gemeinsame Basis für die Zukunft da wäre. Sie mieteten größere Atelierräume im Atelierhaus Nummer 49 auf dem Boulevard Montparnasse. Paula zog um.

Das Schwierigste war jetzt, über ihre Gefühle zu sprechen. Man konnte sich so schnell missverstehen. Jeder vergrub sich in seine Arbeit.

Was gestand Otto ihr zu? *Lebe dein Leben, das auch das meine sein wird.* Das hörte sich ganz vernünftig an, vernünftig genug, um darüber nachzudenken. War sie undankbar? Otto war gekommen. Zum ersten Mal setzte er sich öffentlich für Paulas Kunst ein. Er hatte ein paar von ihren Bildern, ein Apfelstillleben, das Stillleben mit dem Bambino, das schlafende Kind und einen Mädchenkopf mit schwarzem Hut eingereicht, als den Worpsweder Künstlern wieder eine Ausstellung in der Bremer Kunsthalle angeboten wurde. Keiner kannte Paula, hatte Otto Modersohn einmal in sein Tagebuch geschrieben, keiner schätzte sie. Das musste anders werden.

Die Ausstellung fand im November 1906 statt, und am elften stand in den Bremer Nachrichten ein Artikel von Gustav Pauli, dem Leiter der Bremer Kunsthalle: *Mit ganz besonderer Genugtuung begrüßen wir diesmal einen nur allzu seltenen Gast in der Kunsthalle in Paula Modersohn-Becker*, schrieb er. *Leider wird, wie ich fürchte, ihr ernstes und starkes Talent auch jetzt unter dem großen Publikum nicht viele Freunde finden. Es fehlt so ziemlich alles, was die Herzen gewinnt und dem Auge schmeichelt. Gerade solchen Erscheinungen gegenüber erwächst indessen einer ernsthaften Kunstkritik die Pflicht, auf die Qualität hinzuweisen. Wer die Stillleben und den Mädchenkopf von Paula Modersohn als hässlich, brutal an den Pranger stellt, wird auf ein beifälliges Kopfnicken vieler Leser mit Sicherheit rechnen dürfen. Und doch sei gesagt, dass wir uns glücklich schätzen dürfen, ein solch starkes Talent wie Paula Modersohn die unsre nennen zu können. Die Künstlerin weilt seit einiger Zeit in Paris, und der Einfluss der dortigen unvergleichlichen Kultur, namentlich Cézanne ist nicht zum Schaden bei ihr sichtbar.*

Otto las ihr den Zeitungsausschnitt vor, den Mutter Mathilde zugeschickt hatte. »Kaffee«, sagte Paula, »möchtest du noch etwas Kaffee?« Die positive Kritik war ihr mehr eine Genugtuung als eine Freude.

In der Kunst war man immer allein. Die Kritik in der Bremer Zeitung war allerdings ein Schutzmantel, der ihr die Sicherheit gab, in Bremen und Worpswede unbehelligter ihrer Wege gehen zu können.

Paula musste sich allmählich entscheiden. War es richtig, wenn sie mit Otto nach Worpswede zurückging?

Die Novemberstürme fegten durch die Straßen, Regenschauer trieben die Drehorgelmänner in die Eingangshallen der Museen. Schon am frühen Nachmittag brannten die Laternen. Zum Malen brauchte man besseres Licht. Paula trieben die kalten

Winde schneller über den Boulevard Montparnasse bis zur Nummer 49.

Das Treppenhaus war feucht, die Holzstufen nass und rutschig. Sie malte, solange es die Helligkeit zuließ. Immer wieder sagte sie, wie beschwörend, »wenn man nur gesund bleibt«. Wenn sie dann noch den Ort hätte, wo sie in aller Ruhe arbeiten könnte, und wenn der liebe Gott ihr erlaubte, etwas Schönes zu schaffen, wollte sie froh und zufrieden sein. Immer noch der Druck, etwas Besonderes leisten zu müssen, aber jetzt auch, um vor sich selbst bestehen zu können. Sie hatte ihr dreißigstes Jahr erreicht und musste ihrer Meinung nach noch viel lernen. Aber wenn ihr die Möglichkeit geboten wurde, ihre Zeit und Kraft ganz ihrer Kunst zu widmen, musste sie die Möglichkeit nutzen. Sie hatte Ottos Versprechungen: *Du suchst Freiheit. Nimm alle Freiheiten. Deine Wünsche will ich nach Kräften erfüllen. Reife, lebe von mir getrennt, tue alles, was deiner Natur nötig ist.*

Wenn man nur gesund bleibt und nicht zu früh stirbt, dachte sie merkwürdig oft in diesen Tagen. Sie wollte nun im Frühjahr nach Worpswede zurückkehren.

Als sie Otto ihren Entschluss Mitte November mitteilte, war sie vollkommen ruhig.

Ob ich schneidig handle, darüber kann uns erst die Zukunft aufklären, schrieb sie am 17. November 1906 an Clara. *Ich habe in diesem Sommer gemerkt, dass ich nicht die Frau bin, allein zu stehen. Außer den ewigen Geldsorgen würde mich gerade meine Freiheit locken, von mir abzukommen. Und ich möchte so gerne dahin gelangen, etwas zu schaffen, was ich selbst bin. Ich selbst bin anders geworden, etwas selbständiger und nicht mehr voll zu viel Illusionen. Die Hauptsache ist Stille für die Arbeit, und die habe ich auf Dauer an der Seite Otto Modersohns. Ich danke Ihnen für Ihre freundschaftliche Hilfe und wünsche Ihnen zu Ihrem Geburtstage, dass wir zwei feine Frauen werden. Grüßen Sie mir Ihren Mann, wenn Sie ihm schreiben. Das Missverständnis zwischen Ihnen und Otto Modersohn wird wohl hoffentlich wieder zum Verständnis werden.*

An diesem Spätnachmittag, an dem sie den Brief an Clara abgeschickt hatte, wollte sie fröhlich sein und Gedanken an frühere Sommertage in Worpswede heraufholen.

Sie sah sich in ihrem Atelier vor dem Lilienwandbehang, denn ungestört von Elsbeths Toben und Dazwischenreden konnte sie nur dort ihre Post erledigen. Ein Schmetterling, ein kleiner Fuchs, war durch das offene Fenster hinein getaumelt. Aufgeregt flog er im Raum umher. Sie hätte ihn gern näher betrachtet, doch bevor sie ihm ruhig ihre Hand hinstrecken konnte, damit er sich eine Weile darauf niederließ, war er zum Fenster hinaus. Schade, aber sie musste doch lachen.

Sie versuchte sich an die Stimmung der ersten Verliebtheit zu erinnern. Lieben können gehörte zu ihrem Wesen, und unbefangen bezog sie alle Natur mit ein. Jetzt aber war die überschwängliche Begeisterung gedämpft. Was blieb, war Hoffnung, dass zwei Menschen dauerhaft aufeinander bezogen sein können. Ich bin immer ein hoffender Mensch gewesen, sagte sie sich. *Suche Dir eine Hoffnung*, hatte sie im Sommer 1902 an Herma geschrieben.

Dann saß sie still in ihrem Zimmer, umgeben von ihren Gemälden und Skizzen. Die Tür vibrierte leicht, wenn jemand draußen die Treppe hinuntereilte in diesem Atelierhaus am Boulevard Montparnasse. Sie schaute umher, ein Raum, der für so vieles herhalten musste. Konnte sie sich wieder an ein Haus gewöhnen, in dem jedes Zimmer einem bestimmten Zweck zugeordnet war? Schlafzimmer, Wohnzimmer, Küche, Diele. Einen Kellerraum gab es zusätzlich für Vorräte. Mit Elsbeth hatte sie dort einmal eine Maus gefangen, als Otto in Münster war.

Das Kind kam nun in der Schule gut mit. Im Frühjahr von Paris aus hatte sie befürwortet, dass Elsbeth, die zart und gesundheitlich labil war, eine Klasse zurückversetzt wurde. Jetzt schrieb sie ihr nach Paris kleine nette Briefe.

Der gestrige Abend mit Otto war voll von Beteuerungen gewesen. Du kannst dein Atelier bei Brünjes behalten. Verwirkliche deine Pläne als Malerin. Du bist gerade dreißig Jahre alt, du hast ein ganzes Leben noch vor dir.

Die Zeit, die Zeit. Wenn man nur gesund bleibt. Nachdenklich kämmte sie ihr Haar, das bis zur Taille herabhing.

Otto und Paula waren Weihnachten in Bremen gewesen. Ende Januar begann Paula in Paris mit der Auflösung des Haushalts. Packte die vielen kleinen Dinge ein, die sich im Laufe des letzten Jahres angesammelt hatten, Skizzenblätter wurden eingeordnet, Ölbilder zu handlichen Gepäckstücken verschnürt. Paulas Schlafbank mit Matratze, zwei Tische, zwei Stühle, Regale, der große Spiegel sollten zurückbleiben, wurden im Abstellraum der Hausmeisterin eingelagert. Die schöne Perlmuttbrosche, Paulas Lieblingsschmuckstück, ließ sich nicht wiederfinden. Sollte ich vorläufig nicht nach Paris reisen, könnte Rilke die Möbel bei einem Altwarenhändler verkaufen, dachte sie, und mir für das Geld so eine Brosche, wie ich sie verloren habe, erstehen. Vor Otto erwähnte sie Rilkes Namen nicht mehr. Sie wusste nicht einmal, wo Rilke sich zurzeit aufhielt. Seit dem denkwürdigen Samstag vor Pfingsten 1906 hatte sie ihn nicht mehr gesehen.

Am 9. März 1907 schickte Paula eine Nachricht nach Bremen, die wie ein Blitz einschlug: *Meine liebe Mutter, vielleicht wirst Du im Oktober wieder Großmutter. Ich küsse Dich.* Paula selbst war überrascht, denn jahrelang waren Otto und sie fast nur geschwisterlich verbunden gewesen.

War es dieser Abend, an dem sie beide das Buch über altägyptische Porträts durchblätterten, Ottos Geburtstagsgeschenk für sie? Waren diese seine Worte an jenem Abend gefallen: *Ich liebte Dich vom ersten Augenblick an, als ich Dich sah. Ich liebte alles an*

Dir, Du warst mir der Inhalt meines Lebens, Du warst mir das Maß in allem und für alles. Mit Dir verglichen, was bestand? Deine Seele liebte ich wie nichts auf dieser Erde, Dein Gefühl, Deine Kunst, Dein ganzes Menschentum, das weißt Du auch, wenn Du Dich fragst. Ich kenne Dich, da ist viel in mir und an mir, das Dir herzlich lieb vor andern.

An jenen Abenden fröstelte sie oft, und Otto legte ihr den neuen weißen Schal über die Schultern. War es vielleicht dieser Abend gewesen, als er den Schal suchte, während sie ganz versunken war ins Bildnis der *Irene von Faijum*, in dieses Mumienporträt aus dem Buch *Altägyptische Kunst*? Es war das Bild einer Frau mit sorgsam geflochtenem Haarkranz auf schmalem Kopf, ein Gesicht mit großen ovalen und dunklen Augen. Paula mochte diese Mumienporträts, seit sie sich 1903 im Louvre mit ihnen beschäftigte. Reproduktionen hatte sie erworben. Wie aufmerksam und lieb von Otto, sie mit diesem Buch daran zu erinnern und an ihre vielen guten Gespräche darüber. Ich werde auf diese Art wieder ein Selbstporträt malen, und dieses Bild muss noch innerlicher werden als alle vorher, hatte Paula gedacht.

38

Der heiße Mittag an diesem Sommertag 1907 in Worpswede machte sie müde. Schlaff über ihren Skizzenblock gebeugt, saß sie auf dem Binsenstuhl vor der Rotdornhecke, nickte ein wenig ein. Die Zeichenkohle entglitt ihrer Hand, rutschte langsam das festgespannte Blatt hinunter, das schräg in ihrem Schoß lag und nur ein paar schwarze Linien zeigte, senkrecht und waagerecht gekreuzt. Dann zerbrach der Stift unter ihrem Holzschuh, als ihr Fuß sich kraftlos zur Seite schob.

Nein, sie bückte sich nicht, sammelte die Brocken nicht sorgsam ein, wozu sie vor kurzem selbst im Halbschlaf noch fähig gewesen wäre.

Brauchte sie überhaupt noch Zeichenstift, Zeichenblatt? Würde sie je wieder mit Pinsel und Palette Stillleben, Porträts auf die Leinwand bringen? Sie war doch Malerin. Aber wenn sie jetzt an diese letzten Juliwochen dachte, fiel ihr auf, wie wenig sie in diesem Sommer an ihrer Kunst tat. War Paula unfähig geworden, dieses *sanfte Vibrieren der Dinge* auszudrücken?

Hinter den Birken, fern, als ob die Hitze den Schall dämpfte, hörte sie das Schlagen der Kirchturmuhr. Sie richtete sich unwillkürlich etwas auf, horchte, weil sie nicht glauben mochte, dass es schon so spät war. Das Gefühl für Zeit war ihr abhandengekommen.

Sie rückte ihren Stuhl näher in den Schatten der halb ausgerodeten, wildwuchernden Rotdornhecke, darüber hingen vereinzelte Zweige eines Apfelbaums, alt, krumm, von weißgrauen Flechten besetzt mit wenigen verkrüppelten Blättern an den Spitzen. Von hier aus hatte sie noch immer einen guten Blick über den Hofplatz hinweg auf die Alte schräg vor ihr, die sich mit Stock und Hut bequem vor der Dielentür ausruhte.

Plötzlich das Klappern aus den Gärten, als würden Holzschuhe, die man schnell abstreifte, wie hölzerne Schalen aneinandergeschlagen. Dazu Mägdegeschrei in hohen Tönen und das Kreischen der Gänse. Ganz genau wusste sie, dass Vogelers Stine die Gänse aus den Gemüsebeeten vertrieb, dass die Störche sich wieder auf der unteren Wiese versammelt hatten.

Dieses Tätigsein überall! Neidete sie den Leuten etwa, dass sie das taten, was ihre Aufgabe war?

Die Alte vor dem Dielentor war aufgestanden. Der Hut warf einen Schatten auf das breite Gesicht, das ohnehin schon dunkel war vom Alter – oder vom Schicksal. *Swatte Huslünken* nannte Krischan Kück diese Alten, schwarze Hausspatzen, grauschwarz vom Rauch der offenen Feuerstelle in der Moorkate, weil sie sich gerne in das Rauchloch vorne an der Giebelseite niederließen.

Auf ihren derben Krückstock gestützt, humpelte die Alte davon. *Djo, is mir einerlei*, meinte sie, wenn man sie *alte Dreebeen* schimpfte. Die meisten Menschen hätten zwei Beine, sie aber hätte deren drei! Jawoll!

Die alte Dreebeen! Ihr beider Modell. Vor zwei Jahren, vor drei Jahren, nein, es mussten schon fünf Jahre her sein, dass Otto sie hier in der Nähe am Ententeich malte. Mit feinem Pinselstrich tupfte er sie auf das Binsengeflecht des Stuhles. Halbprofil, helle Schürze, helles Kopftuch, in welches das weiße Haar eingebunden war. Darüber der Hut mit zartem Blumentuff. Selbst der Holzschuh, der unter dem langen Rock hervor lugte, wirkte leicht. Dünne schwache Birkenbäumchen waren vorsichtig im Hintergrund aufgestellt. Schwebend, locker und dabei sehr geordnet, hatte der Maler Figur und Umgebung gegeneinander abgewogen, exakt ins Bild gesetzt. Eine Person, die keine Fragen stellt und keine Antwort will, die mit sich und der Welt in stiller Harmonie lebt.

So lieblich heiter dieses Bild, so ernst, so urwüchsig hingegen war er selbst. Er, den sie damals in ihren Briefen *mein König Rother* nannte, *mein geliebter Mann , mein Otto mit dem Barte. Du mit der weichen Stirne, den lieben Händen. Du Maler. Du Trauter. Du Vertrauter.* Sie aber, von der er sagte, dass sie heiter wäre, frisch, froh, lebendig, sonnig gar, sie malte die Dreebeen wie eine, die von Schicksalsschlägen erzählen kann, eigenen und fremden. Massig sitzt sie da, erdenschwer, dass der Stuhl unter überquellenden Hüften und hinter breiten Schultern verschwindet. Und dennoch pulsierte es in der Person mit der roten Bluse. Eine aufmerksame Henne war sie, eine rotbrüstige Glucke.

Das, was hinter den Stirnen vor sich geht, das Leben, das in den Dingen um uns her vibriert, das sollte hier festgehalten werden. So wollte Paula malen. So hatte sie es in ihr Tagebuch geschrieben. Damals. Ich muss malen, ich muss unbedingt wieder malen, dachte sie. Der Gedanke kreiste unaufhörlich in ihrem Kopf. Da lag der Skizzenblock in ihrem Schoß, aber von dem leeren Blatt her, wenn man von den wenigen schwarzen Strichen absah, kam kein Anruf, kein Ruck.

In diesem Moment fiel ein Schatten darüber. Sie blickte auf. Zwei Frauen aus den Moorkaten schlurften leise vorbei. Sie bemerkte, wie sie von der einen, die die Blinde am Arm führte, neugierig und von oben herab angestarrt wurde. Nur für einen Moment kreuzten sich ihre Blicke, und schon wusste sie wieder die vorwurfsvolle Frage, die den Dorf- und Moorbewohnern jetzt ständig auf den Lippen stand, wenn sie ihr begegneten. Warum sie plötzlich verschwunden war. Warum sie weg war von Mann und Haus und kleiner Pflegetochter. Hals über Kopf davon! Und nun auf einmal, nach einem Jahr, ohne Ankündigung, von heute auf morgen wieder da, als wären vierzehn Monate Abwesenheit ein Nichts.

Auch jetzt wurden ihr vernichtende Blicke zugeworfen. Augen, zu einem schrägen Strich zusammengekniffen, wägten ab, prüften. Sie sollte nicht denken, man merkte nichts. Und was, bitte, hatte das zu bedeuten, dass man sie jetzt öfter stehenbleiben sah, so, als ob sie nicht wüsste, wohin sie eigentlich wollte. Sie war ihnen ein Rätsel geworden.

Der Kohlestift. Ich muss ihn verloren haben, dachte Paula, als sie sich zu ihrem Block bückte, um den Blicken der hartnäckigen Frau nicht länger standhalten zu müssen. Mit der linken Hand strich sie sich über die Stirn, suchte mit der rechten zwischen den Falten ihres Kleides auf ihrem Schoß, fand schließlich, dass der Stift zerbrochen auf dem harten Boden lag. Sie klaubte die Reste auf und sah durch ihre langen Wimpern hindurch unterm Rand des Strohhuts her, wie eine dritte Kleinbauernfrau aus dem Dorf hinzugekommen war und auf die beiden einsprach.

Sie spürte plötzlich ein Stechen im Rücken, sank wieder auf den Stuhl zurück und schaute zu den Frauen hin, die stehengeblieben waren, die Köpfe zusammensteckten.

Und nun hörte sie das Gespräch der Frauen deutlich. Dass es oft genug passierte. Es klappte, oder es klappte nicht. Und der Bauer dabei, ziemlich durcheinander, weil die Zeit längst vorüber war. Um drei Uhr morgens. Dat lütje Hart dat stünd nu up emal still! Die Herztöne waren weg? Und denn die Hebamme! Ganz wild durch die Tür und gerufen. Den Doktor holen. Wenn dat men gaut geit! Es musste gut gehen. Auch wenn die junge Mutter chloroformiert und das Kind mit der Zange geholt wurde. Die Großmutter hatte die ganze Nacht in der guten Stube gesessen, nebenan. Kein Wort gesprochen. Keiner konnte sie ansprechen. Und geguckt hätte sie, geguckt wie die alte Dreebeen, wenn die etwas ahnt. Jawoll, auch die Dreebeen wäre beim Hof gewesen. Einer von den Knechten hatte sie abends und morgens gesehen am Ziehbrunnen. In den Sog unten hätte sie geguckt, immer in den Sog. Und denn auf einmal der Bauer! Denn hätte der in der Diele gestanden und hätte das Wickelkind auf dem Arm gehabt. Und denn wär er ganz durcheinander. Jung, wi hebbt all lang up die töwt! Ja? Ja! Alles in Ordnung! Aber es war ein Mädchen.

Wir haben lang auf dich gewartet, dachte die junge Frau an der Rotdornhecke. Sie war mit ihren Gedanken schon wieder woanders, abgelenkt von dem bittersüßen Geschmack in ihrem Mund, der ihr seit kurzem aufstieß. Er zog ihren Gaumen zusammen, machte Zähne stumpf, als hätte sie letzte überreife Brombeeren auf der Zunge gehabt. Sie strich über das weitgeschnittene Kattunkleid, da, wo trotz des losen Faltenwurfs der Leib sich unmerklich wölbte, während sie aus den Augenwinkeln heraus eben noch wahrnahm, dass die drei Frauen ihres Weges gingen.

Hätte sie sich in diesen letzten Tagen wohler gefühlt, sie wäre schon sehr früh auf den Weyerberg gegangen. Sie hätte mit dem Skizzenblock unter den hohen dürren Kiefern gesessen im Heidegras, da, wo das Eichengebüsch vor der Sonne schützte. So aber kam sie heute nur bis zum Findlingsblock oberhalb der Lehmkuhle und war dann wieder umgekehrt. Sie hatte aus der Brünjes'schen Diele den Binsenstuhl geholt, saß nun schon lange da und fand keine Kraft, sich zu konzentrieren.

Es war einmal im Jahr ihres ersten Parisaufenthalts, Frühjahr 1900. Sie hatte an die Eltern geschrieben, *Ich fühle mich stark werden und weiß, dass ich durch den Berg hindurch komme und über ihn hinweg.*

In einem Traum hatte sie einmal Heinrich Vogeler auf dem Weyerberg sitzen sehen. Damals schrieb der ihr sogar nach Paris. Liebes Fräulein Becker nannte er sie, teilte ihr die Sorgen der Worpsweder Freunde mit, wie schwer es Otto Modersohn mit der kränkelnden Frau hatte, wie er, Vogeler, isoliert war. Er sprach von seinem Glauben an sein Künstlertum, davon, dass er seine Uhr als abgelaufen ansähe, sollte er diesen Glauben verlieren.

Ja, damals wurde sie, Paula Becker aus Bremen, in den Kreis der Worpsweder Künstler einbezogen. Gleichwohl empfand sie jetzt, dass bis vor einem Jahr niemand ihrer Freunde, von einem einzigen abgesehen, Interesse gezeigt hatte für ihre Studien, die sie draußen im Moor getan oder in Paris. Der Berg, dachte sie auf einmal hilflos und kam mit dem Grübeln nicht vom Fleck.

Seit neun Jahren lebte sie nun vorwiegend in Worpswede. Sie hatte den Mann geheiratet, den sie liebte. Sie versorgte sein Kind, das gemeinsame Haus. Sie hatte ihren eigenen Zufluchtsort, wo sie malte. Waren es nicht vierhundert, fünfhundert Bilder geworden in diesen Jahren? Tausend Zeichnungen, die ihre Skizzenblöcke füllten, ohne dass es öffentlich geworden war? Was würde in fünf, sechs, zehn Jahren sein! Wie viele Bilder und was für Bilder wären es dann? Würde sie anders malen als jetzt?

Sie, Paula Modersohn-Becker, hatte zudem noch gepflanzt, Strauch um Strauch. Rosen hatte sie gesetzt, Nelken herangezogen, die Gartenwege mit bunten Bauernblumen eingefasst. Viele Jahre im Frühjahr die Saatkästen besät, bei Trockenheit gegossen, Unkraut gejätet. Eine Kürbislaube hatte sie angelegt und beinahe am Erntefest einen Preis bekommen für einen Riesenkürbis, der zufällig auf dem Komposthaufen gewachsen war.

Vor allem diese Arbeiten bemerkten die Verwandten, die Freunde, die Nachbarn. Darüber sprachen sie gern mit ihr. Man hatte geglaubt, das, was sie quälte, wäre der Alltag mit seiner Mühe.

Sie riss das Zeichenblatt vom Block, zerknüllte es in ihrer Hand. Ihre Erregung war doch nur verschwendete Kraft. Verstört versuchte sie, das Papier zu glätten. Wahrscheinlich trug die übliche Schwüle des Sommerwetters dazu bei, dass sie so überspannt war.

Erinnerungen an 1898 tauchten plötzlich auf, als sie für knapp zwei Jahre nach Worpswede kam und bei Frau Siem einzog, der Bäckersfrau, die Stuben vermietete. Und dann die Erinnerung an 1900, als sie das Eckzimmer in Brünjes Hof bezog. Wann war das gewesen? Es war dieselbe Jahreszeit wie heute! Warm! Schwüler Hochsommer! Die Mutter, Milly und Herma wollten Paula helfen. Von der Straße aus hatten sie zuerst nur die Spitze vom Strohdach der kleinen Bauernkate gesehen, nicht den Hof. Der lag tiefer, auf Moorboden bereits, und der Hofplatz wurde schon von dieser Rotdornhecke abgeschlossen. In der kahlen Stube mit dem Tisch in der Mitte waren die vier herumspaziert, hatten überlegt, wie das Wenige gut unterzubringen wäre.

Die Mutter sorgte für das Bett im Alkoven an der Wand. Paula schob zusammen mit ihren beiden Schwestern den kleinen Rokokospiegel durch die Stube, um den günstigsten Standplatz zu finden. Bücher wurden fürs erste auf dem Tisch abgelegt. Draußen hatten sie nach Blumen gesucht für die große Bodenvase.

Hinter dem Rotdorn her trompetete es jetzt, zwar kurz, aber markerschütternd schrill. Sie fuhr hoch. War das ein Ton! Sie kniff die Augen zusammen, schüttelte den Kopf. Der Pfau! Es war der Pfau! Jetzt war sie endlich wacher geworden. Sie erhob sich, dehnte ihren steifen Rücken, und gleichzeitig fühlte sie in ihrem Leib eine Bewegung, die sie augenblicklich nicht zuordnen konnte. Dann erkannte sie das Klopfen wieder. Kleine Pariserin.

Warum kamen ihr nun die drei Frauen in den Sinn, die ihre Köpfe zusammensteckten? Aber sie musste auch an die alte Großmutter denken, welche die ganze Nacht in der Stube wachte. Die würde sie malen! Halbprofil, mit gekreuzten Armen über der Brust. Augen mit schweren Lidern, den Blick nach innen gerichtet, Falten auf der fliehenden Stirn. Im ockerfarbenen Gesicht die große vorragende Nase, gescheitelt das glatte braune Haar, streng nach hinten gekämmt unter ein weißes Häubchen. Ein Hauch von Lächeln im Mundwinkel. Sie würde auf einem roten Holzstuhl mit gedrechselter Lehne sitzen vorm Fenster, große blaugrüne Weinlaubblätter schemenhaft hinter den Scheiben. Ein Bild absoluter Ruhe. Drei kleine orangegelb leuchtende Blüten im Schoß der Bäuerin auf ihrem kobaltblauen Kleid, hoffnungsfroh, nicht nur als Gleichgewicht der Farben.

Dann auf einmal hörte Paula das Rufen. Es mischte sich in ihre Überlegungen. Ich will ins Atelier, dachte sie. Ich will sofort die Skizze anlegen. Schritte kamen näher. Sie wollte sich von nichts und niemandem abhalten lassen. In diesem Moment, wo sie den Ruck bekommen hatte, wo sie hellwach, voll Spannung und imstande war, das Bild zu malen, hielt eine vertraute Stimme sie davon ab.

39

»Wo bist du gewesen?« Elsbeth stand am Eingang des Hofplatzes von Brünjes Bauernhaus. Barfuß, das Gesicht rot erhitzt, atmete sie hastig und schnell. Um ihren hellblonden Krauskopf, von dem die Haarschleife nur noch an einer Locke im Nacken herabhing, kreiste ein Schwarm Fliegen, den sie mit einem Brief in ihrer Hand verscheuchen wollte.

Paula war es, als erwache sie aus einem Traum. Sie warf einen flüchtigen Blick auf das Kind, sagte aber nichts, merkte lediglich, wie überrascht sie wieder einmal war, dass Ottos Tochter schon so groß geworden, acht Jahre alt inzwischen. Ein winziger Dreikäsehoch war sie gewesen in dem Sommer, als sie sich mit Otto verlobte. Da hatte die Kleine fest ihre Hand gehalten. Die hatte sie gedrückt, dass es fast schmerzte, und Otto hatte gelacht, wenn sie unbeirrbar mit Paula im Schlepptau dem Modersohn'schen Haus zustrebte.

War es nicht erst gestern gewesen, dass sie das kleine Pummelchen kläglich vor sich stehen sah, und sie brauchte nur in die Luft zu schnuppern, um zu wissen, in welchem Zustand es sich befand? War es nicht ein Vergnügen gewesen, wenn die Kleine gesäubert und nackt auf ihren Beinchen wieder in den Garten hinein schaukelte?

Paula musste nun eben doch mal auf die Füße des Kindes schauen. Ob alles in Ordnung war? Man wusste nie, auf welche Gedanken Kinder kamen. Gestern erst war Böttjers Ludwig, einer von Elsbeths Freunden, durchs Brennnesseldickicht am Löschteich gelaufen gegen Entgelt von zehn Pfennig!

Elsbeth fand wohl, dass Paula lange genug geschwiegen hatte, fuchtelte mit dem Brief unter Paulas Nase herum. Aufgepasst! Der Umschlag war bereits geöffnet. Das Schreibpapier war Paula wohlbekannt, ihre Mutter benutzte immer dieses graue, *die*

Grauen wurden die Briefe der Mutter genannt. Elsbeth schwenkte den Brief wie eine Trophäe. Die Großmutter verspräche darin, zu Elsbeths Geburtstag zu kommen. Und etwas ganz Schönes wollte sie ihr erzählen. Und etwas Schönes dürfte sie sich wünschen. Aber bis dahin sollte sie besonders lieb zur Mutter sein.

Ach, die Kleine, sie merkte überhaupt nichts. Stellte sich wahrscheinlich alles Mögliche vor. War das vielleicht der sehnlichste Wunsch, mit dem Pferdeomnibus nach Bremen zu fahren, um die Großmutter von dort abzuholen? Gestern noch hatte sie dem Wagen mit der blaugestreiften Markise, der diese Fahrten nur im Sommer machte, sehnsüchtig nachgeschaut.

Das Fest! Das Kleid, das Sommerkleid, das geändert, verlängert werden sollte! Paula fielen in diesem Moment die Versprechungen ein, die sie am frühen Morgen gegeben hatte. Nun war der Saum noch anzuheften, den sie am Abend vorher losgetrennt hatte. Sie seufzte. Diese Hitze! Es war wohl das Beste, sie legte den Skizzenblock hier in ihrem Atelier ab. Und dann nach Haus. Hand in Hand näherten sich die beiden dem Modersohn'schen Grundstück, Gartensträucher hinter weißem Staketenzaun, rosenberankter Torbogen und dann das Wohnhaus.

Liebe Mutter, so freut sich Elsbeth über dein Kommen, schrieb Paula am Abend, wollte eine Bildpostkarte dazu zeichnen. Ach Mutter Mathilde, dachte sie, nun bin ich in einer Lage, die du aus Erfahrung kennst. Bin ich dir hierdurch vertrauter, weil du Vertrautes in mir entdeckst, das, was eine Frau ausmacht, was Frauen tun dürfen und tun sollen? Sie kannte ihre Mutter gut, diese Mathilde Becker, das Herz des Bremer Kunstvereins mit ihren sprühenden Ideen.

Paula schob die Petroleumlampe ein wenig zur Seite und schloss die Augen. Elsbeth, die längst schlief, träumte vielleicht von ihrem Geburtstagsfest. Kurz vorm Zubettgehen hatte die Kleine es noch schnell mit ihr besprochen. Wen sie einladen könnte, diese und jenen, nein den nicht, und den doch. Vielleicht die Trude, Annemarie bestimmt. Und welche Spiele gemacht werden sollten, Topfschlagen sicher und dies und das. Und Butterkuchen essen. Viel Butterkuchen wie bei Annemarie Krummachers Fest. Und Brause zum Trinken. Es hatte ihr Spaß gemacht, Paula herauszufordern, und die antwortete und lachte und hatte mitgeplant, während sie das Kleidchen säumte. Für das Kind war es eine Selbstverständlichkeit, auf diese Arbeit der Mutter Anspruch zu haben.

Paula schaute zum Sofa. Otto saß dort vor der Petroleumlampe und las, den Kopf in der rechten Hand aufgestützt, angeleuchtet vom Licht der Lampe. So hatte sie ihn einmal 1903 gezeichnet in Kohle, Blei und brauner Kreide. Sie hatte ihn schlafend in Paris gemalt. Sie malte ihn in diesem Sommer im Halbprofil mit Strohhut und Pfeife, wie er sich am Gartenzaun anlehnt. In diesem Sommer rauchte er seine Pfeife nicht in der Wohnung. Als Paula vorhin den Tee einschenken wollte, war er aufgesprungen und hatte es selbst getan. In diesem Sommer hatte er seine Ansprüche zurückgestellt.

Ab und zu schaute er Paula an, suchend danach, ob auch ihre Augen lachten oder ob er diese Spur von Abwesenheit und Trauer wieder in ihnen fand. Heute Abend war sie heiter, beinahe übermütig. Er konnte beruhigt in Richtung Weyerberg gehen, um sein Abendbild mit Heuhaufen zu skizzieren. Draußen war es jetzt doch länger hell als drinnen. Paula wollte gern allein bleiben.

Sie war aus dem Lichtkreis der Lampe hinausgerückt. Ja, sie verstand die Frage, die in Elsbeths Augen stand, sehr wohl. Nein, ihre Tochter brauchte keine Angst zu haben, die Mutter wird in den nächsten Tagen nicht verschwinden. In diesem Sommer 1907 wird sie hier sein. Sie wird das Fest am 6. August eigenhändig ausrichten. Und es wird schön werden.

Später holte sie sich ein Kissen für den Rücken, Mutter Mathilde hatte es vor ein paar Jahren bestickt, als sie das Haus versorgte. Ach, Mutter, ich weiß, dass du in diesem Moment mit mir besonders zufrieden bist. Ganz beruhigt kannst du dich schlafen legen. So einfach war alles geworden. Der Haushalt! Die Kinder! Es war das allgemein bekannte Leben einer Frau, die das tat, was man selbst gewohnt war zu tun. Das Thema bei Frauen. Nicht wahr?

Man sah doch, wie Paula sich für Mütter interessierte, für Kinder, für Säuglinge. Hatte sie nicht von der üppigen blonden Frau Meyer aus dem Rusch gesagt, die muss als Mutter gemalt werden, das ist ihr einziger Zweck? Das stimmte, aber diese Ansicht hinderte Paula nicht, in ihrem eigenen Leben zwei Pole zu sehen, ihre Kunst und ihre Familie.

Paula horchte, von den Wiesen her kam ab und zu das verschlafene Blöken eines Schafes. Vögel sangen in dieser Julihitze nicht mehr. Die Brutzeit war vorbei. Wann zogen die Nachtigallen fort? Sie musste Otto danach fragen. In ihrem ersten Worpsweder Frühling hatte Paula des Nachts gar nicht schlafen mögen, nur um das Schlagen der Nachtigallen zu hören. Begeistert hatte sie es damals den Eltern nach Bremen geschrieben.

Sie war jetzt einunddreißig Jahre, fünf Monate und zwanzig Tage alt. Vor sieben Jahren hatte sie geheiratet. Seit diesem Frühjahr, als sie von Paris zurückkam, war sie schwanger. Was würde im Herbst sein? Wie als Antwort auf diese Frage vernahm sie ein leises Klopfen in ihrem Leib. Sie erkannte die leichten Stöße wieder, die sie seit einiger Zeit zu spüren bekam. Sanfte leichte Wellen tasteten von innen her gegen ihren Nabel. Immer noch etwas erstaunt darüber, horchte sie. Sie musste lächeln. Kleine Pariserin, flüsterte sie und legte die Rechte auf ihren Bauch. So war das also.

Das war nicht das einzige, was sie in diesem Augenblick lächeln machte. Wenn sie morgen früh ins Atelier ginge, würde sie sofort in ihrer alten Truhe nachsehen. Dort musste das Korallenarmband liegen, das sie einmal bei einem Trödler in Berlin erstand. Das soll meine Tochter später tragen, hatte sie zu Maidli gesagt und der Kusine das Kettchen spielerisch über die Hand gelegt.

Auch Elsbeth hatte ein Lächeln auf dem Gesicht, ehe sie einschlief, ein Schimmer Vorfreude. Wie viele Geburtstage wird sie mit ihr zusammen feiern, wie viele mit ihrem eigenen Kind? Was wird sein, wenn ihr Kind einundzwanzig Jahre alt ist?

Zahlen, Daten, was besagten sie schon. Sie wollte das Bild der Zukunft nicht heraufbeschwören. Die wird schon kommen, sie hatte lang auf sich warten lassen.

In Paula stiegen Erinnerungen an ihren einundzwanzigsten Geburtstag auf. Ein Tag in Berlin. Sehr schnell, weil sie seinen Platz wusste, fand sie den Brief ihres Vaters zu diesem Tag.

Bremen, den 7. Februar 1897
Liebe Paula.

Morgen wirst Du 21 Jahre alt und majorenn, d. h. Du kannst Dich jetzt vollständig von uns emanzipieren und ganz nach Deinem gusto leben. Der Außenwelt gegenüber bist Du allein verantwortlich und dispositionsfähig. Das sind ganz schöne Errungenschaften, die Dir Deine Volljährigkeit verschafft. Benutze Du Deine Freiheit stets zu Deinem Besten und möge Dir dieselbe leicht sein. Denn Würden bringen auch Bürden, und es ist oft leichter, weniger selbständig zu sein, dafür aber einen festen Rückhalt zu haben.

Ich weiß zwar, dass Du uns nicht untreu werden wirst, und dass das bisherige Verhältnis ja fortbesteht, dass das gute Einvernehmen mit uns auch ferner noch bestehen wird, aber die juristische Seite Deiner Majorennität musste ich Dir doch sagen.

Nach diesem Vorwort lass mich Deinen lieben Kopf anfassen und Dir einen väterlichen Kuss auf die Stirn drücken und Dir alles Gute zu Deinem Geburtstage wünschen. Mögest Du gesund bleiben, mögest Du Fortschritte in Deiner Kunst machen und in ihr volle Befriedigung finden. Alles Übrige wird sich dann hoffentlich selbst finden.

Hat man einen Beruf und Arbeit, so ist man auch glücklich, auch wenn Schmalhans Küchenmeister ist. Vorläufig hast Du alles so gut, wie Du es Dir nur wünschen kannst.

Sie hielt im Lesen inne. An diesem Abend im Lichtschein ihrer Petroleumlampe achtete sie besonders genau auf die Worte. Sie las sie langsam und laut, denn sie wusste von vielen Leseabenden her, dass ein geschriebenes Wort ein stummes Wort ist. Mit Wehmut dachte sie daran, dass die Stimme, die zu diesen Worten gehörte, nie mehr vernommen werden konnte.

Deine Lehrjahre sind Dir verhältnismäßig leicht geworden, las sie weiter, *dieselben sind noch nicht beendet, und wir wollen hoffen, dass bald die Meisterjahre kommen werden. Deinen Geburtstag verbringst Du mit Mutter. Eine Freude, die Du wohl kaum erwartest, wird Dir dadurch.*

Sprich Dich mit ihr aus. Und was Du auf dem Herzen hast und uns bisher nicht anvertraut hast, das kannst Du ihr mündlich mitteilen. Wenn wir es Dir gewähren können, so wollen wir es gewiss tun.

Zu Deinem Geburtstage erhältst Du von uns in der Hauptsache gute Wünsche. Außerdem hat Kurt Auftrag, Dir einen Kasten mit Pastellstiften zu besorgen, nachdem er mit Dir Rücksprache genommen hat.

Adieu liebes Kind.

Bleibe unsere liebe gute Tochter und mache uns Freude.

Dein alter Vater.

Wenn man einen Beruf hat und Arbeit, ist man glücklich. Ihr guter Vater! 1897 war er schon über ein Jahr arbeitslos.

Sie mochte nicht an den Tag denken, als er von seiner Entlassung erfuhr. Der Vater stürzte in ein Loch von Verbitterung, aus dem er nie wieder ganz herausfand.

Wenn sie damals schon den Moorbauern gekannt hätte, den sie in der Zwischenzeit öfters malte, wäre ihr die Ähnlichkeit mit ihrem Vater bestimmt aufgefallen. Dieser Bauer hatte sich nämlich ein Buch angelegt, in das er alle seine Unglücksfälle aufschrieb.

Paula verstand ihren Vater jetzt immer besser. Er hatte niemandem wehtun wollen, er wollte ein würdiges Glied sein im Familienverband. So wurde er streng und strenger gegen sich und andere. Es war das Geld! Überall spielte Geld eine Rolle!

Lieber Vater, hatte sie ihn ahnungsvoll damals gebeten, *sitz nicht an Deinem Schreibtisch und schaue ins Graue oder auf das Bild Deines Vaters. Dann kommen die schwarzen Sorgen geflogen und decken mit ihren dunklen Flügeln die Lichtlöcher Deiner Seele zu. Erlaube es ihnen nicht. Hole Dir in solchen trüben Augenblicken Mama oder Milly und freue Dich an ihrer Liebe.*

Das Jugendbildnis ihres Vaters fiel ihr wieder ein, das die Mutter beim Stöbern in alten Kisten entdeckt hatte. Alle waren verblüfft gewesen wegen dieser Ähnlichkeit mit Paula. *Eine Ähnlichkeit, wie wir sie auch wohl im Charakter haben*, hatte Paula gedacht, obschon sie sich zäher empfand und rücksichtsloser. *Diese Ähnlichkeit*, hatte sie ihrer Mutter geschrieben, *war wohl auch der Grund, weshalb unser so bescheidener Vater mit mir in meinem ganzen Leben nicht zufrieden war.*

40

Nun war es ein halbes Jahr her, seit sie mit Otto von Paris nach Worpswede zurückgereist war. Was ihr heute alles durch den Kopf ging! Unglaublich. Schreckhafter als sonst war sie in diesem Spätsommer 1907. Warum war ihr der Atem weggeblieben neulich an der Lehmgrube, als sie Jann Kaiser begegnete, der dort einmal verschüttet war. Wenn man nur gesund bleibt und nicht zu früh stirbt.

Paula bewegte ihre Zehen. Die Füße kribbelten ihr heute, sie war schwerfällig geworden. Hin und her wanderte sie in ihrem Atelier. Diese Stille, die war im Zimmer, die war draußen. Sie machte schläfrig. Diese Stille war in ihr. Sie horchte auf die Wogen, die manchmal ihren gewölbten Leib noch straffer spannten, aber längst nicht so kräftig waren wie im August. Sie fühlte, alles schwoll in ihr. Sie setzte sich in den Lehnstuhl, schlug eine Decke um ihre Schultern. Es war jetzt kühl, sie legte die Füße auf eine Fußbank. Sie musste anfangen, an eine Wiege zu denken.

Aus dem Stall herauf kam das leise Muhen der Kühe. Nun schob sie das Bänkchen unter ihren Füßen zurück, stand auf und schritt um den Tisch herum. Alles war doch in Ordnung. Mit *Ta petite Parisienne* hatte sie 1905 ihre Briefe an Otto unterzeichnet. Petite Parisienne sagte sie jetzt auch. Sie klopfte sacht auf ihren hochgewölbten Leib.

An diesem Nachmittag machte sie einen Umweg, ging am Weyerberg entlang. Sie hatte sich an die Schwere ihres Körpers gewöhnt. Sie wusste, dass sie mehrmals stehen bleiben musste, um Luft zu holen. Langsam kam sie zur Lehmkuhle. Bis auf die Kleinen, Böttjers Ludwig und Annemarie Krummacher, die Vogelers Mieke im Schlepptau hatten und Vater, Mutter, Kind spielten, war ihr niemand begegnet.

Ich möchte ein Kind haben. Wie oft hatte sie das im ersten Ehejahr gedacht, im zweiten gewünscht, im dritten so sehr gehofft, dass sie Otto mit Liebe überschüttete, der bestürzt zurückwich.

Im vierten Ehejahr wurden ihre *Erwartungen stiller und ernster*. Nun gut, sie gewöhnte sich, kinderlos zu sein, dass ihre Zukunft endgültig anders aussah.

Und dann kam auf einmal diese Schwangerschaft. Plötzlich war alles anders. Hatte sie sich verändert, sie wusste nicht, in welche Richtung. Die Frage war, stand sie wieder vor einem Berg? Ein immer wiederkehrender Traum: Grellstes Licht und mitten darin der Berg dunkel, schwarz, bedrohlich auf sie zurollend. Würde sie sich ihm entgegenstemmen können?

Sie stand jetzt vor der Sandkuhle. Die zu malen gehörte fast zum Repertoire der Worpsweder Maler. Auch Paula hatte sie gemalt, schon 1899. Wie einen Pfahl, der befestigen sollte, malte sie links oben einen Baum in den aufgeworfenen Sander. Aber die Sandmassen schienen dennoch in Bewegung zu sein. Sie musste unentwegt auf diese gelben Dünen starren. Sie musste an ihren nächtlichen Alb, ihren Wachtraum, denken. Ob das die ungewohnte Ruhe machte, der sie sich aussetzen musste.

Paula ging den Weg sehr langsam weiter bis zu Brünjes Hof, sie kam an der abblätternden Rotdornhecke vorbei. Die Katze strich ihr um die Beine, sprang in den Garten zurück, als Paula die Dielentür öffnete. Cora, dachte sie, liebe Cora. Albträume, Wachträume. *Ich fürchte nichts*, schrieb sie an diesem Spätsommertag 1907 nach Frankfurt an Johann Fellner, einen nahen Freund der Familie Becker. Alles wird gut, nur der Tod, das ist das einzige Gespenst, das ich fürchte, das ist das einzige wirkliche Unglück.

41

Hangaufwärts schritt Paula am nächsten Tag inmitten des Trauerzugs. Sie waren jetzt im Dorffriedhof angelangt, über dem wehrhaft die Worpsweder Kirche stand. Kein Wagengeklapper von der Straße her, man hörte das Rufen der Hütejungen nicht, es war ein heißer Mittag, an dem kein Schaf blökte, selbst die Vögel waren verstummt. Schweigend nahm eine große Menschenmenge Anteil am Begräbnis des Hotelbesitzers Welzel. Er war einer der ihren. Die meisten Worpsweder hatten in seinem Saal die ersten Tanzschritte gewagt, die zugereisten Künstler machten bei ihm erste Station. Bei so einem Tod ging die Gemeinde mit, gab dem Verstorbenen die letzte Ehre. Gebete, Lieder, Blasmusik.

Tot, hatte Elsbeth am Morgen gefragt, Mutter, was ist tot? Der Zug der dunkel Gekleideten hatte für Paula etwas bedrückend Feierliches. Sie schaute über die Gräber, die der Wind verwehte, über die vielen Kreuze, roch den herben Duft der düsteren Wacholder. Sie dachte an ihre Toten dieses Jahres.

Im April war der gute Onkel Wulf von Bültzingslöwen gestorben, Mutters letzter noch lebender Bruder. Es waren jetzt neun Jahre her, seit sie ihn auf der wunderbaren Nordlandreise begleiten durfte. Oft war sie bei ihm in Berlin zu Besuch gewesen.

Im letzten Frühjahr war Frau Senator Christiane Rassow gestorben, Mutter Mathildes beste Freundin in Bremen. *Es hat mich sehr ergriffen das Ende dieser großangelegten Frau, sie war noch ein Baum, bereit, Früchte zu tragen*, schrieb Paula ihrer Mutter. *Auch wünschte ich, Frau Rassow hätte noch erlebt, dass ich etwas würde.*

Vorn bei den Männern, die er ein wenig überragte, ging Otto Modersohn. Er hatte den Kopf gesenkt, den Hut trug er wohl in der Hand. Otto, ihr Mann, der sie aus Paris nach Worpswede zurückgeholt hatte.

Der Trauerzug blieb stehen. Ein leichter Wind brachte jetzt den Geruch von abgeernteten Kornfeldern über den Friedhof.

Staub bist du, und zum Staube kehrst du zurück. Die letzten Töne waren verklungen, die Bläser klopften ihre Instrumente aus. Paula ging zwischen den Gräberreihen durch, las die Inschriften, die Namen der Toten, die Geburtsdaten, das Sterbedatum. Sie kam zum Grab von Helene Modersohn, Ottos erster Frau, Elsbeths Mutter, geboren am 11. Juni 1868, gestorben am 14. Juni 1900. Paula bückte sich, zupfte Unkraut vom Hügel, die Erde war schon wieder ausgetrocknet. Morgen früh werde ich eine Schale mit Blumen bringen, dachte sie und richtete sich langsam auf.

Es sind immer nur Momente, wo Gedanken, die tief im Innern kreisen, blitzartig ins Bewusstsein kommen. *Ich glaube, ich werde nicht lange leben*, dachte Paula plötzlich und wusste, wann ihr das zum ersten Mal durch den Kopf geschossen war. Es war damals ein heißer Julitag. Sie war gerade von ihrer ersten Parisreise zurück, sie saß am Moorkanal, sie malte das Wasser und die Torfboote, und abends wollte Otto vorbeikommen, um ihr vorzulesen.

Und wieder stellte sich Paula ihr eigenes Grab vor, wie schon damals 1902, als sie ins Tagebuch schrieb: *Ich habe manchmal an mein Grab gedacht. Es muss gar keinen Hügel haben. Es sei ein viereckig längliches Beet mit weißen Nelken umpflanzt. Darum läuft ein kleiner sanfter Kiesweg, der wieder mit Nelken eingefasst ist, und dann kommt ein Holzgestell, still und anspruchslos, und da, um die Wucht der Rosen zu tragen, die mein Grab umgeben. Und vorne im Gitter, da sei ein kleines Tor gelassen, durch das die Menschen zu mir kommen, und hinten sei eine kleine anspruchslose Bank, auf der sich die Menschen zu mir hinsetzen. Es liegt auf unserem Worpsweder Kirchhof, an der Hecke, die an die Felder stößt, im alten Stück, nicht im Zipfel. Auf dem Grab stehen vielleicht zu meinen Häupten zwei kleine Wacholder, in der Mitte eine kleine schwarze Holztafel mit meinem Namen ohne Datum und Worte. So soll es sein. Dass da eine Schale stünde, in die man mir frische Blumen setzte, das wollte ich auch wohl.* Es war Februar damals, als sie diese Gedanken aufschrieb, ein kalter Frosttag.

Wie schnell gehen Jahre vorbei. Was wird in diesem Winter sein? Sie strich den Rock glatt. Plötzlich bemerkte sie die schwarz gekleideten Frauen, die durch die Grabreihen hindurch auf sie zukamen. Sie warfen sich Blicke zu, starrten Paula an, als ob sie Sensationen witterten, flüsterten zischelnd. Man wusste nie, welche verrückten Streiche diese Malersleute ausheckten. Paula nickte einen Gruß und ging den Weg hinab.

Unten vorm Friedhofstor knöpften die Männer die dunklen, steifen Jacken los, verscheuchten Fliegenschwärme mit ihren Hüten. Nu häst woll Durst krägen, Krischan! Ab ging's in Welzels Wirtsstube, Welzel sein Fell verzehren! Das Leben ging weiter.

42

Das einzig Störende am Morgen war das Gerenne von Johanne, die Matten und Läufer aus der Wohnung in den Garten trug, sie über den Zaun hängte, um sie auszuklopfen und auszulüften. Elsbeth trödelte beim Frühstücken, bis Annemarie kam, sie zur Schule abholte. »Sei pünktlich zum Essen wieder da.«

Elsbeth sollte bis einige Zeit nach der Geburt des Geschwisterchens bei der Großmutter in Bremen bleiben, und Carl Hauptmann könnte das Kind in der Postkutsche mitnehmen.

Als Paula jetzt einen Finger über den Klavierdeckel zog, ohne den Staub darauf zu bemerken, dachte sie an das Gemälde, das sie gestern endlich beendet hatte, Frau Böttjer, die alte Bäuerin mit gekreuzten Armen vorm Fenster mit blaugrünem Weinlaub.

Es war das Bild, das ihr seit dem heißen Julimittag an der Rotdornhecke keine Ruhe gelassen hatte.

Heute wollte sie noch einmal zu Böttjers hin. Paula war keine von denen, die um jeden Preis und überall Anschluss suchte, aber seit sie die Frau Böttjer malte, schaute sie ab und zu bei ihr herein. Sie bewunderte die Gelassenheit der alten Frau.

Auch heute ging sie an Böttjers Glockenstuhl vorüber, zwinkerte der handlichen Glocke zu, welche die Großbauern als Kirchenstifter läuten durften zu eigenem Gottesdienst. Neben der Eingangstür zum Hof lagen gehobelte schmale Bretter aufgeschichtet. Auf solche schmalen Lindenbretter malte man in Altägypten Porträts von hochrangig Gestellten und bedeckte später mit diesen Tafelbildern die Mumien der Personen. Solche Mumienporträts, gemalt mit Farben in flüssigem Wachs, hatten Paula in ihren Bann zogen, damals 1903 im Louvre, im »Saal Antike Bilder«. Paula dachte an die Gesichtskontur dieser ägyptischen Schönen. Sie umriss in Gedanken das gescheitelte Haar, die Mandelform der dunklen Augen. Eine perfekt gemalte Lebendigkeit, in welcher die Ruhe des ewigen Schlafes lag. Was empfanden diese Frauen, diese Männer, wenn sie porträtiert wurden, mit dem Wissen, dass dieses Bildnis als Porträt für ihre Mumie bestimmt war?

Paula stieß mit dem Fuß an eins der schmalen Lindenbretter in Böttjers Hof. Sie hatte wieder ein Selbstporträt in dieser ihr liebgewonnen Art gemalt, *Selbstbildnis mit Kamelienzweig*, 62 × 30 cm.

Frontal das Gesicht, dem Betrachter zugewandt, im Gegenlicht dunkel, fast eben in der helleren Fläche des Hintergrundes. Außergewöhnlich die Augen, der große braune Kreis der Iris im leuchtenden Weiß der Augäpfel, aber anders als die Augen der Mumienporträts voll warmer Lebendigkeit mit einem in sich ruhenden Blick. In fließendem Farbauftrag verbindet er sich mit dem feinen Lächeln in den Mundwinkeln, und ein Kamelienzweig, mit der rechten Hand emporgehalten, setzt endgültig das Zeichen für die erwartungsvolle Lebendigkeit der Person. Auffällig auch die Halskette aus großen Perlen. Wollte Paula mit solchem Halsschmuck, den sie oft in Porträts hinein malte, ihre Vorliebe für die schönen kostbaren Dinge des Lebens darstellen, ihre Freude am Diesseits?

Mit diesem Porträt hatte sie entschieden ihr Wesen dargestellt. Sie hatte erreicht, was von jeher ihr Malziel war: *Bewegung in der Farbe, ein Vibrieren, ein Schummern des einen Gegenstandes durch den andern* und hatte somit dem Bild *eine größere Lebenskraft* gegeben.

In der Deele bewunderte Paula jetzt die schön bemalte Wiege. »Ja, ja«, sagte die Alte, die sich manchmal in sich zurückzog, wochenlang kaum ein Wort sprach und mit gefalteten Händen dasaß, »die Leute setzen Kinder in die Welt und kümmern sich nicht und wundern sich, wenn diese nicht einschlügen, wie sie sich's dächten.« »Ach, Mutter Böttjer«, antwortete Paula, »es gibt Mütter und Väter, die sich gut um die Kinder kümmern. Auch die halten es schlicht für unmöglich, dass ein Sohn aus der Art schlägt, eine Tochter widerspenstig ist. Am besten *Scheer di um nix!*«

Ein Brief vom Maidli war gekommen: *Glück auf den Weg. Du weißt, ich glaube an Dich, weil Du den festen Willen hast, etwas zu erringen.* Die Kusine verstand sie. Paula fasste an die lange Bernsteinkette. Die schmückt so ungemein, hatte Maidli gesagt damals in Berlin. Paula drehte die Kette in ihrer Hand. Es war ihr, als schöbe sie die Bernsteinkugeln wie Jahre zurück.

43

Nun war es Spätherbst geworden. Paula wanderte durch ihr Atelier. In welcher Kiste steckte Rilkes Porträt? Überall stapelten sich Porträts, im Atelier, in der Schlafkammer, im Bodenraum bei Brünjes, darunter viele, auf denen sie sich selbst abgebildet hatte. Suchte sie jetzt ein bestimmtes, Rilkes zum Beispiel, oder das von Clara, müsste sie erst viel beiseite räumen.

Heute wollte sie letzte Korrektur machen an ihrem Bild *Alte Armenhäuslerin mit der Glasflasche.* Paula musste die Richtung nach Ostendorf einschlagen, wenn sie jemanden aus dem Armenhaus abholen wollte. »Kommen Sie, Mutter! Wir haben nicht mehr viel zu tun. Nur noch eine kleine Änderung heute, und das Bild ist fertig.« Die alte Dreebeen stand sofort auf.

Sie gingen nicht die Landstraße entlang. Paula fürchtete Begegnungen. Martha Vogeler könnte unterwegs sein. Nein, sie wollte sie nicht sehen mit den Töchtern an jeder Hand und einer am Rockzipfel. Die kleinste, Mieke, war nun auch schon eineinhalb Jahre alt. Heinrich Vogeler war mal wieder zu Haus, wollte sich um seine Besitzungen kümmern. Musste er unbedingt noch erweitern, wo er so selten daheim war, stattdessen in aller Herren Länder herumreiste? Er lief wie eine dieser Figuren, die, einmal aufgedreht, nicht eher zum Stillstand kommen, bis die Feder abgelaufen ist. Wenn man ihn in der Nähe seiner Frau Martha sah, dann hatte er sie nicht gesucht, dann war das zufällig, dann schienen die beiden kalt, unbeteiligt, wie Skulpturen nebeneinander.

Paula wünschte sich, die Dreebeen möchte erzählen, aber die blieb still. Blieb heute nicht einmal vorm Kirschbaum der alten Frau Schmidt stehen, den die längst verstorbene Tochter als Kirschkern pflanzte, mahnte nicht wie immer mit dem Spruch: *Wenn de Bom ist hoch, ist de Planter dot.* Keine Geschichten heute von Geburt, Heirat, Tod.

Langsam näherten sich die beiden dem Atelier. Die Luft war kalt, in der Nacht hatte es etwas geregnet. Paula half der Alten über den feuchten Weg. Im Sommer, als im Feld der Mohn blühte, hatte sie die Dreebeen gemalt, ein großes Bild auf Leinwand in Öltempera, 96 × 80 cm. Sie malte die alte Frau, als wäre sie zwischen Mohnstauden und Glasflasche eingepflanzt, mit einem Blütenstängel vom Fingerhut in der Hand. Die blaugrünen Kringel auf dem Rock wie Blumen. Der Blick der Alten unterm Hut her war in die Ferne gerichtet über Mohnknospen, blühenden Mohn und Mohnkapseln hinweg. Und dahinter nichts als fahlgelbes Licht.

Mit diesem schweren Licht, den Mohnblüten, Mohnkapseln und mit dem mächtigen Glasballon bildete die Dreebeen eine Einheit. Wie eine Ahnfrau war sie, die um Vergangenes weiß, die Gegenwärtiges lenkt und in die Zukunft schaut. Magisch war sie den Gewalten der Natur verbunden, übte einen Zauber aus, der im Bild vibrierte.

Am Wegrand nahe der Hecke, ehe die beiden nun in Brünjes Hof eintraten, standen noch ein paar vertrocknete Fingerhutstauden. Paula hatte im Sommer gern rotblühenden Fingerhut gepflückt, um den sich so manche Sage rankte. Wie hieß es doch, Glück brächte das Fingerhütchen, wenn man's in hellen Mondnächten pflückt. Eine rote Fingerhutstaude wie eine Schutzwache hatte Paula einmal hinter Klein Elsbeth ins Bild gemalt. Barfüßig die Vierjährige im weißen, blaugrün gepunkteten Kleid, einen Blütenkranz im braunen Haar, das Bäuchlein vorgestreckt, die Hände darüber gelegt. Hühner im Hintergrund, ein paar dünne krumme Baumstämme, Obstbäume vielleicht und links die Andeutung eines sonnenbeschienen Hügels. Es war ein sehr gelungenes Bild. Fünf Jahre waren seitdem vergangen. Und immer noch dieselbe Frage, wann bin ich soweit. Paula wird weiterwollen. Wohin? Dieser Sommer hielt sie zurück. *Erwarten Sie nur nichts von mir*, hatte sie an Rilke geschrieben, *sonst enttäusche ich Sie vielleicht, denn ehe ich etwas bin, dann bin ich vielleicht nicht das, was Sie dachten. Ich möchte ja so gerne etwas Schönes, man muss abwarten, ob der liebe Gott oder das Schicksal es auch will. Ich glaube, man geht seinen Weg wie im Traume.* Eine andere Aufgabe wartete auf sie.

Sonnenstreifen lagen auf den Dielen im Atelier. Paula roch den Geruch feuchtmodriger Erde, der durchs offene Fenster drang. Das Leben auf die einfache Formel der Dreebeen bringen, Geburt, Heirat, Tod. Sie fühlte sich den Gedanken körperlich nahe. Einfach werden, alles Überflüssige abstreifen, das wollte Paula auch in ihrer Kunst. Alle eitlen Zutaten weg, mit denen man Augen und Sinne betrügt. Ihren Wunsch, Echtes, Ehrliches in ihrer Kunst zu schaffen, vermochte Paula nur mit diesem Satz auszudrücken: *Wenn wir nur alle in den Himmel kommen!* Und immer wieder dahinter die Angst: *Wenn man nur gesund bleibt und nicht zu früh stirbt!* Jetzt wird Paula ein letztes Mal das Bild überarbeiten.

Die Dreebeen mochte immer noch nicht reden, schaute schweigend an der Staffelei, an Paula vorbei. Heute kommt sie mir tatsächlich unwirklich vor, dachte Paula. Übte dieser Fingerhut, den sie der Dreebeen in die Hand malte, den Zauber aus? Das Bild verschwamm Paula vor den Augen. Die Glaskugel rückte mal nah, mal zurück. Bald leuchteten die Mohnblüten, bald die blauen Kringel im Rock der Dreebeen. Nur das dunkle Gesicht unterm Hut über dem breiten Körper in der warmen roten Bluse schien unbeweglich.

Warum hatte Paula die Ballonflasche, die mit der Öffnung im Boden steckte, *duff* gemalt, undurchsichtig, wie es das Fenster war in ihrem Atelier in Paris, Mai 1906? Wollte Paula nicht wissen, was dahinter zu sehen war? Wie es weiterging, wie es mit ihr weitergehen würde?

Plötzlich verspürte sie wieder das Zucken und Ziehen im Leib. Sie musste ein bisschen stöhnen, faltete die Hände über ihren Schoß. In Gedanken sah sie ihre Mutter in Bremen auf die Weser hinabschauen. Sie sah sie lächelnd ins Haus gehen, den großen Ohrensessel in Tücher verpacken, um ihn der schwangeren Tochter durch Fuhrmann Kück nach Worpswede zu schicken.

Da war noch etwas. Paula konnte heute der Mutter Dreebeen das seidene Tuch schenken, das sie von Tante Cora geerbt hatte. Aber die Dreebeen wies das Tuch zurück. Paula wurde unruhig. Wollte sich nicht eingestehen, dass dies Geschenk nicht nur ein Dankeschön war, sondern auch eine Bitte an die Alte, in Paulas schwerer Stunde freundlich an sie zu denken.

»Mutter«, sagte sie laut, »wie geht es Frau Krummacher?« Beinahe hätte sie es vergessen, Paula musste der Wöchnerin, der Frau des Malers Karl Krummacher, noch einen Besuch machen.

Im sogenannten Fremdenzimmer neben der Wochenstube ruhte Frau Anna Krummacher und sah richtig schön aus, weich, jung und strahlend, obschon sie weit über die dreißig hinaus war und eine schwere Geburt hinter sich hatte. Durchs Fenster fiel helles Licht auf die schneeweißen Kissen. Rosen standen auf einem Tisch. Welche Blumen werden bei mir demnächst im Zimmer stehen? Paula sinnierte. Was blüht dann noch im Garten? Dahlien vielleicht, vielleicht auch noch bunte Wicken? Aufs Fensterbrett könnte man rote Geranien stellen. Draußen wird es dann kälter sein. Der Ofen müsste tüchtig geheizt werden.

Aus der Wochenstube kam jetzt ein kräftiges Stimmchen. *Ja, eine Stimme wie ein Löwe!* meinte Karl Krummacher, der Vater. Paula sollte den Kleinen mal als Akt sehen, in der Badewanne! Wie er dann strampelte, ein richtiger Wonneproppen, und mit den Händchen hin und her fuhr, als wollte er schon nach Pinsel und Palette greifen. »He will all molen«, rief die junge Frau Böttjer. »Ein echter Sohn eines Malervaters!«

In den Zimmern ein Kommen und Gehen. Die Hebamme strich das Bettdeckchen glatt. Die Nachbarsfrauen rückten ans Bett der Mutter vor, Karl Krummacher ging von einer zur anderen. Frau Behrens meinte, man müsste das Fenster öffnen, Frau Böttjer winkte ab, »man bloß nicht.« Würde Paula auch wie eine Zuschauerin daliegen, während um sie herum Geschäftigkeit an- und abschwoll?

Und nun kam auch noch der Fotograf. Erneute Aktivitäten. Genauso würde es in der Wochenstube im Modersohnschen Hause sein. In jener Zeit war es sogar üblich, einen Fotografen aus Dresden kommen zu lassen, den berühmten, der die Aristokratie und die Künstler ablichtete.

Paula dachte an ihre Schwester Milly, die weit weg in Amorbach lebte. Milly hatte im Frühjahr ihre Tochter Christiane geboren. *Ich will eine gute Tante sein! Alles Gute für Dich und Dein Kind!* hatte Paula ihr geschrieben. An diesem Herbsttag 1907 hätte ein schwesterliches Aufmuntern Paula gut getan. Sie musste der Schwester unbedingt raten, doch jetzt auf ihr Gewicht zu achten. Ein Problem, mit dem sich die Worpsweder Frauen nicht beschäftigten.

Meine liebe Schwester, so begann sie am Abend ihren Brief, *ich möchte mit Anna Dreebeen sagen, da es innerlich in ihr arbeitete und rabauterte: He smit mi glick von'n Stohl.*

Wenn es sie auch nicht vom Stuhl warf, kräftiger spürte Paula schon die Bewegungen in ihrem Schoß. *Ihr müsst schön Geduld haben mit mir*, fuhr sie fort, *sonst muss er oder sie sich so hetzen. Auch schreibe mir nie eine Postkarte wieder mit – Windeln – oder – froher Nachricht –. Du weißt ja, ich bin eine Seele, die am liebsten die anderen Leute nicht wissen lässt, dass sie sich mit Windeln beschäftigt. Sonst lasse Dich innig küssen für Deine liebevolle mütterliche Fürsorge für mich. Du weißt ja, dass ich Dir nie ähnliches leisten kann. Das ist aber nicht Mangel an Wärme. Nur geht meine Wärme ihre eigenen Wege, und wir können nur hoffen, dass sie wohl daran tue. Es gibt ja genug Leute, die mich deshalb verurteilen.*

44

Oktober 1907. Sie hatte in diesem Herbst gar nicht mehr so viele Wünsche. Sie musste morgen Vater Gefken bestellen, dass er die Gartenbeete umgrub, die Sträucher beschnitt. Sie wollte morgen die große Sonnenblume abschneiden, die wunderbaren Malven. Sie hatte darin den Herbst gespürt. Farben und Formen sprachen sie derart an, dass sie sich gezwungen fühlte, sie zu malen, diese gütige Ruhe nach dem gewaltigen Sommer. Im letzten Jahr war Paula produktiver gewesen genau wie Rilke, der in seinem Brief vom 13. September 1907 geschrieben hatte: *Lieber Gott, was hab ich voriges Jahr gewirtschaftet. Jetzt fangen schon die Dunstmorgen und Abende an, wo die Sonne nur noch wie eine Stelle ist, wo früher die Sonne war. Mich macht das traurig.* Und er hatte von Dahlien geschrieben, von Gladiolen, Geranien in den Parterregärten von Paris, die ihn schwermütig machten, weil er das, was er bei ihrem Anblick fühlte, niemals in Worte fassen konnte. Unerfüllte Hoffnungen, die Schmerz bereiteten, Paula kannte das.

Am späten Nachmittag ging sie schweren Schrittes durch den herbstlichen Garten. Die Worpsweder Birken hatten längst ihre Blätter verloren, sie lagen vereinzelt wie kleine goldene Münzen auf dem moorigen dunklen Boden. Paula sagte sich: »Letzten Herbst war ich in Paris. Ich ging über die Boulevards. Ich besuchte die großen Ausstellungen. Ich sah die Bilder von Cézanne. Einen Verbündeten hatte ich dort, Rilke, auch ein Bewunderer von Cézannes Kunst.«

45

Sie hatte wieder angefangen zu malen. Die Trägheit und Teilnahmslosigkeit, die sie Ende Juli verspürte, war seit einer Weile verschwunden. Als sie jetzt von Brünjes Hof in Richtung Moordamm ging, konnte sie beruhigt sein, das Stillleben mit Sonnenblumen und Malven war beendet. Vor ihr die abgeernteten Felder, ein paar übriggebliebene Brombeeren an einem Strauch. Bitter lagen die Körner auf der Zunge. Was kam demnächst auf sie zu? Hatte sie sich auf das wachsende Kind in ihrem Leib genügend vorbereitet? Je länger sie durch die leeren Äcker in der Stille des Mittags wanderte, desto größer wurde ihre Unruhe. Umkehren. Unterwegs an der Wegbiegung stieß sie auf zwei dunkel gekleidete Moorbauersfrauen, die schweigend nebeneinander her marschierten. Paulas sehnlichster Wunsch, jetzt mit jemandem zu sprechen. Und doch mied sie die Gesellschaft der Leute. Sie ging nicht in den Barkenhoff, obschon sie den Giebel vor sich sah, die weitgeschwungene Treppe vor ihrem Auge hatte.

Und in diesem Moment gar das Bild einer anderen Treppe, die Freitreppe zum Eingang von Schloss Holthausen. Anfang Juli war sie dort im Westfälischen für ein paar Tage Gast gewesen. Im Zug zwischen Hannover und Altenbeken beschrieb sie Otto, was ihr Malerinnenauge gesehen hatte, sattes Grün, Hügel bei Bad Pyrmont, in Steinheim an der Bahn entlang eine *Weißdornhecke mit grotesken Figuren beschnitten*. Am Bahnhof Büren holte Bernhard Hoetger sie ab. Er hatte das Schloss im April gemietet. Ein Schloss. Ein Traum. Ein ehemaliges Zisterzienserinnenkloster, zweistöckig, mit langen Fensterreihen, mit vielen Nebengebäuden, mit einer barocken Kirche. Bei ihren Spaziergängen im Park hatte Paula gedacht, wie man so manches Bild an den weißgekalkten Wänden unterbringen könnte. Sie musste Otto dringend bitten auch zu kommen. Sie hatte sich sehr wohl gefühlt auf Schloss Holthausen.

Danach hatte sie in der Mattigkeit des Sommers in Worpswede gelebt, in unruhigem Warten, das sich vom Tag in die Nächte fortsetzte. Elsbeths Geburtstagsfeier war eine fröhliche Unterbrechung gewesen. Oft hatte sie wartend mal in der Laube im Garten gesessen, mal in der Veranda am Haus. Auf Jan Garwes, den Postboten, hatte sie gewartet. Er sollte Briefe von ihrer Freundin Clara bringen.

Paula war ins Atelier zurückgegangen. Es wurde zu kühl draußen unter dem kaltblauen Himmel, und die umgegrabenen dunklen Erdschollen feuchteten schon wieder an. Herbstnebel. Paula legte ein Stück Torf ins Feuer und setzte sich in den Lehnstuhl. Träumte von einem sengend heißen Sommertag in Paris, wie enttäuscht sie war, als Rilke auf ihren Hilferuf, sie ans Meer mitzunehmen, nicht antwortete. Erst im März dieses Jahres hatte er sich dazu geäußert: *Denn jetzt darf ich Ihnen sagen, dass ich es wie eine Schuld empfand, Ihnen damals nicht geschrieben zu haben, dass Sie kommen möchten, und unaufmerksam gewesen war in einem Augenblick unserer Freundschaft, da ich es nicht hätte sein dürfen.*

Sie musste eingeschlafen sein, hatte auf das Klopfen an der Tür nicht reagiert. Plötzlich stand Clara im Raum. »Soll ich ein andermal wiederkommen?« »Nein«, Paula schüttelte den Kopf. Clara zog einen Stuhl heran, setzte sich neben die Freundin, nahm ihre Hand, streichelte sie sacht. Paula deutete auf den Brief, der in Claras Tasche steckte, sie hatte Rilkes Schrift erkannt. Wunderbar konnte er in Briefen berichten, Farbeindrücke schildern wie neulich. Da schrieb er von einem *Zusammenklang von Rhabarberrot, Orange, welkem Grün, Meerblau in einem bald von Schatten erfüllten, bald blendend herausgearbeiteten Weiß. Ob das P.B. Freude bereiten würde?*

Clara sagte, Rainer meint, Paula müsste auf jeden Fall zur Herbstausstellung nach Paris kommen. Paula machte ein gespielt verzweifeltes Gesicht »In meinem Zustand? Weiß Rainer nichts davon?« »Sicher doch, aber wir wissen ja, wie Rainer ist.« Clara übernahm Paulas Mienenspiel, seufzte, »weltfremd nennt man das wohl. Rainer interessiert im Moment nur Cézanne.« »Ah, Cézanne«, Paulas Stimme bekam einen warmen Klang.

Wissen Sie noch 1900 bei Vollard? Paula sah sich im Laden des Kunsthändlers, drehte ein Bild nach dem andern um, fühlte sich verstanden und angeregt. Wie hatte sich Cézanne seine Bilder gewünscht, *humble et colossal*, einfach und gewaltig. So wünschte sich auch Paula ihre Bilder: *In Einfachheit groß.* Was schrieb Rilke heute? Beim Kunsthändler Pellerin gäbe es 150 Bilder von Cézanne!

46

Später, als Paula heimwollte, ging sie am Armenhaus vorbei, nahm den Weg, den sie oft in diesen zehn Jahren in Worpswede genommen hatte. Sie wollte wissen, was Anna Dreebeen zu ihrem Wartezustand sagte. Die Armenhäusler saßen gesenkten Kopfes am Tisch und löffelten ihre Abendsuppe. Anna Dreebeen schaute nur kurz hoch, enttäuscht. Ihr dauerte die Wartezeit auf Paulas Entbindung viel zu lange. »Wenn dat men gaut geit.« Wer hatte das gemurmelt?

Paula zu Haus im Schlafzimmer. Auf der Kommode der Brief, den sie noch einbündeln wollte. Im letzten Jahr war dazu keine Zeit, und jetzt hatte sie ihn zufällig wieder entdeckt. Auf dem grauen Umschlag, *die Grauen* hießen Mutters Briefe bekanntlich, stand in Hermas Schrift: *Ihr dreißigstes Jahr wird ihr zu denken geben. Paula hatte es sich als Ziel gesetzt für ihre Malerei.* Und in diesem Umschlag steckte der Geburtstagsbrief, den die Mutter ihr nach Worpswede geschrieben hatte, nicht ahnend, dass die Tochter keine drei Wochen später weg sein würde, fluchtartig von Worpswede weg.

Mein geliebtes Kind! Dreißig Jahre sind es heute, dass Du das Licht der Welt erblicktest in unserer kleinen Wohnung in der Schäferstraße zu Dresden-Friedrichstadt. Draußen war ein Unwetter. Die Elbe ging mit Eis und brachte Hochwasser vom Gebirge herunter. Regenstürze wechselten mit Schneestürmen, und Vater, der immer fürsorgliche, konnte sich um Dich und mich nicht kümmern, sondern musste die Tage und Nächte draußen in angestrengtester Arbeit verbringen. Denn die neuerbauten Dämme seiner Bahn begannen an der Elbe zu rutschen, und Millionen standen auf dem Spiel, außer seiner Ehre als Ingenieur. Wir beiden jungen Mädchen (ich war auch erst dreiundzwanzig als ich mein drittes Kind bekam) blieben allein mit einer blödsinnig unpraktischen Wartefrau. Ich sehe das dicke Geschöpf noch wie heute. Ich hatte Dich an der Brust. Das Öllichtchen brannte flattrig im Wasserglase. Die Altsche wollte sich Kaffee wärmen und hatte ihre Spritlampe überfüllt, die mächtig aufloderte. Immer pustend und dazwischen kläglich »O Jemersch« kreischend, bringt sie mir das lodernde Teebrett aufs Bett, und ich musste es löschen. Von all der Verrücktheit und Vater Woldis verängstigten Augen aufgeregt, bekam ich Fieber und eine schlimme Brust, musste geschnitten werden.– Kurz, es war das einzige Wochenbett, von dem ich mich erst nach einem halben Jahr erholte.

Musste man Angst vor der Entbindung haben? Paula fühlte sich wie in einer Sandgrube, sah jenen Sommer vor sich: sie waren sieben Kinder, als der Berg anrollte, als Cora verschüttet wurde. Ich muss mich zusammenreißen, dachte sie.

Heute Morgen hatte sie zu Johanne gesagt, sie wäre durchaus noch in der Lage, ihre Wäsche selbst zur Seite zu räumen. Sie würde die Windeln in die Kommode packen. Sie würde den großen Ohrensessel ausprobieren, den die Mutter ihr geschickt hatte. Sie würde ihren Notizblock durchsehen.

Alles war geregelt. Elsbeth war in Bremen, wurde von der Großmutter versorgt. Im Ofen in der Wochenstube, die neben dem Fremdenzimmer hergerichtet war, brannte seit Tagen das Feuer. Und nun musste Paula noch einen Brief an die Mutter schreiben. Es war der 22. Oktober 1907:

Meine liebe Mutter, hab Dank für Deine lieben Gedanken. Sonst hat Dir Kurt wohl alles Neue berichtet. Neueres gibt es leider nicht, und Ihr müsst Euch schon so lange gedulden. Dreebeen hat überhaupt kein Interesse mehr an mir.

Ich wollte wohl gern auf eine Woche nach Paris reisen. Da sind 56 Cézannes ausgestellt! Lebt wohl. Hoffentlich bleibt das Wetter immer weiter schön. Obgleich es fast gierig und unbescheiden ist, so etwas zu hoffen und zu verlangen. Deine Paula.

Und an Clara schrieb sie: *Wenn ich hier jetzt nicht absolut notwendig wäre, müsste ich in Paris sein.* Dort fand zurzeit die große Herbstausstellung statt.

2. November 1907. In der Wochenstube. Man hatte Paulas Bett seitlich zum Fenster gestellt. Die Hebamme steckte Tannenreiser in den Ofen. Das Feuer heulte kurz auf und übertönte das schwere Atmen. Paulas Stöhnen. »Den Doktor holen! Wenn dat men gaut geit!« Das alles hatte Paula doch schon einmal gehört. Sie presste das Kinn auf die Brust, verkrampfte die Hände, war auf einmal ganz weit weg. Sie saß an einem heißen Julitag in Brünjes Hof. Dahinten drei schwarz gekleidete Frauen. Anstrengen musste sie sich, um zu verstehen, was sie sagten: »Und denn, die Herztöne waren weg! Die Mutter chloroformieren, das Kind mit der Zange holen!« Aber da vorn saß die Dreebeen. Wenn dat men gaut geit.

Es musste alles gut gehen. »Deern, wi hebbt all lang up die töwt!« »Ein Mädchen! Ja! Eine prächtige Deern.«

Paulas Tochter wurde am 2. November 1907 geboren. Kleine Pariserin! Sie erhielt nach Familienbrauch den Namen ihrer Großmutter: Mathilde. Es war keine leichte Geburt gewesen.

Und nun war es genauso, wie es Paula in der Wochenstube von Anna Krummacher erlebt hatte. Eine Geschäftigkeit setzte ein, von der sie den Ablauf so genau voraussagen konnte, als hätte sie ihn für ein Bühnenstück geprobt. Ein Stück war es, bei der sie die Hauptrolle spielte und zugleich Zuschauerin war, die das Treiben beobachtete.

Die Dekoration. Sie mussten tatsächlich Dahlien nehmen und bunte Wickenblüten, letzte Blumen aus dem Garten. Topfblüher wie Geranien standen schon lange am Fenster. Eine fröhliche Wochenstube. Paula sah durch die Tür im Nebenzimmer die kleine Badewanne. Umrisse von Personen, Otto, Mutter Mathilde, die von Bremen gekommen war. »Ein sehr feiner Akt.« Ottos Begeisterung, Worte eines Malers. »Ne prächtige Deern, entwickelt wie drei Wochen alt!« Ausrufe Mathildes, einer erfahrenen Mutter. Unter seinem Tuch her der Fotograf, »Achtung, lächeln!« Das Kind schrie. In dem grellen Licht behielt nur Paula die Augen offen.

Novemberwetter. Hatte sie nicht seit Tagen Schmerzen im rechten Bein verspürt, während die Besucher mit roten Nasenspitzen aus- und eingingen? Paulas Wangen glühten wie im Fieber. Das käme von der Freude. Das wären die Nerven. Von einer Thrombose wurde nicht gesprochen.

20. November. Paula sollte zum ersten Mal wieder aufstehen. Sie sitzt im Bett, am Fußende ein großer Spiegel. Paula flicht sich Zöpfe, ordnet sie zu einer Haarkrone, steckt eine Rose hinein, Nuancen dunkler. Der erste Schritt nach Wochen der Ruhe. Eine junge Frau, die beschwingt vor ihrem Mann und ihrem Bruder

her schreitet. Kerzen im Wohnzimmer, Lichterblitze auf dem Metall des barocken Engels am Kronleuchter. Wie schön! In der Ecke der Ohrensessel. Hinsetzen und nun, »bringt mir das Kind.«

Aber auf einmal der furchtbare Schmerz. So plötzlich. Was war das? Was sagt Paula? »Wie schade.«

Als Heinrich Vogeler Ende November von einer Reise nach Bremen zurückkam, sah er schon von Weitem im Wartesaal des Hauptbahnhofs Milly und Herma. Sie saßen mit ein paar Freunden an einem Tisch, sie fuhren erschreckt zusammen, als er sie ansprach. Ihm schnürte es die Kehle zu, als er ihre geschwollenen Gesichter sah, ihre rot geweinten Augen. »Was macht Paula?« »Paula ist tot.«

Paula Modersohn-Becker starb am 20. November 1907 an einer Embolie. Sie war 31 Jahre alt.

Nachbemerkung

Eine große Freude war es für mich, Tille Modersohn, Paula Modersohn-Beckers Tochter, kennenzulernen und sie nach kurzer Korrespondenz im November 1996 zu besuchen.

Ein langes Leben lag hinter der warmherzigen, liebenswürdigen alten Dame, die 1998 starb. Sie war dankbar für ihr Leben, wenn es auch nicht immer ohne Kummer, ohne Einsamkeit verlief.

Stefanie Schröder

Literaturangaben

Die kursivgesetzten Passagen in der Romanbiografie sind folgenden Werken entnommen:

Arnold Bauer, *Rainer Maria Rilke,* Berlin 1970

Günther Busch, Liselotte von Reinken, Wolfgang Werner (Hrsg.), *Paula Modersohn-Becker in Briefen und Tagebüchern,* Frankfurt/M. 2007

Günter Busch u.a., *Paula Modersohn-Becker in Bremen*, Bestandskatalog, Bremen, 2. Aufl. 1996

Günther Busch, *Paula Modersohn-Becker, Malerin, Zeichnerin,* Stuttgart 1981

Günter Busch, Liselotte von Reinken (Hrsg.), *Paula Modersohn-Becker in Briefen und Tagebüchern*, Frankfurt/M. 1979

Helmut Friedel (Hrsg.), *Paula Modersohn-Becker 1876–1907, Retrospektive*, München 1997

Sophie Dorothea Gallwitz (Hrsg.), *Paula Modersohn-Becker, Briefe und Tagebuchblätter,* Leipzig 1920 (14. Auflage o. J.)

Heinz Gärtner, *Worpswede war ihr Schicksal – Modersohn, Rilke und das Mädchen Paula*, Düsseldorf 1994

Ernst-Gerhard Güse (Hrsg.), *Otto Modersohn, Zeichnungen*, München 1989

Doris Hansmann, *Akt und nackt*, Weimar 2000

Gertrud Hosenfeld-Krummacher, *Damals in Worpswede, Jugenderinnerungen,* Fischerhude 1987

Karl-Heinz Hüter (Hrsg.), *Paula Modersohn Becker, Briefe und Tagebuchblätter,* Weimar 1966

Martina Käthner, *Der lange Weg zum Mädchenabitur: Strukturwandel der höheren Mädchenschule in Bremen (1854–1916),* Frankfurt 1994

Ernst Modersohn, *Er führet mich auf rechter Straße*, Bad Blankenburg 1940

Christian Modersohn (Hrsg.), *Otto Modersohn – Tagebuchaufzeichnungen,* Fischerhude 1968, freundlich überlassen von Herrn Karlheinz Pötter

Christa Murken-Altrogge, *Paula Modersohn-Becker – Leben und Werk,* Köln 6. Auflage 1995

Christa Murken-Altrogge, *Paula Modersohn-Becker. Kinderbildnisse,* München 1977

Heinrich-Wigand Petzet, *Das Bildnis des Dichters – Paula Modersohn-Becker und Rainer Maria Rilke,* Frankfurt 1957

Karlheinz Pötter, *Otto Modersohn in und um Münster 1884–1889,* Bremen 1992

Joachim Priewe, Paul-Gerhard Wenzlaff (Hrsg.), *Heinrich Vogeler,* Fischerhude 1989

Rainer Maria Rilke, *Das Buch der Bilder*, Frankfurt 1993

Rainer Maria Rilke, *Das Stunden-Buch*, Frankfurt 1975

Rainer Maria Rilke, *Tagebücher aus der Frühzeit*, Frankfurt 1973

Rainer Maria Rilke, *Sämtliche Werke*, Band V, Frankfurt 1965

Rainer Maria Rilke, *Briefe*, Band I. 1897–1914, Wiesbaden 1950

Marina Sauer, *Clara Rilke-Westhoff, Biografie,* Berlin 1990

Ingeborg Schnack, *Rainer Maria Rilke, Chronik seines Lebens und seines Werkes,* Band I. 1875–1920, Frankfurt 1990

Rainer Stamm (Hrsg.), *Paula Modersohn-Becker und die ägyptischen Mumienportraits,* München 2007

Rainer Stamm, *»Ein kurzes intensives Fest« Paula Modersohn-Becker. Eine Biographie*, Stuttgart 2007

Margret Steenfatt, *Ich, Paula – Die Lebensgeschichte der Paula Modersohn-Becker,* Weinheim 1993

Helmut Stelljes (Hrsg.), *Worpsweder Almanach,* Bremen 1989

Joachim W. Storck (Hrsg.), *Hertha König, Erinnerungen an Rainer Maria Rilke,* Bielefeld 1992

Brigitte Uhde-Stahl, *Paula Modersohn-Becker, Frau – Künstlerin – Mensch,* Stuttgart, Zürich 1989

Fräulein Berend findet einen Lehrer

Er war kein schöner Mann.

Das Fräulein Berend hatte sich den Maler Lovis Corinth anders vorgestellt. Nicht als vergeistigten Jüngling, so nicht. Sie hatte in der Galerie Cassirer sein Bild *Ohm Friedrich* gesehen, ein Porträt seines Onkels, das sie angerührt hatte. Schockiert und begeistert aber war sie von seinem *Salome*-Bild in der Secession gewesen, das in Berlin einen Skandal ausgelöst hatte. Unerhört diese Komposition aus nackten und halbnackten Leibern, in der Mitte Salome, überreich verziert mit Schmuck und Blüten, mit entblößten Brüsten sich über die Schale mit dem Haupt des Jochanaan beugend, mit gespreizten, von kostbaren Ringen vollgesteckten Fingern eines seiner gebrochenen Augen öffnend: »Erhebe deine Lider, Jochanaan! Hast du Angst vor mir, Jochanaan, dass du mich nicht ansehen willst?« Das Bild hatte eine solche Wucht und Dramatik, das konnte kein kraftloses Bürschchen gemalt haben. Das musste ein Künstler sein, der eine Provokation nicht scheute. Charlotte hatte sich den Namen des Malers gemerkt. Sie war aufgeregt und gespannt gewesen, als sie las, dass er Schüler annehme.

Wer da vor ihr an der Staffelei stand, glich einem Bauern, der im Spreewald Gurken anbaute, oder einem Droschkenkutscher, der gerade sein Pferd abgespannt und in den Stall gebracht hatte: ein Hüne von einem Mann, stiernackig mit großem Kopf, derben Gesichtszügen, sich lichtendem Kopfhaar und einem ruppigen Schnauzbart. Kein Bürschchen. Durchaus kraftvoll. Aber wirklich nicht attraktiv.

Lovis Corinth verabscheute wie alle Maler Störungen, während er arbeitete. Er hatte »Herein« gerufen, als es klopfte, ohne den Pinsel abzusetzen und den Blick von der Leinwand zu wenden. Erst als die Stille lastend wurde, drehte er sich um. Da stand nun ein Berliner Fräulein vor ihm, brav gekleidet mit Bluse und schwarzem Faltenrock, das höflich fragte, ob vielleicht noch ein Platz in der Malschule für sie frei sei. Nein, sie stotterte nicht, war nicht verlegen. Zurückhaltend ja, aber bestimmt. In ihren Augen sah er einen Anflug von Keckheit. Corinth hatte schon wieder verdrängt, dass er im Eingang des Secessionsgebäudes einen Anschlag angeheftet hatte, auf dem er seine neugegründete *Mal-Schule für Akt und Porträt* annonciert hatte. »Malschule für Weiber« wurde solch eine Einrichtung im Kollegenkreise genannt, denn die Männer gingen ja zum Studium auf die Staatliche Kunstakademie – den Frauen war dies verwehrt. So konnten sie nur auf privaten Schulen ihr Talent ausbilden, um vielleicht eines Tages als malende Ehefrau das Heim zu verschönern, oder, wenn sich ein Ehemann nicht einstellen wollte, als schlechtbezahlte Zeichenlehrerin an eine Schule zu gehen.

Corinth dachte eher despektierlich über die malenden Weiber. Frauen mochten vielleicht eine gewisse Begabung haben, aber das Geniale, das einen wahrhaften Künstler auszeichnete, war ihrer Natur fremd. Er war nicht zynisch, er würde seine Lehrtätigkeit ernst nehmen, aber er verhehlte sich und auch seinen Kollegen nicht, dass er sein Atelier nur öffnete, weil er Geld brauchte. Sein Freund, der Maler Walter Leistikow, der ihm großzügig das schöne Atelier überlassen hatte, um ihn von München weg nach Berlin zu locken, hatte ihm geraten: »Sieh zu, dass du dir eine regelmäßige Einkommensquelle verschaffst: gründe eine Malschule und verdinge dich bei anderen Schulen als Korrektor! Das verschafft dir Freiheit für deine Malerei.«

»Haben Sie schon Zeichenunterricht gehabt?«

Charlotte wurde eilfertig: »Ja, in der Staatlichen Kunstschule in der Klosterstraße, dann an der Kunstgewerbeschule.« Sollte sie ihm erzählen, dass die Aufnahmeprüfung an der Kunstschule eine ganze Woche gedauert hatte und von mehr als achtzig Prüflingen nur zwei bestanden hatten, und sie war eine davon. Es wird ihn nicht beeindrucken, entschied sie und sagte nichts.

»Also, dann haben Sie bei Ludwig Manzel studiert?«

»Ja.«

»Dann zeigen Sie mal Ihre Mappe her«, forderte Corinth sie auf. Einen Stuhl bot er ihr nicht an. Der einzige Stuhl im Atelier war sowieso mit Malutensilien belegt.

Er blätterte in ihren Zeichnungen, verharrte bei einigen lange, andere legte er rasch zur Seite. Hielt einige gegen das Licht, schien andere erst gar nicht prüfen zu wollen.

Charlotte beruhigte sich selbst: Mach dir nichts draus. Der alte Querkopf wird dich nicht nehmen. In Ordnung, es gibt auch andere Maler in Berlin. Aber im Grunde ärgerte sie sich schon jetzt, dass Lovis Corinth mit allen Anzeichen von Widerwillen ihre Zeichnungen abhakte. Einen Augenblick lang überkam sie das Verlangen, ihm einfach die Mappe aus den Händen zu reißen und mit lautem Getöse die Ateliertür zuzuschlagen. Sie hatte manchmal solche Temperamentsausbrüche. Oft taten sie ihr später leid.

»Na schön, Fräulein Berend«, sagte der Meister schließlich. »Das ist ja alles treuherzig ungeschickt. Ich unterrichte Sie. Am besten fangen wir sofort an.«

Damit zog er eine Porträtskizze aus der Mappe, die Charlotte von ihrer fünf Jahre älteren Schwester Alice gezeichnet hatte. »Ist das Ihre Freundin?«

»Nein, das ist meine Schwester.« »Sie können sie nicht leiden.« Charlotte widersprach heftig: »Im Gegenteil. Ich liebe sie. Wie können Sie denn so etwas sagen?«

»Sie haben ihr den langweiligsten Gesichtsausdruck der Welt verpasst. Und woran liegt es? An den Augen. Es reicht eben nicht, zwei Streifen Wimpern und zwei Pupillen mit etwas Weiß drumherum zu zeichnen. Schauen Sie mir in die Augen. Na, nun trauen

Sie sich schon. Was sehen Sie? Erst einmal: Nie sind beide Augen gleich, nie. Das müssen Sie zeichnen. Dadurch bekommt jedes Gesicht Charakter. Dann: Wie kommt ein Ausdruck zustande, der etwas anderes signalisiert als Langeweile? Ich schaue Sie jetzt neugierig an. Was verändert sich an meinem Blick? Richtig, die Augenlider schieben sich weiter nach oben. Die Pupillen treten stärker hervor, das Weiß bekommt mehr Kontur. Sehen Sie das?

Und jetzt zeichnen Sie eine Studie: nur Blicke, nur Augen. Hier haben Sie einen Block und Stifte. Auch Rötel, wenn Ihnen das lieber ist.«

Charlotte atmete tief durch. Was sich hier abspielte, war völlig anders als bei Professor Schäfer oder Professor Manzel, die vor allem gelehrte Vorträge gehalten hatten.

»Da in der Ecke steht ein Spiegel. Schauen Sie sich nur recht lange an!«

Charlotte sah sich im Spiegel an, riss die Augen weit auf, senkte sie zur Hälfte, schielte nach rechts, nach links, ließ die Lider fallen, dass sie nur noch wie durch einen Vorhang einen winzigen Spalt ihrer Augen im Spiegel sah, blinzelte. Dann griff sie zum Bleistift.

Erst nach einer Stunde schaute ihr Corinth über die Schulter.

»Na, das bottert ja ganz fein«, sagte er. Seine Augen lachten über ihren verwunderten Blick. »Na, Fräulein Berend, plattdeutsch können Sie wohl auch nicht? Bottern heißt: Jetzt flutscht es. Oder in der Sprache der wohlerzogenen Töchter: Jetzt ist es gut! Ziemlich gut, wenigstens.

Also, nächsten Dienstag um 9 Uhr, dann ist allgemeiner Unterricht. Und ziehen Sie sich um Gotteswillen etwas anderes an! Diese schwarzen Sachen, die Sie da tragen, sind einfach schrecklich. Und dann noch schwarze Strümpfe.«

Charlotte schluckte: »Ich bin in Trauer, Herr Corinth. Mein Vater ist gestorben.«

– Leseprobe –

»Der kann sich allen Ernstes niemals gewünscht haben, dass Sie wie eine Nachteule herumlaufen. Also bei der nächsten Sitzung bitte ich mir bunte Farben aus. Oder wenigstens weiß. So kann ich nicht arbeiten.«

Charlotte verließ Corinths Atelier im dritten Stock und wendelte sich die Treppe hinunter. Soll ich da noch einmal hingehen, dachte sie, als sie den Weg zur Elektrischen einschlug, die am Tiergarten Richtung Halensee, wo sie mit Mutter und Schwester wohnte, abfuhr. Zu diesem komischen Kauz? Aber war nicht das Porträt ihrer Schwester tatsächlich viel besser geworden, nachdem sie Alice neue Augen verpasst hatte? Vielleicht konnte sie bei diesem Maler doch noch etwas lernen.

Auch Corinth sann seiner ersten Schülerin nach. Hatte er nicht einem Freund vor einigen Wochen geschrieben, dass eine Malschule Überraschungen bereithalten könne. Allerdings hatte er dabei eher an unerfreuliche Erlebnisse gedacht. *»Wer weiß, was das Schicksal hier bringen wird. Montag über 8 Tage will ich die Schule eröffnen. Da erlebt man auch Dinge bei Vorführung von »hochtalentvollen« Wesen, die einem sonst erspart bleiben…*

– LESEPROBE –

Das Malweib

Corinth war 44 Jahre alt, als er seine Malschule eröffnete.

Er malte seit Jahrzehnten und verkaufte jedes Bild leichten Herzens, wenn sich nur ein Käufer fand. Aber es fanden sich zu wenig Interessenten. Auch wenn mit der Gründung der Secession in Berlin der Kunstmarkt in Bewegung geraten war und nicht mehr ausschließlich die *saucige Historienmalerei* dominierte, wie der Kunstkritiker Julius Meier-Graefe die akademische Kunst der Wilhelminischen Zeit nannte, tat sich die moderne Malerei schwer, bürgerliche Käufer anzusprechen. In Berlin mochte man risikofreudiger sein als in München, aber aufs Geld schaute man auch. Bilder der französischen Impressionisten, die auf Betreiben Max Liebermanns erstmals in Berlin gezeigt wurden, fanden nur sehr verhaltene Resonanz. Und eine Ausstellung mit Werken Edvard Munchs musste 1892 wegen »unsittlichen Inhalts und künstlerischer Fragwürdigkeit« geschlossen werden.

Charlotte war Corinths erste Schülerin, aber schnell tauchten andere »Malweiber« auf: Lilli Waldenburg und Lisa Winchenbach, ein Fräulein von Ubich und sogar eine Amerikanerin, Frau Dr. Rahel Lippmann. Und eine Woche darauf kamen weitere Fräuleins: die beiden Fräulein Lehfeld, Helene Wolff, Emmi Ostermann. Charlotte war nicht mehr die einzige. Und wurde doch – je länger, je mehr – des Lehrers einzige.

Nach dem Ende des Unterrichts verstand es Corinth, Charlotte unter einem Vorwand länger im Atelier zu halten. Er müsse ihr noch etwas zeigen. Ob sie noch Zeit habe, die Zeichnungen zu ordnen? Die Fragen waren genauso fadenscheinig, wie sie klangen. Lovis Corinth hatte sich in die aparte Charlotte Berend verliebt. Aber es fehlte ihm jede Raffinesse, das begehrte Fräulein zu umwerben. *Sehr geehrtes Fräulein Berend, Ich bin seit vorgestern wieder hiesig,* schreibt er reichlich unbeholfen in einem ersten Brief, nachdem er von einer Reise nach Paris zurückgekehrt ist. *Nach Verabredung teile ich Ihnen das mit, falls Sie noch dieselbe Gesinnung betreff der Portraitmalerei haben. Ich würde mich freuen, wenn Sie mal zu mir ran kommen, so es Ihre kostbare Zeit erlaubt, Vielleicht Montag zwischen 11 u. 12 oder andern Vormittag. Schreiben Sie mir, wie es Ihnen am besten paßt. Besten Gruß Ihr Herr Lehrer Lovis Corinth*

Das Fräulein Berend, gerade 22 Jahre alt, hatte Zeit. Und bald aß das ungleiche Paar im Atelier zu Mittag Kaviar, den Lovis in großen Mengen herbeischleppte, sprach über Kunst und Künstler, über Maltechniken, über Geschichte und Politik. Das Fräulein war gebildet.